미닝 메이커

미닝 메이커

초판 1쇄 인쇄 2022년 09월 20일
초판 1쇄 발행 2022년 09월 30일

지은이 이창준
펴낸이 최익성

기획 이유림, 김민숙
책임편집 김정웅
마케팅 총괄 임동건
마케팅 임주성, 홍국주, 김아름, 신현아, 김다혜, 이병철, 송현희, 김신혜
마케팅 지원 안보라, 안민태, 우지훈, 박성오, 신원기, 박주현, 배효진
경영지원 임정혁, 이순미
펴낸곳 플랜비디자인
디자인 바이텍스트

출판등록 제2016-000001호
주소 경기도 화성시 첨단산업1로 27 동탄IX타워 A동 3210호
전화 031-8050-0508
팩스 02-2179-8994
이메일 planbdesigncompany@gmail.com

ISBN 979-11-6832-033-8   03320

미닝
메이커

평범한 리더를 비범한 리더로 만드는
리더십의 메타역량

MEANING MAKER

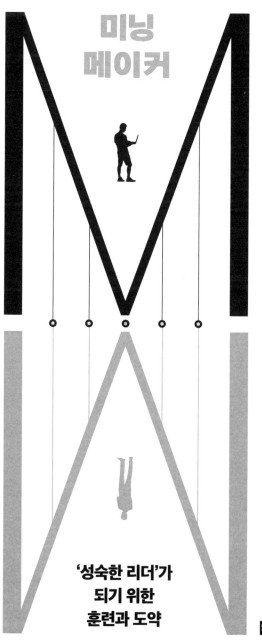

이창준 지음

'성숙한 리더'가
되기 위한
훈련과 도약

PlanB
DESIGN 플랜비디자인

언제부터인가 리더십 교과서가 현대적 맥락에 맞춰 전면 개정되어야 한다는 생각을 했다. 기존의 교과서대로 리더십을 가르친다면 오히려 역 리더십 효과를 가져올 수 있다는 생각 때문이다. 리더십의 메타역량에 대한 책은 현대적 리더십이 가야할 새로운 돌파구가 될 것으로 보인다. 변화가 상수가 된 시대를 살아야 하는 현대적 리더는 성과를 넘어 공유된 목적을 실현시켜 변화를 달성해야 하는 책무를 가지고 있다. 기존의 경쟁우위를 넘어서 존재우위의 실현이라는 목적함수를 설정하고 이를 실행할 수 있어야 한다. 존재목적이 새로운 목적함수로 설정되었다면, 여기에서 요구되는 역량도 새롭게 정의되어야 한다. 이런 메타리더십을 위해 이 책에서 제안된 변수는 정서관리를 통해 변화의 동기를 만들 수 있는 역량, 자신의 존재목적을 이해하는 자기인식 역량, 존재목적을 어려움 속에서도 실현할 수 있는 자기규제 역량이다. 새로운 시대적 토양에 맞는 리더십 관점을 적절하게 보여주는 탁월한 저술이다.

- 윤정구 이화여대 경영학과 인사조직 전략 교수, 〈진성리더십〉저자

리더십 개발,
미숙에서 성숙으로

'어떻게'의 저주

리더십을 발휘하는 일이 어려운 이유는 첫째, 구성원들이 복잡한 존재이기 때문이고, 둘째, 리더가 다루어야 하는 과업과 상황 역시 복잡한 성격의 것이기 때문이며, 셋째, 사회의 복잡성이 이전보다 더욱 가중되어 있기 때문이다. 복잡하다는 것은, 단순한 인과관계로 설명되지 않는 다양한 변수들의 출몰과 상호작용으로 예측과 통제가 불가능하다는 것을 의미한다. 전통적인 리더십 개발 전략들은 혼돈과 복잡성에 맞서기 위해 즉흥적 대안을 제시해왔다. 즉 구성원들의 욕구와 스타일을 이해하고 여기에 대응하는 방법을 찾거나, 아니면 상황을 단순화하여 그럴 듯한 기법과 테크닉으로 문제에 맞서는 것이었다. 그래서 리더들은 자주 다음과 같은 질문을 던진다.

"어떻게 사람들의 동기를 높일 수 있나요?"

"문제 직원을 어떻게 관리하죠?"

"임파워먼트는 어떻게 하나요?"

"성과관리는 어떻게 해야 하나요?"

"어떻게 구성원이 주체적으로 행동하게 하나요?"

"비전은 어떻게 만들고 어떻게 공유하나요?"

"까다로운 상사를 어떻게 해야 하죠?"

"충분한 시간과 자원이 없는데 제가 무엇을 어떻게 해야 하나요?"

"좋은 사례와 기법을 좀 알려주세요."

리더들은 '나는 누구인가?'라는 존재론적 물음을 제쳐 두고 '어떻게 해야 하는가?'라는 방법론적 물음에 집착했었다. 이러한 접근 방식은 사태와 사람을 조작 가능한 대상으로 간주하는 믿음의 소산이다. 문제해결의 노하우나 팁을 찾아 헤맴으로써 방법론적 환원주의에 빠진다. 사람과 사태와의 깊고 복잡한 연결을 무시한다. 이런 방식으로 훈련된 리더들은 사람을 도구화함으로써 소외와 갈등, 분열을 키운다. 당연히 소통과 공감이 없고 변화와 혁신이 일어날 리 없으며 혼돈을 뚫고 갈 용기도 없어진다.

우리는 지식이나 테크닉, 지위나 권력 때문에 리더에게 이끌리고 감동하는 것이 아니다. 좋은 리더십을 발현하고 싶다면, 혼돈과 복잡성을 뚫고 가고 싶다면, 자기 내면으로 눈을 돌려 '나는 어떤 사람인가', '왜 리더가 되려 하는가'를 물어야 한다. 자신의 한계, 모순, 이중성을 인정하고, 동시에 자신이 추구하는 가치와 이상을 탐색해야 한다. 그때 우리는 자신의 고유함과 사회적 요구가 만나는 지점에서 리더로서의 사명, 책무를 발견하고 비로소 리더가 된다. 마치 부모가 되는 일처럼 궁극적으로 자신이 세상에 깊이 연루된 존재임을, 세상의 고통과 분리될 수 없는 존재임을 발견한다. 이것이 바로 복잡성을 다루는 기준이자 중심이다.

나는 오랜 시간 현장의 리더들을 만나면서 '사람을 조작하면 원하는 결과를 얻을 수 있다'는 오만과 독선, 이를 조장하는 교육 방법들이 리더로서의 올바른 여정에 독이 된다는 것을 알게 되었다. 여기에 길든 리더들은 하나같이 깊은 수렁에 빠져 헤어나지 못한다. 대체 어떻게 해야 하는 것일까?

리더십, 성숙의 여정

인간은 의미를 구축하는meaning-making 존재다. 우리는 경험을 통해 의미 시스템을 만들고, 이 의미 시스템은 다시 우리의 경험을 구성한다. 의미 시스템은 오랜 시간에 걸쳐 형성되어 한 개인의 생각, 감정, 행동을 지배한다. 개인차가 있지만 어느 순간, 의미 시스템이 무너지는 각성 체험이 있을 때, 우리는 기존의 의미 구축 시스템을 의심하고 이를 갱신한다. 리더십 개발의 초점은 바로 여기에 있다. 그것은 하나의 세계에서 다른 세계로의 전환을 시도하는 일이다. 이 전환은 자신과 타인, 나아가 세상을 바라보는 관점을 분화하고 재통합하면서 보다 성숙한 의식을 개발하는 일이다. 이 과정은 이전에 구성했던 세계관을 전복한다는 점에서 자기 상실의 고통을 수반한다. 그래서 어떤 개인은 온갖 변명으로 이를 기피하고 타인에게 떠맡긴 채 자기 변화를 포기한다.

"어려워요."

"그냥 답을 알려주세요."

"제 문제가 아니에요. 회사(사람들)가 먼저 바뀌어야 해요."

설령 지적으로 우수하고, 많은 권력을 가졌다 해도 미숙한 상태에 머문 리더들은 그 존재가 재앙이 될 우려가 있다. 그들은 성과에 쫓기고, 자원의 부족에 허덕이며, 한계와 제약을 한탄하고, 난관과 딜레마 앞에서 좌절하길 반복한다. 반면 성숙한 리더들이 있다. 그들은 다음과 같은 특징을 보인다.

- 자신을 깊이 수용하고 이해하며, 진정성을 보임으로써 내적 갈등과 분열이 없다.
- 자신을 객관화하는 능력으로 인해 난관 앞에서도 자신의 감정과 행동을 조절한다.
- 개별적이고 특수한 상황에서도 이를 설명할 수 있는 확고하지만 유연한 신념 체계(목적, 비전, 가치)를 구축하고 있다.
- 자기 삶의 이야기로부터 사람들과 함께 집단적인 미션, 비전, 가치를 창안한다.

- 갈등 상황에서 한쪽에 경도되지 않고 통합적 관점을 채택한다.
- 정치적 실리를 취하기보다 언제나 보편적인 원칙과 규범에 따라 의사 결정한다.
- 자신의 가치, 이상을 쉼 없이 진화시키는 자전적 역량(self-authorship)을 발휘한다.
- 상대적이고 다원적 관점을 가지고 있어 편견과 고집이 없다.
- 대립과 패러독스를 위협으로 느끼지 않고, 이를 즐기며 혁신적 방안을 창안한다.

리더십을 개발하는 일은 근본적으로 성숙의 과정이다. 자기 자신을 부정하는 고난과 시련에 맞서야 하고, 자신의 가치와 이상을 현실과 통합해야 하며, 자신의 고유성과 시대적 요구가 만나는 병합 지점에서 삶의 목적과 사명을 발견해야 한다. 그래야 비로소 복잡한 문제를 해결하고 창조적 대안을 만들며 사람들의 마음을 규합한다.

리더십의 메타역량

리더십은 관련 지식과 기술을 습득한다고 개발되는 것이 아니다. 이를 넘어 중층 혹은 심층 수준으로 개발해야 리더의 지식과 기술이 지속되고, 적응적이며, 창조적일 수 있다. 우리가 방법론적 환원주의에 빠져 매일 새롭게 발생하는 문제에 허덕이는 이유는 중층과 심층 수준의 리더십 개발을 외면했기 때문이다. 중층 혹은 심층 수준의 리더십 개발이란 무엇일까? 이를 표층 수준의 리더십 개발과 대별하면 다음과 같다.

- 표층의 리더십 개발은 지식과 기술을 습득하는 데 초점을 두지만, 중층 혹은 심층의 리더십 개발은 의식과 삶의 전환, 즉 성숙에 초점을 둔다. 전자가 몇몇 테크닉에 집중한다면, 후자는 자기모순과 위선, 미숙을 극복하는 데 집중한다.
- 표층의 리더십 개발은 성취, 실리가 리더십 개발의 동기가 되지만, 중층 혹은 심층의 리더십 개발은 공동체의 이상, 사회적 책무가 리더십 개발의 동기가 된다. 그래서 전자는 자기 역량 강화에 초점을 두고, 후자는 조직적 역량 강화에 초점을 둔다.
- 표층의 리더십 개발은 단기적인 성취와 같은 부분 최적화를 이루고자 하지만, 중층 혹은 심층의 리더십 개발은 목적과 사명의 실현과 같은 전체 최적화를 겨냥한다. 그래서 전자의 리더들은 손쉽고 빠른 방식으로 자신을 입증하려 하고, 후자의 리더들은 존재 이유가 실현되는 방식으로 자신을 검증하려 한다.

인간의 성장과 개발의 문제를 표층 수준에서 접근해 온 전통적인 방식은 효율과 능률의 패러다임 속에서 작동한 것이었다. 하지만 중층과 심층의 리더십 개발은 표층 수준의 행동들을 원천적으로 가능하게 하는 동력으로서, 리더십의 근원을 강화한다. 이는 대체로 다음 세 가지 역량으로 집약된다.

1. **정서 민첩성**emotional agility: 온갖 변수들이 출몰하는 상황 속에서 자신의 감정을 이해하고 조절함으로써 이를 전향적인 변화의 동기로 만들어 내는 역량

2. **자기인식력**self-awareness: 자신을 대상화하여 성찰함으로써 삶의 목적, 비전, 가치 등 자기 정체성을 창안하는 역량

3. **자기규제력**self-regulation: 자기인식과 현재 사이의 간극을 메우고자 이상을 현실에 뿌리내려 변화를 성취하는 역량

나는 이 세 가지 역량을 '리더십의 메타역량meta-competency'이라고 부르고자 한다. 메타역량은 우리의 생각, 말, 행동의 유연성과 적응력을 담보하고, 개별적 지식과 스킬을 효과적으로 변주, 통합할 수 있는 역량이다. 이를 갖춘 리더들은 변화와 복잡성을 다루는 데 있어 누구보다 기민할 뿐 아니라 창의적이고 혁신적인 대안을 발견한다. 이 책은 세 가지 메타역량이 갖는 의미와 메커니즘, 그리고 그 개발 방법을 기존의 연구자료를 토대로, 또 나의 경험을 보태어 소개하는 데 목적이 있다. 전통적인 리더십 훈련이 왜 똑같은 콘텐츠와 방법론에서 벗어나지 못하는지에 대한 비판과 함께, 지금의 불확실성과 혼돈을 헤쳐 나가는 데 있어 보다 근본적인 리더십 개발의 전환이 요구됨을 강조하고 싶었다.

책에는 다소 거칠고 주관적인 경험이 배어 있다. 하지만 녹록지 않은 현실 속에서도 희망을 잃지 않고 참된 리더가 되고자 하는 사람들의 간절함은 이 책의 용기가 되었다. 미력이지만 그들의 열망에 부합하고 싶었으며, 리더가 되고자 하는 사람들 그리고 리더를 개발하고자 하는 HRD 실무자들에게 이 책이 하나의 실천적인 대안을 찾아가는 초석이 되길 기대한다.

저자 **이창준**

목차

1부 리더십 개발의 준비

2부 성숙으로서의 리더십 개발

리더십의 메타역량

META-COMPETENCY
OF LEADERSHIP

1부

리더십 개발의
준비

리더십 개발, 유전의 힘인가?
환경의 힘인가?

"리더는 태어나는 것이 아니라 만들어진다. 이는 다른 것들과 마찬가지로
피나는 노력의 결과다. 그리고 그것이 바로 그 목표, 또는 다른 어떤 목표
를 달성하고자 한다면 치러야 할 대가다."

- Vince Lombardi(1913-1970), 미국 풋볼코치

현실의 리더들은 내게 자주 묻는다. 리더는 태어나는지 또는 만들어지는지. 이 질문의 의도를 짐작하자면, 대체 어떤 사람들이 리더가 되느냐는 반문이기도 하고, 리더가 무엇인가 특별한 역량을 갖고 있는 사람들이 아니냐는 물음이기도 하다. 여기에는 만족스럽지 못한 리더들과의 경험과 스스로 리더가 될 자격이 있는가에 대한 의심이 깔려 있다. 인간의 역사가 시작된 이래 리더는 모든 사람들의 끝없는 관심의 대상이었다. 문제를 돌파하고, 세상을 바꾸며, 우리를 구원하는 존재는 하나의 신화이자 절실한 요구였다. 지금도 우리는 할리우드에 나오는 영웅들의 모습에 감동하고 이들이 마치 현실에 나타나 줄 것만 같은 환상 속에 살고 있지 않은가?

유전자 결정론 vs. 환경 결정론

리더가 태어난다는 '유전자 결정론'과 리더가 만들어진다는 '환경 결정론'은 팽팽하게 대립한다. 유전자 결정론은 인간 행동은 전적으로 유전자의 지배를 받으며 환경이 개입할 여지가 없다는 주장이고, '환경 결정론'은 유전자가 아니라 환경에 의해 인간의 행동이 조형되었다는 주장이다. 전자는 인간의 의도적인 변화 가능성에 한계가 있음을, 후자는 그럼에도 조건이 달라진다면 변화의 가능성이 있음을 인정한다. 하지만 이 둘 어느 것도 정답은 아니다. 결론적으로 말하면 인간의 행동은 이 두 가지 요소가 상호작용 한 결과다.

이 질문과 관련한 대표적인 연구들이 있다. 그중 하나는 미네소타 대학의 쌍둥이 연구다. 이 연구는 일란성 쌍둥이(유전자 100% 공유)와 이란성 쌍둥이(50% 유전자 공유)를 비교하여 이들이 현재 조직에서 얼마나 리더의 위치를 점유하고 있는지를 확인했다. 연구 결과, 약 30% 정도의 유전적 요인이 리더십 점유와 관련이 있었다. 그러니까 리더가 되는 데 유전 요인이 30%, 나머지 70%가 환경적 요인임을 증명했다.[1]

여성을 대상으로 한 일란성 쌍둥이(214명)와 이란성 쌍둥이(178명) 연구에서도 유전적 요인이 리더십 점유도에 미치는 정도는 32%였다.[2] 그보다 더 중요한 것은 삶에서 경험한 사건들 그리고 공식적인 직무 경험이었다. 또 다른 연구는 신경전달물질인 도파민을 운반하는 유전자인 DAT 1이 리더십 역할 점유와 관련이 있음을 보고했다.[3] DAT 1 유전자를 가진 사람들은 리더십 역할 수행에서 중요한 '파격적인 행동rule-breaking'과 높은 상관성을 보였다. 나아가 기획력, 인내력, 통제력과 어느 정도 관련되어 있었다.

스티브 잡스나 앨런 머스크, 리처드 브랜슨 같은 리더들을 생각해 보면 이런 연구는 상당 부분 그럴듯해 보인다. 보다 최근에는 미 육군 사관학교의 사관후보생부터 소령에 이르는 103명의 군인을 대상으로 한 연구가 있었다.[4] 연구자들은 이들의 뇌를 스캔한 결과, '리더'라고 자임한 사람들의 전두엽과 전전두엽의 신경망이 다른 사람들의 그것과 다름을 발견했다. (전두엽과 전전두엽은 자기 조절, 의사결정 및 기억과 관련되어 있다) 일련의 질문과 신체 및 정신 테스트 외에도 정량적인 뇌파 검사인 '브레인 맵핑'을 수행했다. 피험자의 머리에 19개의 전극을 배치하고 피험자가 쉬고 있는 동안 뇌의 활동을 추적했다. 그 결과, 자기 복잡성과 신경학적 복잡성이 큰 리더는 일련의 시나리오 테스트에서 보다 적응력 있고 효과적인 것으로 나타났다.

이런 연구를 보면 리더십은 유전적인 요인들과 상관이 있다는 것을 인정하지 않을 수 없다. 그러나 유전적 요인이 리더십의 출현에 일정한 역할을 하는 것은 분명하지만, 이것이 전적으로 리더가 태어난다는 것을 입증하지는 않는다. 더 중요한 것은 유전적 요인에도 불구하고 리더십이 배양될 수 있는 토양을 주지 않는다면, 그리고 개인이 그 환경에 적극적으로 개입하지 않는다면 리더십은 제대로 발현될 수 없음을 방증한다. 그간 수많은 신경과학 연구들은 우리의 뇌가 상당 부분 환경과의 지속적인 상호작용을 통해 그 배선이 달라지고 있음을 증명했다. 이른바 '뇌 가소성plasticity'이다. 특정한 행동과 훈련을 반복하면 마치 근육을 강화할 수 있는 것처럼, 우리의 경험은 뇌의 신경망을 새롭게 변화시킨다. 심지어 똑같은 경험을 다시 한다 해도 같은 인식과 변화를 만나지는 않는다. 유전 요인이 삶을 결정하고 있다는 것을 부인할 수 없지만, 동시에 경험이 새로운 자의식, 행동, 감정 등을 형성한다는 것도 명백한 사실이다. 그런 점에서 우리 뇌는 강력한 사회적, 문화적 인공물인 셈이다.[5]

자신이 리더가 될 자질을 갖고 태어났다고 자만하는 것도 우습지만, 그렇지 않다고 좌절하거나 포기하는 일도 어리석다. 아무리 뛰어난 지능과 좋은 자질을 가졌다 해도 삶을 변화시키는 배움이 없다면 리더십 개발은 결코 일어나지 않는다. 그러므로 무엇을 추구하는지, 그를 위해 자신의 환경과 조건을 어떻게 설계해야 하는지를 고민하고 훈련을 반복하는 것이 리더십 개발의 핵심이다. 이후 설명하겠지만, 특히 리더십 개발 분야의 성공적인 리더들은 대부분 자신의 경험, 특히 결정적인 삶의 사건들을 성찰하면서 자신의 존재 이유를 발견하고, 그를 통해 리더십 역량을 축적해 왔다.[6] 경험과 훈련은 가장 유력한 리더십 개발의 방법이다. 리더십 대학의 학장이라고 불리는 워렌 베니스Warren bennis는 '리더십의 가장 위험한 신화는 리더가 태어난다는 믿음'이라고 말한 바 있다.[7] 이런 믿음은 카리스마적 특질을 가진 어떤 사람들을 메시아처럼 고대하게 만들고, 정작 우리 안에 있는 리더로서의 성장 가능성을 부인하게 만든다.

리더십 연구 역사에는 리더가 마치 특별한 자질을 갖고 태어난다는 믿음에 기초한 연구들이 있었다. '특성 이론trait theory' 또는 '위대한 인간 이론great man theory'으로 불린다. 이런 연구는 탁월한 리더들에게 공통적인 특질이 있다는 것을 가정한다. 커크패트릭Kirkpatrick과 로케Locke 같은 연구자들은 추진력, 리더십 동기, 성실성, 자신감, 인지적 능력, 사업 지식 등이 리더의 중요한 특질이라고 했고,[8] 재카로Zaccaro et al. 등은 그간의 특성 이론들을 종합하여 인지적 역량, 성격적 특성, 동기와 욕구, 사회적 역량, 문제해결 역량, 암묵적 지식 등이 효과적인 리더와 관련되어 있다고 주장했다.[9] 하지만 이런 연구들도 리더의 자질이 효과적인 리더십의 조건이 될 수는 있지만, 리더가 태어난다는 것을 설명하는 것은 아니다. 그보다 저자들은 대체로 적절한 환경과 조건을 통해 이런 자질들이 개발되어야 함을 강조했다.

리더십 개발과 관련한 믿음

이런 발견들이 의미하는 것은 무엇일까? 첫째, '유전 요인'과 '환경 요인'은 둘 다 리더십 발현에 중요한 역할을 한다. 둘째, 유전적 요인에만 맡긴 채 리더십 개발을 소홀히 하거나 멈춘다면 일시적인 성공은 할 수 있어도 지속적인 성공을 담보하지는 못한다. 적절한 환경의 노출과 노력 없이 유전적 요인만으로 좋은 리더가 되는 것은 아니기 때문이다. 셋째, 우리가 어떤 유전자를 갖고 있든지 간에 노력과 의지로써 자신을 개발하고자 한다면 지금보다 더 나은 리더십을 발현할 수 있다. 더 나은 자극적인 환경을 설계하거나 그 안으로 뛰어들어 자신을 연마하는 일은 좋은 리더가 되는 데 핵심적 활동이다. 넷째, 무엇보다 리더십 개발과 관련하여 우리가 어떤 믿음을 갖고 있는가가 더 본질이다. 태어난다는 믿음, 혹은 후천적으로 개발된다는 믿음이 우리의 행동을 지배할 것이기 때문이다.

미국의 리더십 개발 전문기관인 CCL_{Center for creative leadership}은 전 세계 C-레벨의 리더들 361명에게 리더십이 타고나는 것인지, 아니면 만들어지는 것인지를 물었다.[10] 이 중 19%는 태어난다고 믿었고, 52%는 만들어진다고 했으며, 29%는 둘 다라고 응답했다. 이 응답 결과는 여전히 리더가 타고나는지 혹은 만들어지는지 논쟁 중임을 보여준다. 하지만 다음과 같은 사실도 알려준다. 리더십이 만들어진다고 믿는 사람들은, 타고나는 것이라고 믿는 사람들보다 경험과 훈련의 중요성을 더 높이 평가했다(80% vs. 68%). 나아가 좋은 리더를 상징하는 단어가 무엇인가를 물었을 때, 타고난다고 믿는 사람들은 '다른 사람의 본보기가 되는 것', '길을 보여주는 것'과 같은 표현을 선택한 반면, 만들어진다고 믿는 사람들은 '고무시키다', '임파워한다', '진실함을 보인다', '타인에게 봉사한다' 등의 표현을 선택했다. 타고난다고 믿는 사람들은 리더십을 권위적인 이미지와 관련하여 연상했지만, 만들어진다고 믿는 사람들은 타인 중심적이고 타인에게 영향을 미치는 행동을 연상했다. (참고로 '태어나기도 하고 만들어지기도 한다'라고 한 사람들은 오케스트라 지휘자의 이미지를 떠올렸다. 오케스트라 지휘자는 직접 연주하지 않지만 모든 연주자를 조율하여 최고의 화음을 만들어내는 사람을 상징한다.)

이 조사는, 리더가 태어나는지 혹은 만들어지는지에 관계없이 어떻게 리더가 되는지에 대한 믿음이 리더십을 바라보는 관점에 영향을 미치고 있음을 보여준다. 리더가 타고나는 것이라는 믿음을 가진 사람들은 최적 역량을 가진 사람들만이 리더의 자격이 있다고 가정함으로써 훈련과 개발training & development을 소홀히 한다. 그들은 적임자를 찾아 선발(selection)하는 데 더욱 주의를 기울인다. 또 타고난 자질과 역량 이상의 탁월한 결과가 나올 것이라고 기대하지 않는다. 이런 조직은 당연히 구성원들의 몰입과 헌신 정도가 떨어진다. 그러나 리더가 만들어진다는 믿음을 갖고 있다면 어떨까? 그런 리더들은 더 많은 개발 기회를 탐색하고, 자기모순을 찾아 이를 극복하고자 적절한 훈련과 개발을 수행할 것이다. 이런 리더가 이끄는 구성원들은 성장의 가능성을 믿고 보다 깊이 몰입할 것이다.

자, 당신은 어떤 믿음을 가졌는가? 그 믿음이 당신의 잠재성과 재능을 썩힐 수도 있고, 당신을 어딘가 더 나은 모험의 세계로 안내할 수도 있다.

- 나이가 들어감에 따라 무심코 부모의 영향을 받아 당연하게 행동하고 있는 것들이 있는가? 이것은 당신의 본성에 가까운 것이라고 할 만한가? 이 행동들은 언제 자주 발견되는가?
- 부모님을 비롯해 어린 시절 당신의 성장 과정을 잘 지켜본 친척들과 대화를 나누어 보면서, 발달과정에서 그들이 인상적으로 기억하고 있는 사건과 그 안에 당신의 고유한 특성이 무엇인지 확인해 보자. 이것이 오늘의 당신을 어떻게 만들어왔다고 생각하는가?
- 내가 가지고 있는 좋은 재능과 성향의 취약점은 각각 무엇인가? 좋은 재능이 더욱 만개하려면 어떤 경험들이 필요한가? 취약점이 가려지거나 통제되려면 어떤 경험들이 필요한가?
- 리더십 개발에 대한 나의 입장은 무엇인가? 리더십은 타고난 것인가? 개발 가능한 것인가? 이런 믿음이 나에게 어떤 영향을 미치고 있는가?
- 리더십 개발을 위해 나에게 필요한 도움이 되는 믿음, 태도, 행동은 각각 무엇인가?
- 더 나은 성장을 위해 내 삶의 조건과 환경을 바꾼다면 무엇이라고 생각하는가?

경험에서 배우기

"경험은 당신에게 일어난 것이 아니라 당신에게 일어난 것을 어떻게 대처하느냐 하는 것이다."

- 올더스 헉슬리 Aldous Huxley (1894~1963) 작가

덴마크의 철학자 키르케고르Kierkegaard는 자신의 책에서 한 가지 흥미 있는 이야기를 전한다. 늦가을, 한 무리의 야생오리들이 혹한을 피해 남쪽으로 날아가다가 한 농가의 연못에 머물게 되었다. 이를 본 농부 는 오리들이 너무 예쁘고 귀여운 나머지 매일같이 먹이를 주고 정성껏 돌보기 시작했다. 오리들은 먹이를 받아먹으면서 추운 겨울을 편안하 게 보낼 수 있었는데, 문제가 생긴 것은 다음 해 봄이었다. 철이 바뀌었 는데도 어찌 된 일인지 몇몇 오리들은 날아가지 않고 그곳에 머물렀다. 알고 보니 어떤 오리들은 살이 너무 쪄서 더 이상 날 수 없게 되었고, 또 어떤 오리들은 농부가 주는 먹이의 달콤한 유혹 때문에 그곳에 머무르 기로 한 것이었다. 안락함에 안주한 채 야생 오리로서의 본성을 잃어버 린 오리를 '쿨 버드cool bird'라 하고, 이에 아랑곳하지 않고 스스로 먹이를 찾아 날아올라 본성을 되찾은 오리를 '핫 버드hot bird'라고 부른다.

어떤 사람들은 학습에 관한 한 주어진 조건에 길들어 그저 먹이를 기 다리는 불행한 쿨 버드가 되어 버렸다. 그들은 누가 가르쳐 주기 전에 는 스스로 배움의 의지를 갖지 못한다. 누군가가 주는 답을 따라 하거 나 조건이 갖추어질 때까지 기다리는 게 고작이다.

"방법을 알려주세요"

"좋은 사례는 없나요?"

"좋은 팁은 없나요?"

불확실성을 피하고자 하는 욕구, 어딘가 정해진 답이 존재한다는 믿 음, 효율과 생산성에 대한 조급한 기대, 학습에 대한 무기력, 그리고 타 인에게 좋은 인상을 주고자 하는 바람이 학습 충동을 일으키지만, 하나같이 떠먹여 주는 이른바 '스푼피딩spoon-feeding'을 찾는다. 진정한 학습은 자신의 본성에 따라 창공을 자유롭게 누비는 핫 버드로서의 기상을 가질 때 가능하다. 이런 사람들은 주어진 조건, 제도에 의존하는 것이 아니라 자기 비전을 찾아 도전과 실험을 반복하며 주체적으로 배움을 시작한다. 묻고 생각하고 실험하길 반복한다. 충분하지 못한 자원에도 불구하고 좌절하지 않는다. 리더십을 배우는 일은 바로 핫 버드의 심장과 용기를 갖는 일이다. 자, 당신의 경우는 어떤가?

학습 역량

배움이 별도의 시공간, 그러니까 교실에서 이루어진다고 생각하는 것은 착각이다. 대부분 학습은 일상의 도전적 경험을 통해 이루어진다. 물론 구조화된 리더십 훈련은 분명 효율적이다. 하지만 거기에만 의존한다면 핫 버드로서의 심장과 근육은 퇴화한다. 경험에 뛰어들어 체화한 지식이 역량의 축적과 의식의 변모를 가능하게 한다. 그런 리더들은 불확실성을 헤쳐 나갈 수 있는 힘과 용기를 얻는다.

일상의 경험은 학습이 일어나는 최고의 훈련장이다. 여기에 핵심은 일상의 경험을 어떻게 능동적인 학습경험으로 전환할 수 있느냐의 문제, 다시 말해 '학습 역량learning capability의 문제다. 학습 역량이란 지식과 기술의 총합이 아니라, 축적한 지식과 기술을 해체하고 새로운 지식과 기술을 계속해서 축적할 수 있는, '학습 방법에 관한 지속적인 학습 능력learning how to learn'을 의미한다. 학습에 대한 자신감, 도전과 실험, 새로운 환경에 대한 개방성, 또 학습한 것을 현장으로 전이시킬 수 있는 역량들이 여기에 포함된다.

　다음은 학습 역량을 진단해 볼 수 있는 항목들이다. 자신이 동의하는 정도를 평가해보자. 잘잘못을 가리기 위한 것이 아니라 현재 모습을 진단하기 위한 것이므로 진솔하게 응답해보고 어떤 개선점이 필요한지 찾아보자.

매우 그렇다=5　그렇다=4　그저 그렇다=3　그렇지 않다=2　전혀 그렇지 않다=1

----

1. 나는 내 직업적 사명과 삶의 가치가 선명하다.　　　　　　(　　)

2. 나는 리더로서의 커리어 비전과 함께 성장 목표를 가지고 있다.（　）

3. 강화하고 유지해야 할 나의 핵심역량이 무엇인지 잘 알고 있다.（　）

4. 어렵고 힘든 일이더라도 성장을 위해서라면 기꺼이 위험을 감수하고 도전한다.　　　　　　　　　　　　　　　　（　　）

5. 실패와 실수가 있더라도 금방 일어서 계속 도전한다.　　　（　　）

6. 변화가 요구되는 순간, 망설임 없이 변화를 시도한다.　　（　　）

7. 삶의 모든 경험을 학습으로 이해하고 배우고 있다.　　　（　　）

8. 책을 읽고 생각을 정리하거나 글쓰기(일기) 등을 통해 자신을 주기적으로 성찰한다.　　　　　　　　　　　　　　　（　　）

9. 일상의 경험들을 돌아보면서 새로운 의미를 발견한다.　（　　）

10. 주변의 다양한 사람들과 개방적으로 대화하며 자주 자신을 돌아본다.
　　　　　　　　　　　　　　　　　　　　　　（　　）

11. 주변 사람들의 기대를 잘 이해하고 여기에 부합하고자 스스로를 개선해

가고 있다.　　　　　　　　　　　　　　　　　（　　）

12. 주변 사람들의 피드백을 겸허히 수용하고 배운다.　　（　　）

13. 직무 범위를 넘어서 새로운 사람들을 만나며 배움의 기회를 넓힌다.

　　　　　　　　　　　　　　　　　　　　　　　（　　）

14. 지적 자극을 주는 좋은 스승, 멘토가 있고 이들과 교류한다.　（　　）

15. 함께 배우고 성장하는 공식, 비공식 커뮤니티가 있다.　（　　）

합계 _____

학습 역량 강화하기

앞선 문항은 학습 역량을 강화하기 위한 활동들과 관련되어 있다. 자신의 강약점을 검토하면서 개선을 위한 실천 대안을 함께 고민해 보자.

나는 일상의 경험들을 학습으로 이해하고 있는가? → 7, 8, 9번 문항

알고 보면 삶은 배움의 연속이라는 점에서 거대한 학교다. 삶을 배움으로 여긴다면 천지가 배울 것들로 가득 차 있다. 종종 어떤 사람들은 이런 인식과 거리가 멀다. 자신을 입증하려는 강박에 빠져 일상의 경험에서 배움을 소멸시켰다.

예를 들어 회의 중에 중요한 프로젝트를 논의한다고 하자. 프로젝트의 진척 과정, 성과 여부도 당연히 챙겨야 마땅하지만, 이 과정에서 무엇을 배우고 있는지를 주목할 수 있다. 그때 회의는 중요한 학습 장면으로 전환된다. 긴장과 두려움이 호기심과 즐거움으로 바뀐다. 혹시 어린 자녀를 키운다면 생각해보자. 부모는 아이의 모든 행동을 학습의 순간으로 바라보고, 아이가 무엇을 배우고 있는지, 어떻게 배우는지를 주목한다.

"오늘 무엇을 배웠니?"

"만일 ~한다면 어떻게 될까?"

일상을 학습으로 볼 수만 있다면, 배움을 위해 특별한 콘텐츠와 방법, 장소와 시간이 있어야 한다는 믿음에서 벗어날 수 있다. 그럼 어떻게 해야 할까? '성찰reflection'할 수 있어야 한다. 성찰 과정만이 이전의 행동들을 되풀이하지 않고 새로운 변화를 만든다. 성찰하는 사람들은 숙고한다. 그 결과 고유한 관점을 획득하고, 외압에 맞설 힘과 용기를 얻는다. 동시에 새로운 믿음에 대한 실험을 촉구한다. 다음과 같은 행동은 일상의 경험을 학습으로 바꾸는 데 도움이 되는 것들이다. 이는 3부 5장에서 보다 상세히 언급할 것이다.

- 시간과 에너지를 들여야 하는 프로젝트일수록 무엇을 어떻게 배우게 되는지를 고려한다.
- 프로젝트가 끝나면 경험을 리뷰하고 중요한 학습 포인트를 찾는다.
- 특별하고 인상적인 사건에 대해서는 다이어리를 쓰고, 중요한 학습 포인트를 자기 언어로 정리한다.
- 꾸준히 독서하고 책을 통해 질문을 개발하며 그에 대한 자기 답을 만든다. 독서 후 질문일지를 작성하면 관점을 확대, 심화하여 놀라운 통찰을 발견할

수 있다.

학습의 목적이 되는 리더로서의 사명, 비전이 명료한가? → 1, 2, 3번 문항

학습은 그 자체가 목적이기도 하지만, 학습의 이유와 동기는 리더로서 자신이 누구인지, 어떤 사람이 되고 싶은지, 무엇을 하고자 하는지에 대한 명료한 목적(사명), 비전에서 나온다. 목적과 비전이 없다면 학습은 생존의 수단이 되고 고역이 된다. 그렇게 되면 학습을 자꾸 뒤로 미루게 되고 불안도 가중된다. 우리가 학습하고 개발하는 이유는 자신이 성취하고자 하는 이상과 꿈, 그리고 그에 대한 책무감 때문이다. 사명과 비전이 예리할수록, 여기에 깊이 천착할수록 배움을 멈추지 않는다.

사명과 비전은 학습 동기는 물론 학습의 결과물을 적시한다. 동시에 여기에 필요한 핵심역량을 밝힌다. 다른 사람이 모방할 수 없고 대체할 수 없는 창의적이고 독창적인 역량이 개발된다. 하지만 사명과 비전이 불명확하거나 부재하다면, 학습과 개발의 이유가 사라지고 이를 지속하는 힘도 사라지며, 고유한 역량도 축적될 리 없다. 단지 불안이 추동하는 학습 강박만이 남게 된다. 다음과 같은 행동을 점검해보자. 이 역시 3부 6장에서 보다 상세히 다룰 것이다.

- 리더로서의 정체성, 즉 사명, 비전, 가치가 무엇인지 묻고 이를 명료히 한다.
- 사명, 비전, 가치가 자부심, 긍지를 불러일으키는지 학습의 열망과 동기를 높이는지 점검한다. 그렇지 않다면 거짓 정체성을 가졌음을 의심하고 다시

검토한다.

- 이를 위해 요구되는 핵심역량 또는 기초 역량이 무엇인지 정의한다. 핵심역
  량은 미션과 비전에 직접적 충격을 주는, 남과 명백히 차별화되는 독창적인
  역량이다. 기초 역량이란 핵심역량을 강화하는 데 있어 선제적으로 확보해
  야 하는 요구 역량이다. 이 역량들이 학습과 개발의 과제가 된다.
- 핵심역량과 기초 역량을 개발하기 위한 분기, 반기 단위의 활동들을 기획하
  고, 실천한다.

자발적 실패, 또는 실패를 학습의 기회로 삼고 있는가? → 4, 5, 6번 문항

똑같은 일을 반복하고 있다면 역량은 개발되지 않는다. 역량이 개발되는 이유는 자신의 안전지대를 벗어나기 때문이다. 새롭고 도전적인 과업을 설정하고 작은 실패를 반복해야 역량의 근육이 단련된다. 메이저리그의 한때 홈런왕이었던 베이브 루스Babe Ruth는 22개 시즌을 뛰는 동안 714개의 홈런을 기록했다. 그러나 그는 동시에 1,330개의 삼진아웃을 당했다. 삼진아웃은 홈런을 치기 위한 필요조건이었는지 모른다. 도전 없이, 실패 없이 배움이 일어난다는 것은 거짓말이다. 가용 범위를 정하고 자발적인 실패를 위한 실험을 기획해보자. 실패는 내가 가진 가설에 오류가 있음을 발견하는 의미심장한 사건이며, 이를 통해 자기 가설을 진화, 발전시킬 수 있는 데이터가 축적된다. 실패에 대한 두려움, 특히 타인의 평가로 인해 무능한 사람으로 비추어지는 것을 걱정한다면 위험은 회피되고, 실패는 감추어진다. 실패했다는 사실보다 실패

로부터 배우지 못함을 불명예로 생각해야 한다.

성과에 대한 강박은 배움의 적이다. 배움은 단거리 경주가 아니다. 끝없는 여정이자 오랜 시간을 견뎌야만 그 열매를 얻을 수 있다. 탁월한 성취를 이룬 경영자들은 학습에 방점을 찍고, 그를 통해 탁월한 결과를 만든 사람들이다. 다음의 행동들을 검토해보자. 이는 4부 2장에서 보다 상세히 다룰 것이다.

- 현재 일을 조금 더 확장할 수 있는 과제를 설정한다. 목표 수준을 높이거나, 새로운 기술과 방법을 활용하거나, 일하는 방식을 바꾸거나, 새로운 멤버들과 일한다.
- 실패해도 되는 범위를 정하고, 그 범위 안에서 작은 실패를 기획한다.
- 뜻대로 되지 않았을 때, 자책하기보다 면밀히 사안을 검토하고 러닝 포인트를 찾는다.
- 고난과 시련을 만났다면 이것이 자신의 사명과 비전에 어떻게 결부되는지를 생각하고, 의미를 부여한다.
- 눈앞의 성취보다 먼 미래로부터 지금 더 우선해야 할 일을 정한다. 그것이 현재의 모순과 장애를 극복하는 것임을 기억한다.

주변 사람들로부터 피드백을 받아 나를 성찰하는가? → 10, 11, 12번 문항

우리가 행동의 모순을 발견하고 교정하는 유일한 이유는 외부의 피드백 때문이다. 피드백이 없다면 우리는 자기모순과 위선을 보지 못한다. 우리의 눈이 우리의 눈동자를 보지 못하는 것처럼. 360도 다면평가 같은 도구들은 피드백 정보를 얻는 수단이 될 수 있지만, 이것만으로는 충분하지 않다. 더군다나 편향과 왜곡이 있다면 좋은 정보가 될 수 없다. 자신이 피드백을 수용할 수 있는 충분히 개방적인 사람인지, 투명한 관계를 구축하고 있는지를 확인해야 한다. 다음과 같은 행동은 피드백을 얻는 데 도움이 될 수 있다. 이는 3부 2장에서 보다 상세히 다룰 것이다.

- 타인의 요구에 대해 즉각적인 판단과 평가를 멈춘다. 호기심을 갖고 질문을 던지고 그의 응답을 기다린다. 어떤 비난과 평가도 관대한 마음으로 수용한다.
- 내가 먼저 나의 진심, 속마음을 노출한다. 진심 어린 나의 고백은 상대로 하여금 자신의 진실을 말하게 하는 힘이 있다.
- 다른 사람들의 이야기를 주의 깊게 경청한다. 다른 사람들이 나에게 기대하는 바, 요구하는 바는 물론 그 기대와 요구 속에 숨겨져 있는 상대의 욕구, 열망, 바람, 상처, 고통을 읽는다. 사람들은 욕구(Why)를 숨기고 요구(what)를 말하는 경향이 있음을 주목한다.
- 나의 말과 행동이 다른 사람들에게 좋은 거울이 되고 있는지 점검한다. 내가 상대에 투명하게 정보를 제공하고 있어야 내가 상대를 비추고 그 결과, 상대도 나를 비추게 된다.
- 피드백을 받고 납득하기 어려운 것이 있다면 나의 맹점임을 인정한다. 조용히 가까운 사람들에게 이 결과를 공유하고 그들의 견해를 듣는다.

다양한 사람들과 교류하며 성장의 자극을 받는가? → 13, 14, 15번 문항

배움이 일어나는 또 하나의 요소는 사람과의 관계다. 그중에서도 낯설고 새로운 사람과의 만남은 신선한 정보들로 가득 차 있다. 친숙하고 반복적으로 교류하는 사람들strong tie은 정서적 안전감을 주지만, 지적 자극을 주는 것은 상대적으로 빈약하다. 반면 새로운 사람들weak tie은 정서적 긴장이 있지만, 대체로 신선한 정보와 자극들로 가득 차 있다. 이런 사람들과 개방적인 대화를 나눌 수 있다면 창의적이고 혁신적인 아이디어를 발견할 수 있다. 스티브 잡스는 이를 '새로운 결합New combination'이라고 말한 바 있다.

나아가 나보다 더 많은 지식과 경험을 가진 선배, 스승, 상사와의 교류는 새로운 지적 정보를 얻는 좋은 소스가 된다. 이들과 나 사이의 경험과 지식의 격차가 클수록 더 큰 자극을 받을 수 있다. 다음과 같은 방법은 외부로부터 지적 자극을 얻는 데 도움이 되는 것들이다. 이는 4부 3장에서 보다 상세히 다룰 것이다.

- 네트워크의 다양성을 분석한다. 정서적 지원을 받는 네트워크와 지적 정보를 받는 네트워크를 구분해본다. 어느 부분이 부족한지 분석한다.
- 지식과 경험을 강화하는 데 도움을 받을 수 있는 최고의 전문가들을 찾는다. 그런 사람들과 어떻게 접촉할 수 있는지 방안을 수립한다.
- 직무 범위 이외에 다양한 사람들과 교류할 수 있는 커뮤니티를 찾고 가입한다.
- 사내·외 정기적으로 배움을 지속할 수 있는 학습 네트워크를 만들고 주도

한다.

- 받으려 하지 말고 먼저 준다. 네트워크 내에서 매력 있는 사람이 되도록 노력한다. 전문성과 좋은 인품을 바탕으로 지식과 정보를 나누어 준다.

학습 역량을 강화하고 배움을 실천하는 데 있어 한 가지 함정이 있다. 그것은 이전의 성공 경험이다. 이전의 성공 경험은 경로 의존성을 강화한다. 그 이유는 첫째, 성공으로 얻은 명성과 지위는 이전 행동에 오류가 없다는 믿음을 정당화한다. 따라서 새로운 학습보다 과거의 성공 방식에 의존한다. 둘째, 과거의 방식이 답습되면 새로운 현실을 객관적으로 바라보는 눈이 사라지고 과거에 성공했던 눈으로 현실을 바라보는 확증편향에 빠진다. (예: "그게 왜 안 된다는 거니?", "내가 해 봐서 알아.") 셋째, 그러므로 새로운 문제가 발생해도 과거 회귀적인 행동을 추억하며 이를 반복한다. 그러면 현실과의 괴리가 커지고 마침내 고루하고 무능한 사람으로 인식된다. 학습 역량이란 성공 경험에 안주하는 것이 아니라 매 순간 새로운 현실을 직시하면서 자신을 창조적으로 변신시킬 수 있는 역량이다. 이는 세상과 소통하는 방법일 뿐 아니라 복잡성이 증가하는 미래에 더 큰 책임과 위협을 감당하는 방책이다.

경험에서 배우기

우리는 경험(구체적으로는 '일')을 통해 역량을 확장한다. 많은 연구는 이를 입증하지만, 리더십 개발의 실무자나 리더인 당사자들은 경험을 리더십 개발의 중요한 요소로 주목하지 못한다. 왜 그럴까? 여기에는 대체로 세 가지 이유가 있다.

첫째, 오랜 통념 때문이다. 배움은 교실에서만 일어난다는 믿음이 사회적, 문화적으로 우리의 생각을 지배해왔다. 그러므로 공식적인 훈련에 앞서 경험을 학습과 개발로 간주하는 생각은 반사회적이고 반문화적인 인식에 가깝다. (다행히 이런 인식은 점차 줄어들고 있다.)

둘째, 대부분 리더십 개발 전문가들은 '경험에 의한 학습과 개발'이 아니라 '교실을 활용한 학습과 개발'에서 방대한 지식을 축적하고 있다. 교육 목표를 설정하고, 프로그램을 설계하고, 최적의 방법론을 찾는 도구적 지식은 넘치는데, 사람들이 어떻게 경험 속에서 배우는지에 대해서는 생각보다 무지하다. 망치를 들고 있다면 못을 찾아야 하고, 이제 못 박는 일에 몰두하는 것은 그리 놀라운 일이 아니다.

셋째, 경험은 삶 속에 내재화되어 손쉽게 구조화되지 않기 때문이다. 가시적이지도 않고 측정할 수 없는 것은 곧 관리할 수 없는 것을 의미하고, 자연스럽게 관심과 논의 밖으로 밀려날 수밖에 없다. 특히 조직에서 양화 할 수 없는 활동은 늘 소외되었고 무시되었다. 그런 점에서 경험을 통한 리더십 개발은 상당 부분 미지의 영역으로 남았다. (그것은 채굴되길 기다리는 보고다.)

다행히 경험을 통한 리더십 개발에 관한 관심은 점차 늘어나는 추세다. 관련한 연구들이 늘어나면서 보이지 않던 영역들이 점차 가시화되고 있다. '70-20-10의 법칙'이 대표적이다. 70%는 일상의 직무 경험에서, 20%는 사람과의 관계에서, 그리고 10%는 공식적 훈련에서 개발이 이루어진다는 원리다. 거기에 경험 기반의 리더십 개발 활동들이 구현되면서 일부분은 그 효과성이 입증되고 있다. 예를 들어 액션 러닝은 리더십 개발 프로그램의 하나로 활용되면서 학습과 현실의 문제를 통합하려 한다. 또 주의 깊게 리더를 선발하고, 이들에게 적절한 과업을 부여하며, 코칭과 멘토링을 제공하는 일들도 활성화되고 있다.

개인적으로, 전통적인 리더십 개발 방법들은 사회적 복잡성이 커지고 불확실성이 높아지면서 그 효력을 다해가고 있다고 진단한다. 현상을 돌파하기 위한 실험과 그를 통한 학습활동이 일상화될 때만 우리는 미지의 세계에 대한 해법을 찾을 수 있다. 다시 말해 리더의 성장과 개발이 자연스럽게 일어날 수 있는 생태계learning ecosystem를 조성하는 문제다. 조직이 리더십 개발에 패권을 쥔 채 일방적으로 학습의 니즈를 재단하고 정해진 역량을 주입하는 촌극은 멈추어야 한다. 그보다 현장의 리더들이 학습 주체가 되는 자유로운 실험장을 건설해야 한다. 우리는 경험과 통찰로부터 고유한 문제의식을 느끼고, 스스로 학습의 이유와 목적을 발견하며, 문제해결을 위한 네트워크와 공동체를 구축할 수 있는 능동적이고 주체적인 존재다. 이런 믿음이 육성과 개발을 위한 질문을 근본적으로 바꾼다.

학습 생태계의 건설은 자연 생태계처럼, 학습과 개발의 사회적, 물리적, 문화적 시스템을 구축하는 것이다. 다양성이 살아 있고, 서로의 경험과 노하우들이 중첩적으로 공유되며, 학습을 위한 중요한 자원들에 손쉽게 접근할 수 있고, 무자비한 실험들이 자유롭게 일어나는 환경을 조성해야 한다. 그런 생태계에서 자기 조직적인 진화의 힘이 분출한다. 이런 학습 생태계를 만들 수 있는 회사만이 창발을 조장하고 혁신을 가속한다. 생태계 내의 구성원으로서 리더는 스스로 학습과 개발의 주체로 독립해 있어야 한다. 이 책은 바로 그런 리더들을 위한 안내서다.

자, 그렇다면 어떻게 주체적인 학습자로 행동해야 할까? 학습활동을 리더의 자산으로 만들려면 다음의 사실을 주지하자.

첫째, 성장과 개발에 대한 주도권을 가져야 한다. 회사나 조직이 리더십 개발을 책임질 것이라는 기대는 비현실적이다. 엄밀히 말하면 회사는 회사가 원하는 역량만을 한정적으로 개발해 줄 뿐이다. 더군다나 그것은 대부분 공식적인 교육 훈련에 국한되어 있다. 그래서 직장생활을 오래 한 리더들은 대부분 역량이 기형화되어 있다. 조직이 요구하는 역량에 따라 역량개발의 경로가 한정된 탓이다. 그런 개인들은 회사를 떠나는 순간 무능함을 경험한다. 우리는 전인적 인간으로서 풍부한 경험과 다양한 지식을 통해 세상과 자신을 더욱더 잘 이해하고 참된 행복을 누릴 권리가 있다. 리더십은 이런 개발 경험을 통해 총체적 역량을 쌓아 올리는 일이다. 주체적인 학습자로 스스로 임파워되지 않는다면 무능을 기획하고 있는 것과 다르지 않다.

둘째, 리더는 태어나지 않지만 그렇다고 저절로 만들어지는 것은 아니다. 리더십 개발을 위해서는 가치 있는 경험과 마주해야 한다. 가치 있는 경험이란 우리를 안전지대 밖으로 내모는 사건이다. 누구도 불안전 지대에 머물길 원하는 사람은 없다. 하지만 성장과 변화는 기존의 생각, 역량이 도전받고, 기존의 통념과 가치가 위협받는 상황 속에서 자신을 전면적으로 재검토하는 과정에 일어난다. 불편함을 감수하고 낯선 상황에 자신을 맡기는 의식적 선택이 있어야 한다.

셋째, 모든 경험은 리더십 개발의 경험이 될 수 있다. 비록 우리 삶의 대부분은 반복적인 패턴에 갇혀 있지만, 어떤 경험도 동일하지는 않다. 일상적으로 되풀이되는 경험일지라도 어떤 시선으로, 어떤 감정과 생각으로 바라보느냐에 따라 새로운 세계가 열린다. 경험이 아니라 경험을 바라보는 시선이 경험을 구성한다. 경험의 질은 말할 것도 없고 경험의 양, 경험의 다채로움 역시 질적 전환을 가져올 수 있다. 가족과의 시간, 자원봉사 활동, 어떤 시련과 상처, 업무 및 업무 외의 경험도 개발과 학습의 눈으로 보는 힘이 있다면, 이미 리더십 개발이 시작된 것이다.

넷째, 경험은 과거이자 현재이며 동시에 미래다. 경험은 일회적 현상이 아니다. 어떤 경험을 기억하는 한, 과거의 기억은 현재가 된다. 미래의 어떤 사건을 상상하고 있는 한, 그 미래의 기대는 현재로 변모한다. 과거의 경험이라고 해서 용도 폐기해서도 안 되고, 미래의 상상이라고 해서 허구로 간주하는 우를 범해서는 안 된다. 우리의 삶은 과거에서 미래로 가는 것이 아니라, 과거와 미래가 통합된 현재의 축적들로 이루어진다. 경험하는 사건들을 깊이 성찰하면, 과거의 기억을 불러오고, 미래의 전망을 가져올 수 있다. 과거, 현재, 미래를 넘나드는 성찰의 과정이 삶과 세상을 통시적으로 바라보는 일을 가능하게 해준다. 그래야 현재가 과거와 화해하고 미래와 호흡하는 뜨거운 순간으로 체험된다.

👀 리더십 개발을 가로막는 장벽

　리더십 개발에 관심이 없거나 제대로 된 리더십의 발현에 곤란을 겪는 리더들은 크게 두 가지 믿음에 사로잡혀 있다. 하나는 리더십 개발의 책임을 자신이 아니라 타인에게 전가하는 데 있다. 이들은 리더십 개발이 일회적 이벤트로 가능할 것이라는 망상을 가지고 있다. 좋은 프로그램과 콘텐츠, 강사나 코치가 있으면 쉬이 개발될 것이라는 안일한 믿음으로 이른바 '한 방'을 기대한다. 하지만 그런 일은 일어나지 않는다. 그러면 외부 환경과 조건을 탓하며 개발의 주도권을 타인에게 양도한다. 그런 리더들은 '셀프 리더'가 아님을 시인하는 것이며, 궁극적으로 리더십 개발에 대한 패배감과 냉소만을 학습한다.

　다른 하나는, 리더십 개발보다 전문성 개발이 중요하다고 믿는 데 있다. 궁극적으로 성과와 결과를 만들어 내는 것은 자신의 직무 전문성이라고 믿는다. 이들은 리더십 개발에 무관심할 뿐 아니라 관심을 가졌다 해도 리더십을 스킬과 기법이라고 간주하고 여기에 집착한다. 온갖 종류의 사람을 다루는 테크닉과 도구에 탐닉한다. 하지만 리더십은 책략을 배우는 것이 아니라, 리더로서의 자기 정체성을 탈바꿈하는 문제다. 이것이 뒤따르지 않는 전문성 개발은 용도도 모르는 흉기를 움켜쥐고 있는 것과 다를 바 없다.

　이 같은 믿음은 리더 개인에게 원인이 있는 것은 아니다. 오랫동안 우리 사회를 지배하고 있는 패러다임, 즉 효율과 결과 지향의 복음이 '왜' 리더가 되어야 하는지에 대한 물음을 '어떻게' 리더십을 발현할 것인가에 대한 물음으로 전도시켰기 때문이다. 리더십 개발에 대한 이유와 철학의 부재는 리더십 개발의 재앙을 초래한다. 예를 들어 전통적인 '성과 중심의 매니지먼트profit-driven management'는 밑도 끝도 없는 성과를 위해 리더십을 하나의 기술, 즉 성과를 낳는 방책과 술책 또는 조작과 통제의 기술로 도구화했다. 이런 리더들은 구성원들을 이유도 모르는 생존경쟁에 내몰았으며, 번아웃시키거나 직장 혐오감을 갖게 했다.

그간 한국기업들은 리더가 아니라 충직하고 유능한 매니저를 키우는 데 관심이 있었다. 위험을 감수하고 실패를 용인하며, 비전을 창출하고, 과감한 혁신을 조장하기보다 목표와 성과를 관리하고, 일과 스케줄을 통제하며, 결과를 평가하는 일에 몰두했다. 그 결과, 리더들은 한결같이 이렇게 묻는다.

"어떻게 하면 사람을 변화시킬 수 있나요?"

"어떻게 하면 보다 높은 빠른 성과를 낳을 수 있나요?"

이런 물음은 설령 의도가 없었다 하더라도 성장과 개발에 대한 우매한 인식이 만든 우문일 뿐이다. 리더십을 개발하고자 한다면 먼저, 왜 리더가 되어야 하는지에 대한 정당한 이유를 찾아야 한다. 성장과 개발의 주도권이 자신에 있음을 알아야 하고, 자신과 타인들의 마음을 사로잡을 수 있는 신성하고도 매력적인 사명을 복원해야 한다. 사명이 헌신을 위한 용단을 촉구하고, 성장을 위한 쉼 없는 간극을 보여준다. 우리를 일으켜 세우고 미래를 향해 뛰어들게 한다. 우리는 이런 리더들에게 이끌리며 이들을 본보기로 삼아 자신을 일으켜 세운다. 하지만 그렇지 않다면 리더십 개발과 관련한 동기도 원칙도 있을 수 없고, 그 노력은 공염불이 된다. 척박하기 이를 데 없고, 영양분조차 공급될 가능성이 없는 토양이라고 한탄하기 전에, 스스로 토양 안으로 파고드는 강건한 씨앗이 되어 볼 일이다. 그렇지 않고 포기한다면 한 번뿐인 생에 언젠가 자기를 배반하고 자존감을 뭉개는 비참한 상황을 마침내 통한으로 만나게 될지 모른다.

（03）

리더십 개발을 위한 준비

"실수를 하지 않는다면, 아무것도 하지 않는 것이다."

- 올더스 헉슬리 Aldous Huxley (1894~1963) 작가

학습 역량이 일반적 수준에서의 개발과 학습에 대한 태도를 말한다면, 리더십 개발을 위해서는 좀 더 구체적인 준비가 필요하다. 연구자들은 이를 '리더십 개발 준비도Leadership development readiness'라고 정의한다. 준비도는 리더십 개발의 지속과 성공을 위해 사전에 점검해야 할 사항이라고 할 수 있다.

리더십 개발 준비도

한나와 아볼리오Hannah & Avolio에 의하면 '리더십 개발 준비도'란 '리더로서의 지식, 기술, 역량 등을 배우고자 하는 '동기motivation'와 '능력ability'을 말한다.[11] 준비가 된 리더들은 자기 정체성의 변화와 함께 새로운 지식체계를 구축하고자 한다.[12] 이들은 다양한 사건들이 주는 도전과 기회 요인에 주목하고 이를 의미 있게 해석한다. 그간의 연구들을 보면 리더십 개발 준비도가 높은 리더들은 무엇보다 리더로서의 자기

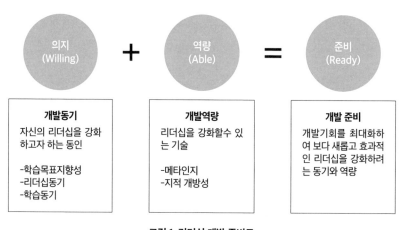

그림 1. 리더십 개발 준비도

효능감이 높았고, 리더로서 좋은 평가를 받아왔을 뿐 아니라 리더십 개발에 대해 높은 효능감을 보였다.[13]

리더십 개발 준비도는 두 개의 요인으로 나뉜다. '동기 요인'에는 1) 학습목표 지향성, 2) 리더십 및 학습 동기가 있고, '역량 요인'에는 1) 메타인지 역량, 2) 지적 개방성이 있다.

학습목표 지향성

사람들의 '목표 지향성goal orientation'은 둘로 구분할 수 있다. 하나는 '학습목표 지향성learning goal orientation'이고, 다른 하나는 '성취목표 지향성performance goal orientation'이다.[14] 전자는 학습과 개발에 대한 관심과 동기를 말하고, 후자는 결과를 통해 자기 역량을 입증하고자 하는 동기를 말한다. 학습목표 지향성을 가진 리더는 자신을 새로운 경험을 찾아 나서며 계속해서 성장해가는 사람이라고 인식한다.[15] 이런 사람들은 높은 도전적 과제를 설정하고, 이 과정에서 요구되는 역량을 개발하는 데 많은 에너지를 들이며, 피드백을 성장을 위한 정보로 해석한다. 그래서 실패했을 때조차도 배우려는 높은 의지를 보인다. 이들은 주변의 시선에 아랑곳없이 자신이 어제보다 오늘 얼마나 더 성장했는가를 주목한다.

반면 성취목표 지향성을 가진 사람들은 역량을 개발 가능한 것으로 믿지 않는다. 이들은 주어진 과제를 자기 역량을 시험하는 것으로 간주한다. 따라서 도전적이고 위험한 과제는 구태여 맞설 필요가 없다. 그보다는 역량을 입증할 수 있는 익숙한 과제를 선정하고 빠르게 성취하는 것에 몰두한다. 그 결과, 성과에 대한 피드백에 민감하고, 이를 자신을 평가하는 정보로 받아들인다. 만일 낮은 성과 평가 피드백을 받았다면 무능이 탄로 나는 것이므로 이를 감추거나 변명하게 된다.

학습목표 지향성을 가진 리더들은 당연히 성취목표 지향성을 가진 리더들과 비교할 때 리더십 개발에 긍정적으로 참여한다.[16] 예를 들어 학습목표 지향성이 높은 사람들은 커리어 개발과 관련해 높은 성취와 만족감을 보였고, 교육 훈련에 참여해 개발 과제에 더 깊이 몰입했을 뿐 아니라 리더십 역량을 효과적으로 축적했다.[17] 특히 도전적인 상황에 직면했을 때 장애에 맞서 보다 적응적인 행동을 보였으며, 새로운 대안을 찾아 성과 수준을 개선하거나 유지하려 했다.[18]

목표 지향성은 암묵적으로 자기 자신을 설명하는 이론으로 미래행동

	성취목표 지향	학습목표 지향
목적	• 타인에게 보다 유능하게 보이기 위해 • 무능을 피하기 위해 • 남들보다 앞서기 위해	• 역량을 강화하기 위해 • 배우고, 이해하고, 숙달하기 위해 • 중요한 목적을 실현하기 위해
선호하는 과업	• 다른사람에게는 어렵지만 자신에게는 쉬운 과업	• 도전적이고, 학습을 촉진하는 과업
과업에 대한 해석	• 자기 능력을 평가받는 활동이라고 생각함	• 중요한 어떤 것을 배우는데 도움이 되는 활동이라고 생각함
노력에 대한 태도	• 결과에 의미를 두고 노력을 기피함	• 노력자체에 의미를 두고, 매우 노력함
실패에 대한 반응	• 자신의 무능임을 인정하지 않으려 함 • 무력함을 경험함 • 자기를 혐오함 • 문제해결에 대한 자신감을 잃음 • '할 수 없는 일이야. 그만 두는게 좋겠어'	• 노력이 부족한 결과라고 생각함 • 기어이 완수해내려 함 • 다양한 방법으로 다시 시도함 • 문제해결에 대한 의지를 불태움 • '아직 답을 찾지 못 했어. 계속해야 해'

표 1. 성취목표 지향성과 학습목표 지향성

을 예측한다.

목표 지향성은 리더십을 개발하는 데 있어 중요한 태도다. 만일 성취목표 지향성에 경도되었다면 자신에 대한 이론과 가정을 바꾸어야 한다. 자신이 무엇 때문에 이런 목표에 집착하고 있는지를 성찰해야 한다. 특히 타인의 시선으로부터 벗어나 자신을 독립시키고 자신을 있는 그대로 인정할 수 있어야 한다.

심지어 명백한 실패와 타인의 비난이 있을 때, 이를 자멸적으로 해석하지 않는 마음의 근육을 키워야 한다. 보다 더 중요한 목적이 무엇인지 성찰하고, 그를 위해 정진하는 삶이 진정한 행복임을 발견할 수 있어야 한다. 인생은 100미터 달리기가 아니다. 삶은 긴 여정이고, 그 여정을 의미 있는 체험으로 만드는 것이 중요하지 단박의 결과로 삶 전체를 재단하는 어리석음을 저질러서는 안 된다.

그렇다고 학습목표 지향성이 능사라는 것은 아니다. 성취목표 지향성이 빈약하다면 원하는 결과를 얻는 데 실효를 거둘 수 없고 지금의 배움을 정당화할 수 없다. 좀 더 현실적인 지표를 설정하고 기한 내에 가시적인 결과를 만들도록 학습목표와 성취목표 간의 통합을 시도할 수 있어야 한다. 예를 들어 목표를 세울 때는 성취목표를 염두에 두고 학습목표를 매개로 삼을 수 있다. 문제는 과정을 생략하고 결과만을 얻으려는 요행을 바랄 때다. 또 학습목표로 삼아야 할 과제와 성취목표로 삼아야 할 과제를 구분할 수 있다. 익숙한 과제라면 구태여 학습목표를 설정할 필요가 없다. 반면 장기적으로 많은 실험과 시행착오가 불가피한 과제라면 성취목표를 세우는 것이 부적절하다. 비록 대립적인 과업일지라도 차원을 달리하거나 한 차원 높이면 얼마든지 두 목표를 병합할 수 있는 창조적인 지점이 존재한다. 다음은 목표 지향성을 점검하기 위한 자기진단도구다. 결과를 검토해 보고 자신에게 어떤 변화가 필요한지 생각해보자.

◈ 목표 지향성[19] ◈

다음의 항목을 읽고 동의하는 정도를 점수로 기입해 보자.

매우 그렇다=5 그렇다=4 그저 그렇다=3 그렇지 않다=2 전혀 그렇지 않다=1

1. 내가 잘 해낼 수 있는 일을 할 때가 좋다.　　　　　　　(　　)
2. 어렵지만 도전적인 일을 할 때가 좋다.　　　　　　　(　　)
3. 실수 없이 어떤 일을 완수했을 때가 기분이 좋다.　　(　　)
4. 어려운 일을 실패하면 곧 다시 도전할 계획을 세운다.　(　　)
5. 다른 사람들보다 어떤 일을 잘 해냈을 때 스스로 유능하다는 생각이 든다.

　　　　　　　　　　　　　　　　　　　　　　　　(　　)
6. 새로운 것을 배울 수 있는 일을 한다는 것은 나에게 중요하다.　(　　)
7. 내가 한 일에 대해 다른 사람들이 어떻게 평가하는지는 나에게 매우 중요한 문제다.　　　　　　　　　　　　　　　　　(　　)
8. 어려운 일일수록 회피하지 않고 도리어 최선을 다한다.　(　　)
9. 과거에 잘 해낸 일을 다시 할 때 편안하고 좋다.　　　(　　)
10. 과거의 나를 뛰어넘기 위해 더 노력한다.　　　　　　(　　)

집계 홀수 번호 _____ (성취목표 지향)

짝수 번호 _____ (학습목표 지향)

리더십 동기와 학습 동기

리더십을 개발하고자 하는 사람들은 응당 학습과 리더십 개발에 높은 흥미와 관심이 있다. 동기가 없는 사람은 리더십 개발에 참여할 가능성도 없고, 참여한다고 하더라도 이러저러한 장애와 변수들 앞에서 포기한다. 먼저 리더십 동기motivation to lead란 스스로 좋은 리더가 되고자 하는 욕구, 나아가 탁월한 리더가 되고자 하는 욕구라고 할 수 있다. 이 동기가 높은 사람들은 1) 스스로를 리더라고 정의하고, 2) 다른 사람들을 위해 자신을 희생하며, 3) 기꺼이 집단과 조직 전체를 위해 책임을 지려고 행동한다. 이들의 행동은 외적 보상이나 인정 때문이 아니라, 타인을 돕고 지원하는 일에서 그리고 공동체의 목적과 이상을 실현하는 일에서 스스로 동기 부여되어 있다.

나는 종종 리더들을 만나면서 리더가 되고 싶어 하지 않는 사람들을 자주 목격한다. 이들은 리더가 되는 일이 번잡한 수고를 감당해야 하고, 반면 돌아오는 보상은 크지 않으며, 꼭 커리어의 안정성을 보장해주는 것도 아니라고 항변한다. 그런데도 조직에 의해 어쩌다 리더로 임명된 사람들은 자주 피곤함, 난감함, 무력감을 호소한다. 이런 사람들이 더 나은 리더로 성장할 수 있는 가능성은 제로다. 이들은 교육 훈련의 대상도 아니고 잠재적으로 미래를 견인할 인재라고 할 수도 없다.

리더십 동기는 공동체의 이상에 대한 깊은 공감, 이를 위해 자기를 희생하려는 의지에서 온다. 왜 그래야 하는지 반문한다면, 사실 명확한 답이 없다. 이것이 리더와 팔로워가 극명하게 나뉘는 지점이기 때문이다. 당신이 팔로워이고 두 명의 후보자 중에 한 사람이 리더가 되길 희망한다고 생각해 보자. 두 사람은 모두 높은 성취를 보여왔지만, 그중 한 사람은 개인적 야심을 실현하기 위해 리더가 되려 하고, 다른 사람은 사람들의 욕구를 충족시키고 조직의 이상을 실현하기 위해 리더가 되려 한다면, 당신이 누구를 후보자로 추천할 것인가는 자명하다. 희생적이고 이타적인 행동만큼 리더십의 동기를 설명하는 명백한 요인은 없다. 그것은 희생이라기보다 그가 얼마나 진정성 있는, 책임 있는 삶을 살고자 하는가를 드러낼 뿐이다. 이런 사람들이 리더십 개발에 열정적일 것임은 명백하다.

두 번째, 리더십 동기가 높은 리더는 자연스럽게 학습 동기^{motivation to learn}가 높다. 자신을 더 좋은 리더로 만들고자 하는 욕구가 있으면 학습하는 일 자체가 즐거움이 된다. 학습하는 동안 집중력과 인내력을 발휘하며 좋은 결과를 성취한다. 학습 동기는 개인과 주어진 여건에 따라 다를 수 있지만, 학습목표 지향성을 가진 사람들이 상대적으로 더 높은 학습 동기를 가진다. 그런 사람들은 성장을 위해 기꺼이 도전하고 과업을 완수하고자 분투한다.

다음의 항목을 읽고 동의하는 정도를 점수로 기입해 보자.

매우 그렇다=5 그렇다=4 그저 그렇다=3 그렇지 않다=2 전혀 그렇지 않다=1

----

1. 나는 리더십을 배우고 기술을 축적하는 방법에 대해 관심이 많다. (   )

2. 리더십을 배우는 것은 나의 커리어에 중요하다.   (   )

3. 리더십에 대해 공부하지 않는 나를 상상하기 어렵다.   (   )

4. 리더십의 본질을 탐구하는 것은 흥미로운 일이다.   (   )

5. 리더십을 계속해서 개선해 나갈 수 있다면 스스로 자부심을 느낄 것이다.

(   )

6. 일을 할 때 대부분 나는 팔로워보다는 리더로서 행동하길 좋아한다.

(   )

7. 나는 다른 사람을 리딩하고 있을 때 나답다고 생각한다.   (   )

8. 나는 항상 내가 리더라고 생각한다.   (   )

9. 나는 다른 사람들을 위해 내가 먼저 위험을 감당하고자 한다.   (   )

10. 공동체의 목적과 비전을 생각하고, 여기에 책임을 지고자 한다. (   )

집계 1~5 _____ (학습 동기)

6~10 _____ (리더십 동기)

메타인지 능력

메타인지 능력은 자신의 학습 과정을 되돌아보고 성찰하며 이를 통제할 수 있는 능력을 말한다. [21] 즉 '생각에 관한 생각 thinking about their thinking', 또는 '2차 사고second order thinking'라고 할 수 있다. 메타인지는 도전적인 경험이나 프로젝트가 끝났을 때, 이 경험 속에서 일어났던 자신의 인지적 프로세스를 다시 해석하는 능력이다. 이런 역량을 가진 리더는 경험 과정에서 촉발되었던 감정과 생각을 더 깊이 돌아봄으로써 장차 어떤 의사결정을 내려야 하는지를 잘 안다. 연구에 의하면 메타인지 능력이 높은 리더는 자기 효능감, 학습목표 지향성과 높은 상관성을 보였고, 이는 두 가지 측면에서 리더십 개발에 중요한 역할을 했다.[22] 하나는 창의적인 문제해결, 의사결정, 비판적 사고에 긍정적인 영향을 미쳤다. 다른 하나는 새로운 정보에 대해 의미를 부여하고 이를 효과적으로 처리했다. 결국 새로운 개발 경험을 의미 있게 해석하고 분류하며, 이를 더 나은 성장 정보로 활용했다. 메타인지 역량이 높은 리더들은 개발의 긍정적 측면을 주목하고, 경험한 사건을 현실에 의미 있게 적용할 수 있는 성찰 능력을 발휘한다.

메타인지는 자신을 대상화하여 성찰하는 힘이다. 이 과정을 소홀히 하거나 삭제한다면 개선을 위한 방안도, 변화의 계기도 마련할 수 없다. 이를 엄청난 역량이라고 오해하기 전에, 일상의 시간들을 멈춰 세워 자신을 가만히 돌아보는 시간을 마련할 수 있어야 한다. 우리는 질주하는 동안 메타인지를 작동시킬 수 없다. 멈추어야만 어디에 있으며, 어디로 가고 있는지, 무엇을 해야 하는지를 평가할 수 있다. 그런 점에서 메타인지는 성숙한 사람들의 습관이다. 의식적인 선택을 반복함으로써 이는 얼마든지 강화된다. 다음의 진단 문항을 통해 메타인지 수준을 평가하고, 개선을 위해 어떤 루틴을 개발해야 하는지 계획을 세워보자.

다음의 항목을 읽고 동의하는 정도를 점수로 기입해 보자.

매우 그렇다=5 그렇다=4 그저 그렇다=3 그렇지 않다=2 전혀 그렇지 않다=1

- -

1. 나는 리더십을 개발하는 데 나에게 무엇이 가장 중요한 정보인지 잘 알고 있다.　　　　　　　　　　　　　　　　　　　　　(　)

2. 나는 문제를 해결할 때, 내가 모든 대안들을 의미 있게 다 검토했는지 점검한다.　　　　　　　　　　　　　　　　　　　　(　)

3. 나는 정보를 회상하고 재조직하는 데 능숙하다.　　　(　)

4. 나는 상황의 변화에 따라 적절한 학습 전략을 사용한다.　(　)

5. 나는 학습할 때 내가 사용하는 전략들이 적절하고 유용한지 분석한다.
　　　　　　　　　　　　　　　　　　　　　　　　(　)

6. 나는 필요로 할 때 언제든지 나의 학습 동기를 높일 수 있다. (　)

7. 나는 새로운 것을 배웠을 때 얼마나 잘 이해했는지를 스스로 평가한다.
　　　　　　　　　　　　　　　　　　　　　　　　(　)

8. 나는 학습이 효과적으로 진행될 수 있도록 나 자신을 잘 통제한다.
　　　　　　　　　　　　　　　　　　　　　　　　(　)

9. 나는 정기적으로 중요한 관계들을 이해하고자 이를 검토한다. (　)

10. 나는 지적인 측면에서 나의 약점을 보완하는 전략을 사용한다. (　)

- -

집계 _____

지적 개방성

지적 개방성*intellectual openness*은 인간의 대표적인 성격 특성인 Big-5의 한 요인이다. 다른 성격적 요인들이 상대적으로 가변적인 데 반해 지적 개방성은 인생 전반에 걸쳐 안정적인 경향이 있으며, 특히 훈련 성과를 예측하는 변수로 알려져 있다.[24] 지적 개방성이 높은 리더들은 변화 지향적이고, 다양성을 추구한다. 일상적인 것보다는 새롭고 신선한 것을 선호하고 이를 즐긴다. 이런 성향의 사람들은 새로운 아이디어와 새로운 자극을 추구한다. 추상적이고 이론적인 내용에서 흥미를 느끼고, 사안의 숨겨진 의미를 탐색하는 경향이 있다. 당연히 배움과 훈련에 대해 긍정적이고 개방적이다. 이런 리더들은 그렇지 않은 리더들에 비해 리더십 개발에서 좋은 결과를 얻을 가능성이 크고, 결과적으로 좋은 리더가 될 가능성이 높다.

종종 지적 개방성이 취약한 리더들은 변화를 기피하고 보수적으로 행동한다. 일시적이라면 그다지 문제가 될 것은 없지만, 스스로 지나치다고 판단된다면 자신의 경험을 조금씩 새롭고 도전적인 것으로 확대하면서 유연성을 키워나가야 한다. 다음의 항목을 검토하고 자신의 지적 개방성을 높이기 위한 방안들을 찾아보자.

◈ 지적 개방성 진단[25] ◈

다음의 항목을 읽고 동의하는 정도를 점수로 기입해 보자.

매우 그렇다=5 그렇다=4 그저 그렇다=3 그렇지 않다=2 전혀 그렇지 않다=1

1. 나는 추상적 개념을 다루는 대화를 어려워하지 않는다. ( )

2. 나는 많은 것들에 대해 흥미와 관심을 느낀다. ( )

3. 나는 반복적인 것보다는 새로운 것을 더 좋아한다. ( )

4. 나는 내 지식을 확장하고 싶다. ( )

5. 나는 변화에 대해 개방적이다. ( )

6. 나는 기존에 내가 하는 것에 집착하지 않고 새것을 잘 수용한다. ( )

7. 나는 이론적 논의를 하는 것에 흥미를 느낀다. ( )

8. 나는 복잡한 생각을 하는 사람들을 기피하지 않는다. ( )

9. 나는 추상적인 논의를 하는 것에 흥미를 느낀다. ( )

10. 나는 어떤 사안에 숨겨진 더 깊은 의미를 발견한다. ( )

집계 _____

리더십 개발 준비도를 점검하는 것은 개발 여정에 참여하는 생각과 마음가짐을 다지는 데 유용하다. 리더십 개발은 누군가와 경쟁하며 승리하는 게임이 아니라 자신을 보다 성숙한 문제해결자로 변모시켜 가는 일이다. 자신을 좋은 리더로 성장시키려면 개방적으로 변화에 뛰어들어 그 과정을 돌아보고 재도약하는 일상의 루틴을 만들어야 한다. 그런 점에서 학습목표 지향성, 리더십 동기, 학습 동기, 메타인지, 지적 개방성의 수준을 강화하는 방안을 수립해 보자.

- 앞선 진단 결과, 상대적으로 취약한 것은 무엇인가?

- 그 원인은 어디에 있다고 생각하는가?

- 이를 강화하기 위한 훈련으로 바람직한 행동은 무엇이 있는가?

- 루틴으로 만들기 위해서 무엇을 언제까지 어떻게 해야 한다고 생각하는가?

- 직업적 사명, 비전, 성장 목표는 무엇인가? 이것은 충분히 성장과 개발의 동
  기를 주는가?

META-COMPETENCY
OF LEADERSHIP

2부

성숙으로서의
리더십 개발

01

리더십 개발의 세 지층

"여기에 보이는 건 껍데기에 지나지 않아. 중요한 것은 눈에 보이지 않는 거야."

- 생떽쥐베리Saint-Exupéry(1900~1944)의 『어린왕자』 중에서

진화의 관점에서 보면 인간 행동은 적응을 위해 발달해왔다. 적응은 환경이 펼쳐 놓은 문제들에 맞서 이를 풀어낼 수 있는 지식과 기술, 그리고 거기에 걸맞은 사고 프로세스를 개발하는 행위를 말한다. 모호하고 불확실하며 거친 오늘날의 환경을 생각하면 우리는 이전보다 더 복잡한 사고 시스템이 필요하다. 그런 점에서 리더십은 이전과 다른 도전에 직면해 있는 셈이다. (나는 앞으로 '개발', '발달'이라는 말을 리더의 의식적인 노력에 의한 성숙의 과정을 뜻하는 용어로, 문맥에 맞게 혼용하여 사용할 것이다.)

학습하고 성장한다는 것은 인간 두뇌가 시간이 지남에 따라 다양한 요소들로 분화, 통합되면서 그 복잡성을 증가시킨다는 뜻이다. 복잡성이 증가한다는 것은 시스템을 구성하고 있는 여러 요소 간의 상호연결과 패턴들이 전문화되고, 상호조정 과정을 통해 각각의 요소가 하나로 통합되어 간다는 의미다. 이런 맥락에서 리더십 개발을 이해한다면, 리더십 개발은 의도적으로 인지적, 행동적 복잡성을 증가시켜가는 일이다. 사고 과정을 세분화하고 재통합하는 과정을 거쳐 궁극적으로 행동의 복잡성을 만들어 낼 때, 리더는 복잡한 환경을 창조적으로 돌파해 갈 역량을 갖게 된다. 한 리더가 이렇게 말한다.

"제가 직원들의 일거수일투족을 통제하기 시작했더니 제 리더십이 제왕적이라고 비난하는 거예요. 그래서 간섭 안 할 테니 모두 알아서 행동하라고 했죠. 아, 그랬더니 이번에는 성과가 내려가는 거예요. 다시 옛날로 돌아가야 하는 거 아닐까요?"

극단적으로 말하면 이 리더는 행동의 레퍼토리가 단지 두 개밖에 없다. 통제하든지 방임하든지. 행동의 레퍼토리가 분화되려면 심층적이고 다층적인 사고 과정이 축적되어야 한다. 이런 과정 없이 몇몇 지식과 기술, 요령과 팁으로 리더십을 발휘한다면 리더십은 곧 좌초한다. 망치 하나로 모든 문제를 해결할 수 없고, 좋은 망치를 가졌다고 해도 그것으로 문제의 근원을 간파하거나 상황에 따른 유연성을 발휘할 수는 없는 법이다. 오늘날 많은 리더의 실패는 복잡한 사고 과정 없이 도구적인 무기를 휘두르거나 아니면 그 무기의 효용성이 다했음에도 이를 알아차리지 못하는 데 있다.

리더십은 사고의 산물이다. 사고는 문제를 다층적으로 바라볼 수 있는 내적 성찰과 성숙을 전제한다. 다양한 행동의 레퍼토리를 만들어 낼 수 있을 만큼 스스로 고도화된 복잡한 시스템이 되어야 복잡한 상황을 뚫고 나갈 통찰을 발견하고, 다양한 변수들을 결합해 창조적 대안을 만든다. 이 장에서는 리더십 개발이 사고의 성숙과 관련된 것임을 이해하고, 이것이 어떤 수준에서 왜 일어나야 하는지를 검토해보자. 이는 리더십 개발의 이해에 중요한 렌즈를 제공한다.

리더십 개발의 삼 층 구조

리더십 개발은 어떤 과정을 통해 일어나는 것일까? 이는 오랫동안 블랙박스였다. 알기도 쉽지 않거니와 안다 해도 매우 사적인 과정이라서 이를 일반화하는 일은 쉽지 않다.

리더십 개발은 세 개의 지층에서 이루어진다.[26] 우선 가장 표면에 있

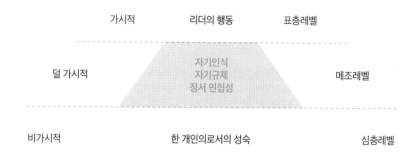

가시적	리더의 행동	표층레벨
덜 가시적	자기인식 자기규제 정서 민첩성	메조레벨
비가시적	한 개인의로서의 성숙	심층레벨

그림 2. 리더십 개발의 삼 층 구조

는 눈에 보이는 표층 수준의 리더십 개발이 있다. 표층 수준의 리더십 개발은 리더십과 관련한 구체적인 지식과 스킬들을 학습하고 이를 통해 행동의 변화를 꾀하려는 시도다. 이는 상대적으로 눈에 잘 보이지 않는 중층 수준(메조 수준 meso-level)의 리더십 개발을 전제로 한다. 중층 수준의 리더십 개발은 단순한 지식과 스킬을 넘어 이들을 병합하고 유연하게 적용할 수 있는 메타역량meta-competency으로서 '자기인식self-awareness'과 '자기규제력self-regulation', 그리고 이를 가능하게 하는 정서관리 역량emotional agility을 조준한다. 자기인식은 리더로서의 자기 정체성을 정립하는 문제이고, 자기규제는 이를 구현하기 위한 핵심 루틴을 개발하는 문제다. 자기인식과 자기규제력이 있는 리더는 자신의 지식과 기술을 지속적이고 창조적으로 발현한다. 나아가 자기인식과 자기규제를 가능하게 하려면, 복잡한 변수들을 건설적으로 다룰 수 있는 정서 민첩성이 전제되어야 한다.

그리고 맨 밑에는 심층 수준의 리더십 개발이 있다. 이것은 가장 근원적 수준에서 인지 및 행동 시스템의 변화를 일으키는 것이다. 자연발생적인 경로와 물리적 시간을 필요로 하지만 마찬가지로 의식적인 노력이 없다면 성숙에 이를 수 없다. 나이에 비해 미숙함을 보이는 리더, 좋지 않은 품성으로 인해 부도덕하고 무례한 행동을 반복하는 리더들은 심층 수준의 개발이 이루어지지 않았기 때문이다. 중층의 리더십 개발이 표층을 전제로 하듯, 심층은 중층 리더십 개발이 전제되어야 한다.

일반적으로 많은 개인, 혹은 조직에서 리더십 개발이 겨냥하고 있는 곳은 대체로 표층이다. 이것이 가장 손쉽고 즉각적인 결과를 얻을 수 있다고 판단하기 때문이다. 당장 필요한 역량과 그 역량을 발휘하는 데 요구되는 지식과 기술의 목록을 정하고, 이를 강화하기 위한 훈련 프로그램을 기획한다. 중층과 심층에 대한 고려가 없거나 이를 전제하지 못할 때 이런 훈련은 공염불이 된다. 일회적인 교육 훈련, 화려한 콘텐츠로 장식된 프로그램들이 자극적이지만 금방 휘발되는 이유가 여기에 있다. 온갖 툴과 기법들의 향연이 열린다. 여기에 중독된 사람들은 더 강한 자극에 매달린다. 하지만 그럴수록 점차 '사람은 변하지 않아'라는 믿음이 공고화된다.

중층과 심층 수준의 리더십 개발은 행동 변화의 필요조건이다. 지속적인 성찰과 숙고의 과정을 통해 자신의 존재 이유를 발견하고 이를 실현하기 위한 원칙과 기준이 수립되어야 비로소 지속적이고 일관된 행동 변화가 가능하다. 도덕적 이상과 핵심가치를 발견하고 이로부터 영감을 얻어 마침내 구현하고자 하는 이상과 사명이 있을 때, 그토록 열망하는 변화의 동력이 생김은 물론, 온갖 변화를 헤쳐 나가는 유연성을 획득한다.

표층, 중층, 심층의 역동을 이해해야 리더십 개발의 비밀을 풀 수 있다. 중층과 심층 수준의 영역이 종종 보이지 않는다고 해서, 다룰 수 있는 현실적인 방법이 없다고 해서 이를 무시하거나 개인에게 맡겨 놓는 것은 태만하기 짝이 없다. 중층과 심층의 개입이 어려운 것이 사실이지만, 바로 그렇기 때문에 이를 위한 환경과 조건을 탐색하는 데 에너지를 쏟아야 마땅하다. 그래야 리더십이 미래를 맞이할 준비를 하게 된다.

호메로스의 『일리아드』에는 다음과 같은 대목이 나온다. 아가멤논과의 불화로 아킬레우스가 전쟁에 불참하자, 그리스군은 트로이군에 대패하고 막대한 손해를 입는다. 이에 아킬레우스의 절친인 파트로클로스가 아킬레우스에게 전쟁에 참여해달라고 간청한다. 하지만 아킬레우스는 친구의 간청을 거절한다. 대신 파트로클로스에게 자신의 갑옷과 투구를 주어 전쟁에 참여하도록 허락한다. 아킬레우스의 갑옷을 본 트로이군은 진짜 아킬레우스가 나타난 것으로 오해한 나머지 겁에 질려 도망친다.

아킬레우스의 갑옷은 실제 전사의 몸을 가린 표층이다. 파트로클로스가 아킬레우스의 갑옷을 입었을 때 그것은 실로 눈부신 역할을 했다. 트로이군들은 갑옷 때문에 간담이 서늘해졌고, 전세가 역전되는 듯했다. 그러나 트로이군은 머지않아 이것이 그저 갑옷일 뿐 아킬레우스가 아니라는 것을 알아차렸다. 우리는 종종 화려한 갑옷을 탐내지만, 갑옷 속에는 그 갑옷에 걸맞은 전사의 몸이 있어야 함을 간과해서는 안 된다. 갑옷은 필요한 것임이 틀림없다. 갑옷 없이는 제아무리 아킬레우스라 할지라도 무적이 될 수는 없다. 전사의 힘이 축적되어 있지 않다면 갑옷은 제 역할을 하지 못한다. 리더십이 효과적으로 발현되는 것은 중층과 심층 수준에서의 성장과 발달이 있어 전사로서의 힘이 축적되었기 때문이다.

첫째, 표층 수준에 국한된 리더십 개발에는 빠르고 손쉬운 결과에 대한 탐욕이 자리하고 있다. 좋은 갑옷만 갖는다면 즉각적인 결과를 얻을 수 있다는 효율성의 패러다임이 절대로 적용되어서는 안 되는 학습과 성장의 영역마저 점령한 것이다. 이는 마치 잃어버린 열쇠를 찾느라 가로등 밑만 서성거리는 꼴이다. 고도성장기에는 갑옷에 가려진 잠재적인 힘을 무시했다. 하지만 지금 격변의 시대는 우리가 진정 전사의 몸을 가졌는지 물어야만 한다. 공동체의 목적과 이상을 실현하고자 하는 열망, 기꺼이 사회적 책임을 감당하고자 하는 사명감, 불확실성을 돌파할 수 있는 혜안과 용기의 발현은 효율성의 패러다임과 정면으로 대립한다. 효율이 아니라 목적과 사명으로 귀환을 요구한다.

둘째, 표층 수준의 리더십 개발은 인간의 성장과 개발에 대한 무지, 혹은 무시에서 비롯된다. 모든 생명체는 온전한 생명으로 자라기 위해 일정한 시간과 조건을 필요로 한다. 군건한 나무가 온갖 비바람을 이겨낼 수 있었던 데에는 비옥한 토양이 있었고, 여름 볕과 겨울 추위를 건디며 땅속 깊이 뿌리를 내렸기 때문이다. 전사의 몸이 되려면 전략가의 비책이 아니라 일정한 물리적 시간을 건디는 농부의 마음을 가져야 한다.

관점과 인식의 전환이 있어야 리더로의 성장이 가능하다. 보다 근원적 수준에서 자기를 변혁함으로써 새로운 존재 방식way of being을 채택해야 한다. 그런 리더가 새롭게 출몰하는 변수들을 통제하고 통합하며 시대적 요구를 관통하는 혁신적인 대안을 창안한다. 표층 수준의 리더십 개발은 술수와 기교에 경도되지만, 심층과 중층 수준의 리더십 개발은 자신의 정체성, 가치, 목적에 방점을 찍는다. 전자가 기술적 권력에 의존하여 국면을 벗어난다면, 후자는 도덕적 권력을 통해 담대하고 유연하게 현실을 돌파한다.

리더십 개발의 도전

현실적으로 리더십을 발휘하는 일은 복잡한 문제와 다양한 이해관계의 충돌에 맞서야 하고, 그 속에서 다양한 요구를 통합해 새로운 대안을 만들어내야 한다. 그러므로 익히 알려진 정답에만 의존하는 일은 난센스다. 다양한 가설을 설정하고 이를 실험하는 일을 계속해야 한다. 인지적으로, 정서적으로, 행동적으로 충분한 레퍼토리가 축적될 수 있는 깊고 넓은 마음의 토양을 일궈야 한다. 자신과 세상을 바라보는 관점을 달리하고 확장할 수 있어야 한다. 존재의 이유를 묻고, 위선과 오류를 수정하며 자신을 창조적으로 개발해야 한다. 흑과 백 사이의 다층적인 회색지대를 넘나들며 전체를 바라보고, 이전에 없던 차원으로 시선을 높여야 한다. 가끔 이렇게 반문하는 리더가 있다.

"도를 닦으란 말씀인가요?"

리더십을 배우는 일이 성인군자처럼 느껴지기도 하고, 시간도 없는 데 한가로이 이상을 좇는 일이 가당키나 한 것이냐는 반문이다. 한데 어쩌랴! 세상 모든 일이 도를 닦지 않고 가능한 것이 없으니. 생각해 보면 설거지하고 청소하는 일도 그러하고, 운전하고 운동하는 일도, 심지어 노는 일도, 나아가 사람을 사랑하는 일도, 부모가 되고 자식이 되는 일도 모두 수양과 수련이 필요하다. 일정한 경지에 오르지 않으면 어리석음은 반복된다. 하물며 타인의 마음을 사고 조직을 리드하는 리더가 되고자 한다면 '도 닦는 일'을 피할 수는 없다. 경지에 오를 때까지는 수련이 필요하지만, 경지에 서면 이전의 경지보다 더 자유롭고 거침이 없다. 모든 배움의 과정이 그러하다. '앎'에 그칠 것이 아니라 앎을 통한 깨달음, 즉 '의식의 전환mind transformation'을 시도해 보는 것이다. 이것이 암담한 과정이라고 지레 겁먹고 포기한다면 영영 기회를 잃는다.

의식의 전환이란 지혜로운 문제해결을 가능하게 할 만큼 의식을 깊고 넓고 높게 한 결과다. 의식의 전환이 없는 리더를 상상해 보자. 아마도 동일한 곳에서 동일한 문제를 만나며 같은 고민을 되풀이하고 있을 것이다. 설령 한두 번의 성공이 있었다 해도 이를 지속할 수 있는 만큼의 역량이 축적되어 있지 않다면 그에게 모든 변화는 공포가 된다.

이후의 장에서는 중층과 심층 수준의 리더십 개발, 다시 말해 창조적인 리더십 발현을 가능하게 하는 비밀, 메타역량의 문제를 다룰 것이다. 이는 지속적인 성찰과 자기 훈련을 필요로 하고, 그를 가능하게 하는 각성을 전제한다. 이것이야말로 리더십 개발의 핵심이다.

02

성숙으로서의 리더십 개발

"앎은 깨닫기 위한 조건에 불과하다."

- 쇼펜하우어Schopenhauer(1788~1860)의 『문장론』 중에서

학습Learning과 발달development을 굳이 구분한다면, 학습은 이전에 갖고 있었던 지식과 기술을 개선하지만, 발달은 보다 근원적 수준에서의 변화를 초래한다. 학습이 상대적으로 표면적이고 가시적인 데 반해, 발달은 보다 심층적이고 장기적이며 비가시적으로 이루어진다. 학습은 가역적이지만, 발달은 비가역적이다.[27] 발달은 학습과 달리 인지적, 행동적 복잡성을 증가시키면서 시스템 자체의 변화를 초래한다. 그 결과 개인적, 직업적 성장이 일어난다.[28]

이 장에서는 리더십 개발의 심층 수준에 대한 모델로서 '구성적 발달이론'을 다룬다. 이는 인위적인 통제가 쉽지 않지만, 이 같은 렌즈로 리더십을 바라보고 근원적 발달을 이루는 것이 리더십 개발의 한계를 극복하는 일임을 주목하자.

구성적 발달이론

하버드 대학의 로버트 케건Robert Kegan은 리더십 개발을 발달의 측면에서 연구한다. 그는 삶의 과제와 상황들을 이해하고 판단하는 우리의 해석 시스템의 변화가 발달을 촉구한다고 주장한다.[29] 이런 인간발달을 '구성적 발달이론CDT: constructive development theory'이라 부른다. '구성적'이라는 말은, 인간은 경험에 대한 해석으로 현실을 재편하고 있다는 뜻이고, '발달'은 이 재편 방식, 구성 방식이 점차 복잡한 수준으로 발전해 간다는 것을 뜻한다.[30] 그러니까 구성적 발달이란 해석의 방식이 변화함으로써 세상을 이해하는 방식이 보다 확대되어 간다는 의미다. 구성적 발달이론은 심층 수준의 리더십 개발과 관련하여 중요한 시사점을 제공한다. 근원적으로 한 인간으로서의 자기 성숙이 어떻게 리더십 개발에 영향을 미치는지에 대한 이론적, 실증적 토대를 제공하기 때문이다. 구성적 발달이론을 통해 심층 수준의 리더십 개발 과정을 이해하고, 어떤 변화와 노력이 필요한지 검토해 보자.

의미구축 시스템

구성적 발달이론에 의하면 인간은 '의미를 구축하는meaning-making 존재'다. 우리가 삶에서 경험하는 일들은 우리와 별개로 존재하는 것이 아니라, 우리가 의미를 부여하는 방식에 의해 구성된다. 경험을 해석하고 판단하는 인지적, 정서적 프로세스가 의미구축 시스템인데, 이는 인생 전반에 걸쳐 지속적으로 변화한다. 의미구축 시스템은 이전 삶의 경험에서 영향을 받았으며, 삶의 특정 기간에 걸쳐 우리의 생각, 감정, 행동을 지배한다. 개인차가 있기는 하지만, 의미구축 시스템이 붕괴할 때, 이를 해결할 방안으로 우리는 이전보다 복잡한 의미구축 시스템을 개발한다. 인생의 새로운 도전들에 맞서 이를 해결할 수 있는 새로운 패러다임이 필요하기 때문이다. 케건은 이 과정을 '변혁transform'이라고 표현했다. 새로운 지식, 정보, 기술을 기존의 것에 보태는 수준이 아니라 앎의 방식 자체를 질적으로 바꾸어 간다는 뜻이다.

변혁의 과정은 전 생애에 걸쳐 다섯 단계로 이루어진다. 각 단계의 의미구축 시스템은 경험을 조직하는 두 개의 심층 구조, '주체subject'와 '객체object'의 관계가 달라지면서 변혁이 일어난다. '객체'란 자신과 분리되어 대상화된 것을 말한다. 자신(주체)에게 앎과 통제의 대상이 된 경험은 객체가 된다. 그래서 우리는 그 대상을 한 걸음 물러서 바라볼 수 있고, 그 결과 통제하고 조작할 수 있다. 반면 '주체'란 그것과 자신이 분리되지 않고 일체화된 것을 말한다. 자신과 동일한 것이므로 대상화할 수 없다. 이미 주관화되어 있어서 포착되지 않고, 따라서 성찰하고 통제하고 책임질 수 없다.[30]

예를 들어 바다에 사는 물고기는 먹이를 객체화할 수 있지만, 바닷물을 대상화하기는 어렵다. 물고기에게 물은 이미 주관화되어 일체화된 주체다. 분노라는 감정이 주체화되어 있는 사람들은 화를 분출하고, 분노를 객체화할 수 있는 사람들은 화를 다스리고 조절할 수 있다. 사람에게 어떤 것이 주체화되어 있다면 명백한 진실로 받아들여져 있기 때문에 이를 자각하거나 의문을 갖지 못한다. 이 과정에서 발생하는 문제역시 효과적으로 다룰 가능성이 없다. 예를 들어 임파워먼트가 필요하지만 과업을 움켜쥐고 있는 리더는 자기가 성과를 만드는 데 결정적인

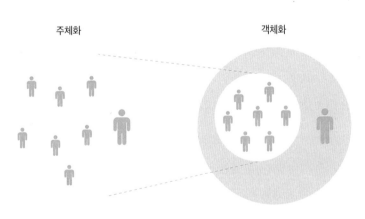

그림 3. 주체화와 객체화

역할을 하고 있다는 믿음에 사로잡혀 있다. 믿음을 주체화한 나머지 임파워먼트를 하지 못하는 자신을 객체화(대상화)하지 못한다.

삶의 변혁은 주체화되어 감지하지 못했던 것을 자신에게서 분리해 대상화할 때 일어난다. 대상화된 것들은 성찰하고 통제하며 변화시킬 수 있는 존재로 전환된다. 주체화되어 있었던 의미구축 시스템(종래의 지배적 시스템)을 대상화하여 객체로 바라볼 때만(종래의 지배적 시스템을 관찰하고 통제할 수 있는 상태), 우리는 과거의 의식에서 해방되고 새로운 삶의 이해 방식을 갖게 된다. 이것이 바로 깨달음이다. 만약 우리가 더욱 효과적인 문제해결자가 되고자 한다면 주체화된 것을 객체화하는 의미구축 시스템이 있어야 한다. 의미구축 방식을 통제 가능한 도구로 전환해야 한다.[33]

이는 감당해야 하는 삶의 과제들과 싸우는 과정에서 일어난다. 더 높은 단계의 의미구축 시스템을 장착하면 의식은 더욱 복잡한 수준으로 발달한다. 기존과는 다른 사고방식, 행동 양식, 감정관리 방식을 갖게 된다. 삶을 바라보는 관점이 달라지고 문제를 해결하는 역량이 커진다. 보다 개방적이고 유연하며 포용적이다. 갈등과 불일치를 보다 효과적으로 다룬다. 하지만 이것이 이전의 발달단계를 대체하는 것은 아니다. 이전의 단계를 포함하여 통합한다. 점이 모여 선이 되고, 선이 모여 면이 되는 것처럼 말이다.

의미구축 시스템의 변화, 즉 변혁의 과정은 새로워지는 만큼 이전에 가졌던 자기 이미지, 통념, 관행의 어떤 것을 극복해야 한다. 그래서 변혁이 일어나는 전환기에는 스트레스, 불안, 좌절, 상실감을 경험한다. 게다가 외부의 다양한 요구들에 적절히 대응하지 못하는 인지적, 행동적 무능을 겪기도 한다. 하지만 지속해서 자신을 변혁하는 대열에 올라선 사람들은 배움을 멈추지 않고 이 혼돈의 지대를 통과한다.

구성적 발달

구성적 발달이론을 정리하면 다음과 같다.[34]

- 사람들은 자신과 세상을 이해하고 간파하기 위한 방법으로 적극적으로 의미를 구축한다.
- 하나의 의미구축 시스템은 다른 것과 구별되는 독자적 패턴을 갖고 있다. 이 때문에 일정한 발달단계로 설명할 수 있다.
- 발달단계는 이전 단계를 포함할 뿐 아니라 그를 초월한다.
- 일반적인 발달단계는 이전으로 후퇴하지 않는다.
- 어떤 발달단계는 이전 단계보다 자신과 세상을 더 잘 이해할 만큼 기능적으로 복잡하다.
- 한 단계에서 다음 단계로의 이행은 기존의 의미구축 시스템이 한계에 도달할 때, 즉 더욱 복잡한 문제해결을 요구받을 때 일어난다.
- 발달단계는 세상을 보고 이해하는 방식에 영향을 주며, 우리는 이를 객관화함으로써 얼마든지 변화시킬 수 있다.

인간 발달단계에 대해 오해가 있을 수 있다. 먼저 이 이론은 한 개인의 발달에 관한 모든 것을 설명하지는 않는다. 특히 한 사람의 인격, 됨됨이, 지능 등을 설명하지 않는다. 따라서 특정 단계에 있다고 해서 이것으로 그 사람 전체를 설명하려는 시도는 옳지 않다. 둘째, 이 이론은 발달상의 위계를 설정하고 있지만, 서열을 의미하지는 않는다. 우리의 의미구축 시스템은 점차 다양하고 복잡한 방식으로 변혁되어 가는 여정에 있을 뿐이다. 그리고 사람마다 발달의 속도가 다르다. 현재의 발달단계에 머무르고 있는 이유는 그것이 가장 비용 효과성이 크기 때문이다. 그런 사람들은 더 좋은 기회가 오면 얼마든지 다음 단계로 나아갈 수 있다. 셋째, 높은 단계라고 해서 낮은 단계보다 본질적으로 더 좋다는 것은 아니다. 높은 단계에 있어도 부도덕한 사람이 있을 수 있고, 낮은 단계에 있어도 도덕적인 사람들이 있을 수 있다. 이 발달 여정은 꼬리표를 붙이기 위한 것이 아니라, 삶의 과제들에 대해 우리가 어떻게 맞서야 하는지를 보여주기 위한 것이다. 특히 리더십 개발을 고려한다면, 개발의 근원으로서 발달상의 성숙을 꾀하기 위한 렌즈로 이를 활용할 필요가 있다. 리더로서 자주 좌절하고, 실망하며, 번아웃되고 있다면, 이때가 바로 변혁의 시기임을 깊이 성찰해야 한다.

　다음은 각각의 발달단계의 특성을 설명하기 전에 우리 자신이 어느 발달단계에 있는지를 확인해 보기 위한 도구다. 이 결과를 절대적으로 해석할 필요는 없지만 이를 토대로 자신의 발달단계를 객관화하고, 지금 자신이 직면한 도전 과제가 무엇이며 어떻게 극복해야 하는지 생각해보자.

구성적 발달단계: 자기진단

다음의 진단은 정교함은 떨어지지만 자신의 발달단계를 점검하고 성찰해 볼 수 있는 문항이다.[35] 평소의 생각을 있는 그대로 반영하여 가능하면 진실한 정보를 얻어보자. 어디까지나 현상을 이해하기 위한 도구이므로 과장된 해석을 하거나 단정적으로 해석하지 않도록 하자.

◈ 피드백에 관하여 ◈

일을 하면서 피드백을 주고받을 때 자신의 모습을 생각하면서 다음 진술문 중에서 자신의 생각, 감정, 행동과 일치하는 정도를 7점 척도에 따라 점수를 부여해 보자.

전혀 그렇지 않다　　1　　2　　3　　4　　5　　6　　7　　매우 그렇다

1. 사람들은 내 결정을 대체로 신뢰한다. 그러므로 모든 사항에서 피드백이 꼭 필요한 것은 아니다.　　　　　　　　　　　　　　（　　　）

2. 내가 나의 잘잘못을 판단하기 어렵기 때문에 다른 사람들의 피드백은 중요하다.　　　　　　　　　　　　　　　　　　　（　　　）

3. 피드백은 다른 사람을 통해 내 관점과 상황을 폭넓게 이해할 수 있는 기회라는 점에서 중요하다.　　　　　　　　　　　　　（　　　）

4. 모든 사람들이 함께 일하려면 피드백은 중요하다.　　（　　　）

5. 부정적인 피드백은 나의 가치와 원칙을 재점검할 수 있는 기회다.　　　　　　　　　　　　　　　　　　　　　　（　　　）

6. 나는 목적에 가장 부합하는 대안을 따르고 있다. 따라서 의견이 불일치하

는 부분에 대해서는 굳이 이야기할 필요가 없다.　　　　(　)

7. 자신 없는 결정을 할 때 피드백은 중요한 역할을 한다.　　(　)

8. 가장 효과적인 해결책을 얻으려면 각자의 의견 차가 드러나고 함께 생각

　할 수 있어야 한다.　　　　　　　　　　　　　　　　(　)

9 부정적인 피드백을 받으면 나는 내 원칙과 비교하여 본 뒤, 남들이 나를 어

　떻게 생각하는지 염려하지 않고 내가 생각하는 최선의 결정을 내린다.

　　　　　　　　　　　　　　　　　　　　　　　　　(　)

10. 피드백은 사안을 보다 폭넓게 이해하고 다른 사람들의 생각을 통합하는

　 데 영향을 준다는 점에서 중요하다.　　　　　　　　　(　)

11. 부정적인 피드백을 받으면 나는 공격받았다는 느낌 없이 내가 말한 바를

　 객관적으로 평가한다. 그 이유는 궁극적으로 나의 가치관, 기준과 원칙들

　 과 일치하는 결정을 할 수 있기 때문이다.　　　　　　(　)

12. 내가 알고 있는 최선의 방법을 찾을 수 있다면 피드백은 특별히 필요한

　 것은 아니다.　　　　　　　　　　　　　　　　　　(　)

◈ 리더십에 관하여 ◈

당신이 리더십을 발휘하고 있는 장면을 떠올려 보고 리더로서 자신의 행동과
얼마나 일치하는지를 7점 척도로 평가해 보자.

전혀 그렇지 않다　　1　2　3　4　5　6　7　매우 그렇다

----

1. 리더로서 우리 팀이 나의 관점으로 현상을 보도록 하는 것은 중요하다.

　　　　　　　　　　　　　　　　　　　　　　　　　(　)

2. 다른 사람들을 이끌 때 나는 믿을 만한 사람에게 의존한다. 그렇게 하지 않고 최선의 선택을 할 수는 없다. （　　　）

3. 리더로서 비록 팀원들이 나를 긍정적으로 바라보는 것이 좋긴 하지만, 팀원들을 화나게 할지라도 타협해서는 안 되는 나름의 가치관과 기준을 갖고 이끄는 것이 더 중요하다. （　　　）

4. 나의 방식에 반하는 어떤 모순에 대해서도 개방적인 태도를 취하려면 나의 가치와 취향에서 한발 물러서야 성장할 수 있다. （　　　）

5. 리더로서 내 방식대로 하고 싶지만 스스로 확신할 수 없다. 그래서 구성원들로부터 조언을 듣는 것은 중요하다. （　　　）

6. 설령 인기가 없더라도 다른 사람들의 의견을 듣고 내 가치와 원칙에 부합하는 결정을 할 때 좋은 리더가 되는 것이라 생각한다. （　　　）

7. 내 기준이 구성원들에게 어떤 영향을 미치는지를 평가하고 그들의 개인적 발전을 위해 노력할 때 좋은 리더라고 생각한다. （　　　）

8. 팀원들 모두가 갈등 없이 사이좋게 지내도록 할 때 좋은 리더라고 생각한다. （　　　）

9. 리더로서 나의 기준을 지키기 위해 노력하지만, 때로는 더 큰 비전 아래 팀을 단결시키기 위해 나의 기준을 바꾸는 것이 중요하다. （　　　）

10. 나는 팀이 내가 요구한 일을 성공적으로 수행할 때 성공적인 리더라고 생각한다. （　　　）

11. 다른 사람들의 의견을 듣고 나의 가치와 원칙에 부합하는 해결책을 얻어 이를 실행하는 데 책임을 질 때 좋은 리더라고 생각한다. （　　　）

12. 내가 신뢰할 수 있는 사람들이 누구인지를 파악하는 것이 중요하다. 그래

야 이익이 되는 목표를 달성할 수 있다.   (   )

◈ 성공에 관하여 ◈

당신이 평소 일을 하면서 '성공'에 대해 가지고 있는 생각과 일치하는 정도를 7점 척도로 평가해 보자.

전혀 그렇지 않다   1   2   3   4   5   6   7   매우 그렇다

- -

1. 함께하는 멤버들이 서로 동의할 때 성공하고 있음을 느낀다. 의견이 맞지 않을 때는 서로를 무시하고 있다는 생각에 마음이 불편하다.   (   )

2. 팀원들을 내보내는 한이 있더라도 그것이 우리의 기준에 부합하는 것이라면 잘한 일이라고 생각한다.   (   )

3. 성공은 내가 나의 개인적인 기준에 따라 진실한 사람이라는 느낄 때. 나는 내가 누구냐에 상관없이 내가 얼마나 내 기준에 근접하느냐에 따라 나를 평가한다.   (   )

4. 나는 내가 눈치채지 못한 것을 전문가가 지적하고 거기에 주의를 기울일 때 성공적이라고 생각한다. 그들은 다른 접근 방법, 기준 또는 가치를 제시하기 때문에 이를 내 접근 방법과 결합해야 구성원 모두에게 이익이 되는 최고의 결과를 도출할 수 있다.   (   )

5. 나는 내가 옳다고 생각하는 것을 다른 사람들에게 설득할 때 성공하고 있다고 느낀다. 그들을 설득할 수 없다면 개인적으로 손실을 본 것이라고 생각한다.   (   )

6. 나는 전문가 의견과 나의 평가를 결합하고 내가 어떻게 해야 하는지 대안

을 가졌을 때 성공했다고 느낀다. ( )

7. 나는 최상의 해결책이라고 생각한 것에서 한 번 더 생각할 때 좋은 결론을 낸다고 믿는다. 처음 대안은 대체로 상황을 이해하는 한 가지 방법일 뿐이고, 대안적인 해결책은 전체적인 상황을 더 잘 보며 더 나은 결과를 이끌어 낸다. ( )

8. 나는 조직의 기대에 부응할 때 성공하고 있다고 느낀다. 그렇지 않다면, 잘못되더라도 책임지지 않기 때문이다. ( )

9. 성공은 무엇보다 내 욕구가 충족되었을 때다. ( )

10. 나는 성공이란 결국 일이 잘되고, 그로부터 많은 이익을 얻었을 때라고 생각한다. ( )

11. 나만의 선호가 있지만 효과적인 해결책을 얻기 위해서는 융통적 기준을 적용해야 성공한다. 사람들은 좋은 결과를 얻는 자기 나름의 옳거나 성공적인 방식을 가지고 있다. ( )

12. 내가 우리 팀의 지지를 받고 있을 때 성공하고 있다고 느낀다. 지지를 받지 못한다면 내가 그 일을 잘하고 있는 것은 아니라고 생각한다. ( )

◈ 대인관계에 관하여 ◈

함께 일하고 있는 사람들과의 관계에 대해 당신이 가지고 있는 생각을 7점 척도에 따라 평가해 보자.

전혀 그렇지 않다   1   2   3   4   5   6   7   매우 그렇다

- -

1. 나는 인간관계란 이익을 주거나 또는 그렇지 않은 사람들과의 일련의 거래

로 본다. ( )

2. 인간관계는 내가 누구인지 이해하는 데 도움이 된다는 점에서 중요하다.

( )

3. 나는 우선 인간관계를 일하는 방식으로 이해하는 관점에서 바라본다. 나는 나름의 기준이 있지만, 다른 사람들이 자기 책임을 어떻게 바라보는지, 무엇을 중요하게 여기는지, 상황을 어떻게 해석하는지 알고자 한다. 이 사실을 알면 궁극적으로 조직을 운영하는 데 있어 공통요인을 알 수 있기 때문이다. ( )

4. 인간관계는 중요하다. 비록 서로 어떻게 일해야 하는지 항상 동의하는 것은 아닐지라도 각자는 원하는 방식으로 행동할 수 있는 자율권을 가져야 한다고 생각한다. ( )

5. 나는 서로 지지하는 관계를 만들고 싶지만, 서로의 감정은 통제할 수는 없다고 생각한다. 서로 언짢게 생각하지 않고 솔직하게 말할 수 있어야 하며, 어떻게 해야 더 일을 잘할 수 있는지 각자 결단을 내려야 한다. ( )

6. 나는 구체적이고 명백한 이익을 주고받는 관계를 만들고자 노력한다.

( )

7. 인간관계가 중요하지만, 다른 사람들이 나를 만족시킬 것이라고 기대하지는 않는다. 모든 사람은 어떻게 일해야 하는지 각자 나름의 기준을 가지고 있어야 한다. ( )

8. 나는 상호 확신을 주는 관계를 만들기 위해 노력한다. 남들이 내가 일을 잘하고 있다고 알려주면 기분이 좋아지고, 그러면 나도 그들에게 그런 느낌을 갖도록 해준다. ( )

9. 서로의 욕구를 알고, 거기에 부합하는 방법을 배우는 것은 중요하다. 나는 사람들이 중요하게 생각하는 가치와 나의 가치를 연결하고자 하며, 서로가 원하는 사람들이 되기 위해 함께 노력해야 한다. ( )

10. 나는 나의 장단점을 이해하는 것이 인간관계에 도움을 준다고 생각한다. 그래야 내가 이 조직에 더 잘 부응하는 방법을 배울 수 있다. ( )

11. 인간관계가 중요한 이유는 타인이 가장 중요하게 여기는 것을 알고, 그들을 도울 수 있기 때문이다. 내 관점이 아니라 그들의 관점에서 무엇이 도움이 되는지 바라볼 필요가 있다. ( )

12. 나는 인간관계란 기본적으로 각자 자신에게 좋은 것을 얻고자 교환하는 관계라고 생각한다. ( )

집계

각 문항의 합을 구하고 어느 단계의 점수가 가장 높은지 확인해보자. 이 결과를 토대로 어떤 성장 과제가 있는지 검토해보자.

(주의! 이것은 어디까지나 자신을 객관적으로 이해하고 성장의 도구로 삼기 위한 것이니 단정적으로 해석하는 것은 바람직하지 않다.)

- 2단계: 1, 6, 12, 13, 22, 24, 29, 33, 34, 37, 42, 48 _____
- 3단계: 2, 4, 7, 14, 17, 20, 25, 32, 36, 38, 44, 46 _____
- 4단계: 8, 9, 11 15, 18, 23, 26, 27, 30, 40, 41, 43 _____
- 5단계: 3, 5, 10, 16, 19, 21, 28, 31, 35, 39, 45, 47 _____

리더십 개발을 심층 수준의 발달로 이해하려면 발달 여정이 어떤 궤적을 그리는지 이해할 필요가 있다. 특히 리더십에 해당하는 세 번째 이후의 단계를 주목한다면 중요한 통찰을 얻을 수 있다.

1단계: 충동적 단계 _impulsive mind_

일반적으로 인간발달로 보면 2~4세 정도의 아이들에게 해당하는 발달단계다. 이 단계의 아이들은 '충동'이 주체화되어 있어 이를 객체화하지 못한다. 오랜 시간을 가만히 있지 못하고 계속해서 움직인다. 사물에 대한 집중시간이 짧다. 다른 사람의 욕구와 욕망에 큰 관심이 없다. 말은 한 단어 정도에 국한되어 있고, 삶은 온통 환상으로 가득 차 있어서 환상과 현실을 구분하지 못한다. 끊임없이 상상의 나래를 펴는 마법적 사고 _magical thinking_ 를 한다. 자신과 세상이 구별된 것을 깨달았다 해도 자기 충동과 가족 구성원의 충동, 욕구, 욕망을 구분하지 못한다. 그래서 종종 주변 사람들은 이런 아이의 충동으로 혼란을 경험한다. 아이는 가족 구성원이 자신과 다른 사람이라는 것을 알긴 하지만, 이들의 보살핌 속에 있어야만 한다. 그래서 이 시기의 아이들은 물리적, 심리적으로 끝없는 갈망, 바람을 드러내고 자신을 호소한다.

이 단계 아이들을 도우려면 아이의 충동적인 행동과 갈망에 대해 부모의 공감과 보살핌이 절대적으로 필요하다. 아이의 환상 활동, 강렬한 애착, 경쟁심 등을 인정하고 격려해야 한다. 동시에 이 시기의 아이가 맞선 도전과 갈등을 해결하려면 아이의 행동에 일정한 제한을 가해야

리더의 발달단계	주체 (경험을 조직하는 프로세스)	객체 (경험의 내용)
1단계: 충동의 단계	충동	
2단계: 제왕적 단계	개인적 욕구와 관심	충동
3단계: 사회화된 단계	사회적 관계, 역할	개인적 욕구와 관심
4단계: 자전적 단계	개인적 가치와 원칙	사회적 관계, 역할
5단계: 자기변혁의 단계	역설과 개방성	개인적 가치와 원칙

표 2. 단계별 주체와 객체

한다. 해야 할 것과 하지 말아야 할 것에 대한 기준과 규칙을 정하고 행동을 제한해야 아이와 다른 사람들 간의 충동이 충돌하는 과정에 발생하는 갈등과 혼란을 없앨 수 있다. 또 자신의 감정, 행동에 대한 책임이 있음을 알려주면 아이는 점차 자신과 부모 사이, 충동과 자기 사이의 경계를 알아차리고, 자기 충동을 대상화할 수 있게 된다. 이 시기에 부모의 사망, 결별, 이혼 등은 아이의 발달에 상당한 위협이 된다. 부모는 아이에게 도전 상황을 부여하고 이를 극복해가는 데 있어 중요한 파트너 역할을 하기 때문이다.

2단계: 제왕적 단계 imperial mind

두 번째 단계는 어린아이나 청소년기에 주로 해당하지만, 연구에 의하면 18세에서 55세의 성인들 중에도 약 13%~36%의 사람들이 2단계, 또는 2단계와 3단계의 전환기에 있는 것으로 나타난다.[36] 2단계의 사람들은 자신의 '충동'을 객체화하여 대상으로 바라보고, 자신의 '욕구, 바람, 관심'을 주체화한다. 충동을 객체화한다는 것은 자신과 다른 사람의 충동을 조절할 수 있고, 충돌들 간에 조화를 이룰 수 있다는 것이다. 반면 자신의 욕구, 관심, 바람은 주체화되어 자각하지 못한다.

이 단계의 사람들은 타인과 구분되는 자아개념self-concept을 발달시킨다. 자신의 흥미, 취미를 개발하고 사람들과 공유한다. 타인들도 각자의 욕구, 관심, 바람이 있다는 것을 알고 있지만, 상대적으로 자기 욕구와 관심을 우선하며 이를 실현하고자 한다. 이 단계는 인지적, 정서적, 행동적으로 자기 욕구를 앞세우기 때문에 '제왕적'이라고 부른다. 욕구에 따라 세상을 통제하고, 원하는 것을 얻고자 다른 사람을 수단으로 이용한다. 다른 사람의 욕구를 이해하긴 하지만 그들의 욕구를 충족시켜야 한다는 책임감은 거의 없다. 결과나 처벌에 대해서도 걱정하지만 그다지 죄의식은 없다. 이들은 다른 사람들에게 요구하고 지시하며, 인내력, 절제력을 보이지 못한다. 자기에게 돌아오는 이익에 기초하여 옳고 그름을 판단한다.

환상에서 점차 현실 세계로 옮겨 옴에 따라 타인이 자기 뜻대로 행동하지 않는다는 것을 알게 되고 상실감을 경험한다. 자기 뜻이 관철되지 않는 새로운 세상의 규칙, 의례, 질서, 협상을 배우게 된다. 관계의 폭도 이전보다 넓어졌지만, 타인이 자신을 위협하거나 간섭한다고 느낀다. 때문에 자신과 타인의 욕구를 조정하는 문제에 직면한다. 이런 문제를 해결하려면 자기 욕구, 욕망, 관심을 객체화시킬 수 있어야 하지만, 그렇지 못할 때 자기 욕구와 관심을 앞세운 부적응적 행동이 나타나면서 정서적 혼란을 경험한다.

이 단계에 있는 리더들이 있다. 이런 리더들은 상황을 단순하게 바라보는 경향이 있다. 흑과 백, 승과 패 또는 제로섬 방식으로 문제를 바라본다. 다른 사람들의 관점을 이해하고 공감하는 것이 서툴다. 타인이 자신과 다른 관점을 가지고 있을 때, 틀린 것으로 간주하고 합의점을 찾지 못한다. 서로 다른 관점을 통합하지 못하는 이유는 타인보다 자기 입장을 우선하며 이를 관철하려 하기 때문이다. 이들은 다음과 같이 말하는 경향이 있다.

"내 말대로 해. 내가 하라는 대로 하지 않으니까 내가 화가 난 거야. 어떻게 네가 김 과장 말만 들을 수 있니? 좋아, 그것도 괜찮아. 하지만 난 내 방식대로 할 거야."

이 단계의 리더들은 자기중심적이고 유연성이 부족하다. 자신이 룰을 정하고, 이 룰을 따르지 않을 때 다른 사람들을 부정적으로 평가한다. 자기 욕구에 집착하고, 다른 사람을 이용해서라도 승리하려 한다. 이런 사람들은 타인을 좀처럼 신뢰하지 못해서 리더가 될 가능성도 낮지만, 리더가 된다 해도 실패할 가능성이 크다.

이 단계의 리더들은 지속적으로 자신을 발달시키지 않으면 안 된다. 우선 자신의 역량, 재능, 장점을 찾아 이를 인정해야 하고, 코치, 카운셀러의 도움을 받아야 한다. 자기 기준보다 사회적으로 통용되는 보다 바람직한 기준이 무엇인지를 배우고 이를 따라야 한다. 조직 공통의 규칙과 규범들을 내재화하고, 다른 사람들의 욕구와 관심에 귀를 기울이며 이들과 어떻게 조화를 이루어야 하는지 학습해야 한다.

2단계 특성을 보이는 리더들은 다음과 같이 행동한다.

- 자기 목적과 관심사에 따라 자신, 타인, 세상을 바라본다.

- 자신의 목적과 관심사가 정당한 것인지를 성찰하지 못한다.

- 규칙에 기반해 사고한다. 단일한 룰과 원칙을 통해 세상을 바라본다. 다른 사람들의 감정과 열망을 알고 있다 해도 여기에 공감하지 못한다.

- 승/패, 옳고 그름, 흑/백의 관점으로 세상을 바라보고 제3안의 대안을 찾지 못한다.

- 자기중심적이다. 자기 이해에 기초하여 동기부여 되고 다른 사람의 입장에 서지 못한다. 다른 사람들은 자신의 이해를 충족시키는 데 필요할 뿐이다.

3단계: 사회화된 단계 Socialized mind

연구에 의하면 18세에서 55세의 성인들 중 43~46%가 이 단계에 있거나 3단계에서 4단계의 전환기에 있다. 어떤 사람들은 평생을 이 단계에 머물러 있다. 의외로 이 단계에 머문 리더가 많다.

이 단계의 리더들은 자신의 욕구와 관심을 객체화하고, 타인과의 관계, 사회적 역할, 합의된 규칙과 규범을 주체화하고 있다. 그래서 자신의 욕구와 다른 사람의 욕구가 충돌할 때 이를 중재할 수 있지만, 자신이 내재화한 규범은 쉬이 자각하지 못한다. 좋은 시민으로, 좋은 조직 구성원으로, 좋은 팀원으로 신뢰를 가지고 충직하게, 책임감 있게 행동한다. 규칙과 상식을 따르며 좋은 이웃, 친구, 동료로서 행동한다. 그런 점에서 이들은 완전히 사회화되어 있다고 할 수 있다. 사회, 조직, 이웃의 가치를 내재화하고 있기 때문에 관점이 충돌하면, 좋은 관계를 해치고 싶지 않아 자기 관점을 타인에게 종속시킨다. 도리어 다른 사람의 아이디어를 인정하는 것이 성공하는 것이라고 믿는다.

이 단계의 리더는 외부 자원과 권위자의 결정에 의존한다. 적합한 정보나 전문성이 없으면 자신이 직접 결정을 내리지 못한다. 간혹 스스로 결정을 내리긴 하지만 만나는 사람들, 다양한 매체, 언론, 책으로부터 얻은 정보에 기반한다.

이 단계의 리더들은 제왕적 단계의 리더보다 타인들과의 관계 면에서 많은 이점을 얻는다. 하지만 몇 가지 내적 갈등도 경험한다. 우선 다른 사람의 결정을 무조건적으로 따를 수 있고, 건강하지 않은 관계조차 의무감으로 유지해야 하고, 공통점이 있다는 이유만으로도 관계를 파기하지 않으며, 더 중요한 이념, 관계, 의사결정권자에 대해 수동적 태도를 취함으로써 내적 욕구가 좌절된다. 이 단계의 리더들은 자신의 가치와 조직 가치가 충돌할 때 비판적으로 성찰하지 못하고 조직의 가치를 추종한다. 마찬가지로 부모, 배우자, 구성원 간의 역할 갈등이 일어날 때 혼란을 경험하며 이 갈등을 통합적으로 해결하지 못한다.

내가 만난 한 리더는 '기업의 목적은 이윤 추구'라는 믿음을 갖고 있었다. 내가 "기업은 고객에게 의미 있는 가치를 전달하는 것이 목적이 아닌가요?"라고 되물었더니 혼란을 느끼며 쉽게 어떤 입장도 표명하지 못했다.

"월급쟁이가 별수 있나요?"

"하라는 대로 해야죠."

"어떻게 제가 상사의 요구, 조직의 기대를 저버리나요?"

"다 좋은 게 좋은 거 아닌가요?"

"상사와 구성원의 요구가 서로 다른데 제가 중간에서 어떻게 해야 하는 거죠?"

"갈등 상황에 놓이게 되면 너무 불편해요. 제가 갈등을 피하는 것처럼 보이지만 사실 전 갈등을 피하는 게 아니에요. 단지 빨리 해결되었으면 좋겠어요. 그래야 서로 편하게 일할 수 있잖아요?"

이들은 자신의 중요한 그룹인 가족, 직장, 직업 세계, 조직, 국가 등의 가치를 내재화하고 여기에 헌신하고 있기 때문에 이들 간의 대립을 힘들어한다. 그런 일이 발생하면 그중 하나의 역할, 관계에 몰입하여 다른 하나를 포기한다. 이 단계의 리더들이 자신만의 온전한 가치관을 개발하지 못한다면, 관례와 전통에서 벗어나지 못한다. 또는 다른 가치관을 가진 사람들과 가치 갈등을 경험한다. 이때 스트레스가 심하면 대결을 피하고, 단순 봉합하거나 자기 욕구와 감정을 숨기고 다른 사람의 욕구와 관점을 채택한다. 무엇보다 집단으로부터의 배제, 분리가 두렵기 때문이다. 그래서 이들의 눈에 집단과 다른 행동을 하는 사람들은 '트러블메이커'로 보인다.

이 단계의 리더들이 이전 단계와 다른 것은 타인의 관점, 영향력을 이해한다는 것이다. 그래서 모든 상황에 일률적으로 적용되는 절대적 규칙이 있다거나 타인을 희생해서라도 자신의 욕구를 실현해야 한다고는 생각하지 않는다. 사회화 과정에 있는 청소년이라면 그다지 문제가 되지 않지만, 이 단계의 리더는 다른 사람의 도움 없이는 복잡한 문제를 주체적으로 해석하지 못한다는 점에서 효과적으로 리더라고 평가할 수는 없다. 특히 외부의 압력이 심하고 자원이 없을 때, 주변 사람의 지지와 지원이 없을 때, 창조성을 발휘하여 문제를 돌파해야 할 때, 무능함과 무력감을 드러내고 조직 내 정치적 힘들에 흔들린다.

내가 아는 한 중간관리자는 이렇게 말했다. "요즘 팀원들이 저에 대해 의견을 주지 않아요. 제가 뭘 잘못한 것인지 불안하고, 어떻게 해야 할지 모르겠어요."

자기 확신을 주변 사람에게 의존해야 하는 리더들은 이 단계에 머물러 있다. 자신을 발달시키지 않으면 자기 의심과 불안을 벗어나지 못한다. 설령 현재 충분히 자기 역할을 잘 소화하고 있다 해도 이 상태에 머물러서는 더 큰 리더가 될 가능성은 없다. 이런 리더는 조직 입장에서 보면 선한 팔로워이고 책임감 있는(조직 시스템에 잘 적응된) 사람처럼 보이지만, 개인적으로 보면 소신 없고 비주체적이며 무책임한 사람처럼 보인다. 이들은 상사의 명령을 따르는 충직한 매니저^{manager}일 수는 있어도 주체적인 판단을 하는 리더^{leader}라고는 할 수 없다. 이 상태에서는 그저 조직이 써준 대본에 따라 역할극을 하고 있는 것에 불과하다.

나치 체제에서 무자비한 범행을 저지르고도 상부의 명령을 따랐을 뿐이라고 항변하던 아돌프 아히이만^{Adolf Eichmann, 1906~1962}은 이 단계의 전형을 보여준다. 이들은 충분한 '자존감'을 발달시키지 못했다. 자존감은 타인의 인정과 보상으로 만들어졌기 때문에 이것이 사라지면 자존감도 무너진다. 학생은 시험성적과 선생님의 칭찬에 의해, 회사원은 성과평가와 상사의 인정에 의해 좌우된다. 자신이 수행한 프로젝트도 타인의 평가 없이는 독립적으로 평가하지 못한다.

이들이 다음 단계로 나아가려면 자신만의 고유한 개성, 정신, 철학을 개발해야 한다. 이를 솔직하게 표현할 수 있는 용기를 발휘해야 한다. 다른 사람의 뜻을 따르고 그 관계를 유지하는 일이 과연 옳고 유익한 것인지 스스로 숙고하고, 이를 객관적으로 평가할 수 있어야 한다. 다른 사람이 정한 절차, 규칙, 제도를 비판적으로 성찰하며, 무엇이 옳은 일인지를 자기 기준에 따라 판단할 수 있어야 한다. 나아가 애매한 상황에 직면했을 때, 자기 욕구를 포기하지 않고 모두를 포용할 수 있는 창의적이고 바람직한 대안을 발굴할 수 있어야 한다. 예를 들어 상사의 요구와 구성원의 요구가 충돌할 때, 조직 가치와 개인의 가치가 충돌할 때, 맹목적으로 회사나 상사의 입장만을 앞세우기보다는 자신의 내적 동기를 살피고, 이것이 좌절되지 않으면서 상사나 조직의 욕구가 실현되는 제3안의 대안을 모색할 수 있어야 한다. 그렇지 못한 리더들은 '이것 아니면 저것'의 패러다임에 갇혀 답이 없다고 하소연한다.

3단계 리더의 특성을 정리하면 다음과 같다.

- 중요한 사람들, 중요한 집단, 즉 회사, 종교단체, 정당 등 좋은 평판을 얻을 수 있는 집단과 관계를 형성하고 유지한다.
- 상호관련성을 추구한다. 특정 집단의 이념을 동일시하고 이를 실현하고자 한다. 중요한 사람, 이념, 집단이 요구하는 역할, 책무 등을 추구한다.
- 일반적으로 자기 역할과 정체성으로 인해 혼란을 경험한다. 예를 들어 '나는 정말 리더인가?', '나는 누구인가?'의 문제로 갈등한다.

- 다른 사람들과 조화를 이루고자 하며 다른 사람들이 자신을 어떻게 바라보는지 염려한다.
- 외부환경과 다른 사람들로 인해 자신의 안녕이 쉽게 상처받는다. 공감하고 조화를 추구하며 의리를 중시하는데, 그렇지 못할 때 혼란을 경험한다. 간접적으로 피드백을 주고, 자신의 역할에 대해 긍정적인 피드백을 받고자 애쓴다.
- 다른 사람에게 피해를 주는 결정을 해야 할 때 또는 구성원의 문제행동을 지적해야 할 때, 매우 힘들어한 나머지 가치갈등을 경험하면서도 이를 종종 무시한다.
- 복잡하고 모호하며 추상적인 것들이 나타나면 다른 사람과 타협한다.

4단계: 자전적 단계 self-authoring mind

연구에 의하면 18세에서 55세의 성인 중 이 단계에 있는 사람들은 18~34% 정도라고 한다. 이들은 이전 단계에서 자신을 지배하고 있던 타인과의 관계, 사회적 역할, 합의된 규칙과 규범을 객체화하지만, 자신이 정립한 가치와 원칙은 주체화되어 있다. 이들은 역할, 관계, 규범 등이 자기 가치의 한 부분임을 알고 이를 조절하고 통제한다. 타인이 만든 규칙과 제도에 대해서도 객관적으로 검토하고 평가할 수 있다. 앞의 사회화된 단계가 남의 대본에 따라 행동하고 있다면, 이들은 스스로 삶의 저자author가 되어 자기 대본을 가지고 행동한다. 주도적이고 주체적이며, 자기 동기에 따라 스스로를 교정한다.

고유한 자기 영역을 가지고 있어 외압에 흔들리지 않고, 자신의 약점과 강점을 효과적으로 활용한다. 이 단계의 사람들이 이전 단계의 사람들과 다른 것은 스스로 권위자, 입법자로 행동한다는 사실이다. 그렇다고 사회적인 이념과 규범 등을 폐기 처분했다는 뜻은 아니다. 대신 그것과 자신의 관계를 변화시켰다. 예를 들어 사회화된 단계의 리더들은 조직의 요구와 기대를 자신과 동일시하고 있지만, 자전적 단계의 리더들은 조직의 요구와 기대에 의문을 품고, 이런 의문들에 대해 자기만의 해법을 가지고 있다. 겉으로 보기에는 사회화된 단계의 사람들과 달라 보이지 않지만, 이런 리더를 바라보는 주변의 시선은 꽤 다르다. 이들은 조직의 요구를 맹목적으로 신봉하지 않기 때문에 상사는 이런 사람을 믿고 임파워시키기도 하고, 독립적인 역할과 책임을 부여하기도 한다. 보다 복잡한 방식으로 사태를 파악하고 그 안에서 자신의 고유한 관점으로 문제를 해결한다. "사장님께서는 지시하신 프로젝트의 총론에 대해서는 동의하지만, 그 프로젝트는 무엇보다 우리 조직 내부적으로 구성원들의 인식과 태도를 바꾸는 계기가 되지 않는다면 큰 의미가 없다고 생각합니다. 그래서 이를 현실화하려면 우선 다음 세 가지 전략을 검토할 필요가 있습니다."라는 식으로 말한다.

사회화된 단계와 달리 자전적 단계의 리더들은 자신만의 고유한 의미구축 시스템을 갖고 있어서 갈등이 있다 해도 혼란을 경험하지 않는다. 각각의 입장을 대변하기도 하고 포괄하기도 하면서 자신의 생각과 가치가 반영된 목표를 추구한다. 예를 들어 조직 구성원으로서의 역할과 부모로서의 역할 사이에서 갈등을 느낀다면 이 단계의 사람들은 다음과 같이 생각한다.

"조직 구성원으로서 책임을 다하려면 불가피하게 더 많은 시간과 에너지를 써야 합니다. 하지만 그렇다고 내가 부모로서의 역할에 충실하지 못한다면, 과연 좋은 직업인으로 성공할 수 있을까요? 좋은 부모로서의 의미 있는 체험이 있어야 나의 고객들에게도 내 체험에서 비롯된 진정한 가치를 전달할 수 있지 않겠습니까?"

이들은 어느 한 역할에 함몰되어 있기보다 각각의 역할이 가지고 있는 가치와 의미들을 이해하고, 이들 사이의 갈등을 통합한다. 갈등을 불쾌한 일이라고 생각하는 대신, 문제를 생산적으로 해결할 수 있는 기회로 받아들인다.

"우선 좋은 팀이라면 좋은 관계를 유지해야 하는 것은 마땅하죠. 하지만 그렇다고 갈등을 피하는 것은 옳지 않습니다. 갈등은 언제나 있을 수 있고, 또 그때는 치고받고 싸워야죠. 저는 싸우더라도 서로를 존중하면서 갈등을 객관적으로 다루려고 노력합니다. 사실에 근거해야 하고 사람과 사안을 분리해서 다룬다면 대안이 있다고 믿습니다."

"우리 팀원들은 제 결정에 항상 동의하지는 않는데, 저는 그때 오히려 제 편견을 점검하게 됩니다. 그들의 반대를 나에 대한 도전이라고 해석할 이유는 전혀 없죠."

"조직의 요구가 때로 저를 힘들게 합니다. 부당하다고 느낄 때도 있습니다. 그러면 저는 상사에게 최대한 제 플랜을 가지고 설득합니다.

자전적 단계의 사람들은 자신이 가진 입장과 논리를 명확히 하고, 신뢰를 기초로 상대의 입장을 경청한다. 다른 사람과 명백히 구분되는 자신만의 고유한 자아상을 갖고 있어서 자율적이며 책임감 있게 행동한다. 그렇다고 독선적인 것은 아니다. 다른 입장과 견해들 간의 균형을 맞추고자 하고, 대립이 있다면 설령 큰 비용과 희생이 따르더라도 더 큰 대의와 목적에 따라 이를 통합하고자 한다. 보다 효과적인 결정을 내리기 위해 외부 자원을 끌어들이지만, 여기에 전적으로 의존하기보다 이들로부터 얻은 정보를 주체적으로 해석하여 결정한다. 연구에 의하면 이 단계의 리더들은 대체로 변혁적 리더십transformative leadership의 성향을 보인다.[37]

리더가 되려면 당연 자전적 단계에 있어야 한다. 그래야 명료한 방향과 비전을 제시하고, 난관과 역경을 헤쳐 나갈 수 있다. 이런 리더들은 대체로 추진력이 강하고, 높은 퍼포먼스를 내며, 갈등을 생산적으로 활용한다. 하지만 이 단계의 리더들이 가진 한계는 자신이 구축한 시스템에 과몰입되어 이를 객체화하지 못할 수 있다. 더 큰 리더가 되려면 자기 대본 자체를 다시 객체화(대상화)할 수 있어야 한다. 지나치게 자기 것을 남과 차별화하려는 경향, 즉 '소신대로 하면 돼'라는 생각으로 다른 사람들과 충돌하거나 결별할 위험이 있고, 그런 자신의 독립심이 인정받지 못하면 좌절감을 경험할 수 있다.

삶, 일, 관계와 관련한 자기 이론으로 다른 사람들과 차별화되지만, 이것이 모든 상황에서 언제나 유용한 것은 아니며, 얼마든지 모순을 있을 수 있음을 인정해야 한다. 자신이 내린 결정과 규칙에 대해서도 의문을 품을 수 있어야 하고, 경우에 따라 자기 신념을 포기할 수도 있어야 한다. 즉 자기 시스템을 대상화하여 재평가하는 일을 계속해야 한다. 자신과는 명백히 다른 가치와 철학을 가진 사람들과 교류하고, 적극적인 피드백을 구해 자기 오류를 수정해야 한다. 역설과 반박을 자신에 대한 도전이라고 생각하지 않고, 이를 통해 창조적인 대안을 찾는 데 역점을 두어야 한다. 양극단을 끌어안고 그 긴장을 견디며 창발할 수 있어야 한다.

더 나은 단계로 도약해 가는 과정에서 이 단계의 리더들은 다른 단계보다 종종 순조롭지 않다. 심한 분노와 좌절을 경험할 수 있고 인내력을 잃을 수 있다. 자기 존재감, 독립심, 차별성 등을 상실한다는 느낌이 크고, 자기 삶의 많은 부분을 부정해야 하기 때문에 불안감을 경험한다. 또 이전에 확고했던 옳고 그름에 대한 감각이 사라지면서 상대주의에 빠질 수 있다. 그럼에도 불구하고 이 터널을 빠져나가기 위한 배움을 멈추지 않아야 한다.

다음 단계로의 변혁을 위해서는 첫째, 자신의 이론, 신념을 뛰어넘는 더 크고 높은 원칙을 개발하는 것이 필요하다. 자신의 이론과 신념을 새롭게 변혁하고 창조할 수 있는 도전적 과제를 설정하고 시련을 견뎌야 한다. 둘째, 자기 확신을 갖고 독립적으로 행동하되 타인에 대한 연민과 사랑을 잊지 말아야 한다. 나의 독립성은 타인에 대한 사랑에 기초할 때 정당한 것임을 기억해야 한다. 셋째, 다른 이론과 신념을 가진 사람들, 나보다 앞서 성장한 사람들을 찾고 그들로부터 배워야 한다.

4단계의 리더들이 보이는 특성을 정리하면 다음과 같다.

- 자신을 지배하고 있는 외부의 견해, 관점에 대해 객관적인 관점을 취할 수 있다.
- 내적 신념, 가치를 가지고 있다. 이는 상사, 동료, 정치적 집단들과 독립된, 자기만의 자아 감각에서 비롯된 것이다.
- 자기 행동, 환경, 행복, 관계 등을 외부 탓으로 돌리기보다 자기 책임으로 받아들인다. 삶이 불행해졌다는 생각이 들면 자기 자신을 바라보고, 상황을 개선하고자 노력한다.
- 자기 지시적이고, 자기 평가적이며, 스스로 동기부여 된다. 자기 원칙을 적용하고, 이 기준이 얼마나 진정성 있게 자신과 부합하는지 평가한다.

5단계: 자기변혁의 단계 self-transforming mind

마지막 단계는 자기변혁의 단계다. 자기변혁의 단계는 중년 이전에는 좀처럼 나타나지 않는다. 연구자들에 의하면 18세에서 55세의 성인들 중 3~6%의 사람들만이 이 단계에 있다. 이 단계의 리더들은 비록 적은 수이지만 매우 이례적인 성과를 만든다. 이 단계의 사람들은 자전적 단계의 마인드를 가지고 있으면서 거기에 보태어 자신의 의미구축 시스템의 한계, 모순, 위선을 받아들인다. 따라서 자기 가치와 원칙을 객체화하고 있으며 끊임없는 변혁의 과정으로서 자신을 주체화하고 있다.

이들은 양자택일의 결정이 아니라 각각의 입장이 가진 긴장과 역동에 관심을 둔다. 서로의 공통점을 볼 수 있고, 이를 가로질러 새로운 차원의 미지의 것을 바라본다. 또 자신의 의미구축 시스템을 고정된 것으로 바라보지 않는다. 잠정적이고 유동적이며, 계속해서 변화하고 진화하는 프로세스로 생각한다. 따라서 자기 시스템에 집착하지 않는다. 그보다는 새로운 시스템으로의 변혁, 그 과정 자체를 지향한다.

이 단계의 리더들은 개방적이다. 미완의 상태에서도 불안감을 느끼지 않고 이를 유지한다. 한 걸음 물러나 객관적으로 사태를 바라본다. 자전적 단계의 리더들이 가지고 있었던 편향된 관점을 넘어 이질적인 패러다임을 기꺼이 환영한다. 자기 가치에 기반해 있지만, 다른 사람의 경험과 견해에 대해서도 동시에 열려 있다. 자기 가치와 비전을 포기하지 않으면서 다른 사람들의 가치와 비전을 통합한다. 언제든 오류와 잘못을 인정하고 새로운 대안을 찾아간다. 기존의 가정과 믿음에 도전하고 이를 성장의 기회로 삼는다. 감정적인 갈등에 대해서도 인내력을 보이고 혼란을 느끼지 않으며 사람을 깊이 사랑하고 존중한다. 그래서 사람들 간의 차이를 보듬고 각자 가진 고유성이 손상 없이 통합될 수 있는 맥락을 만든다.

한 리더는 내게 이렇게 말했다.

"갈등은 좋은 것이고 바람직한 거죠. 우리는 갈등을 통해 얼마든지 더 성장하고 더 나은 결과를 만들 수 있죠. 의견이 다르다는 것은 당연하고 또 건강한 징후입니다. 나는 우리 구성원들이 갈등 상황에서

도 이를 즐겁게 다룰 수 있는 환경을 조성하려고 해요. 그리고 가능

하면 본래의 목적을 잃지 않고 여기에 몰입할 수 있도록 하죠."

이들의 자아 정체성은 늘 변혁의 '과정'에 있다. 따라서 의미구축 시스템이 아니라 시스템 간의 대화에서, 유동성에서 자기 정체성을 체험한다. 변혁의 과정에 생기는 장애물을 전혀 위협으로 느끼지 않고, 도리어 이를 시스템의 본질로 이해한다. 변혁의 과정 자체를 객체화(대상화)하고 있어서 새로운 것이 계속해서 출현하는 역동과 긴장을 주목한다. 해결책보다는 해결책을 만드는 프로세스를 창안한다. 해결책이 없다는 사실에서도 전혀 상처받지 않는다.

최 상무는 여성으로 50대 초반에 임원이 되었다. 커리어 초기부터 빠르게 성장했지만 그렇다고 지위나 권력을 추구한 것은 아니었다. 구성원과도 가시적인 성취가 아니라 보다 온전한 삶의 성취가 중요하다는 점을 자극하고 지원해 왔다. 하지만 자신이 진정성을 가지고 최선을 다해왔는지에 대해서는 항상 의문을 품었다. 그러던 중 회사가 제공한 안식월을 갖게 되었고, 그때 자신에게 찾아온 변혁의 과정을 내게 이야기해 주었다.

"그간의 갈등과 모순들이 사라지면서 삶과 세상을 바라보는 새로운 눈을 갖게 되었어요. 마음에도 깊은 평화가 찾아왔지요."

그녀가 안식월을 보내는 동안 회사에는 커다란 변화가 일어났고 결

국 그녀는 직위 해제되었다.

"엄청 충격이었죠."

하지만 그녀는 그렇게 말하면서도 당황한 기색이 아니었다.

"이게 삶의 여정인 거지요. 전 지금 이 여정 중에 있어요. 뭐, 그동안 생각했던 하고 싶었던 일을 할 수도 있고, 남편과 아이들하고 더 많은 시간을 더 보낼 수도 있고... 하하하, 근데 잘 모르겠네요.... 하지만 지금 제 삶이 공백이 되었다고 생각하진 않아요. 무엇인가 새로운 것이 샘솟을 것 같은 생각이 들어요. 호기심도 생기고...."

엎친 데 덮친 격으로 어머니가 폐암 말기 진단을 받았고 죽어가는 어머니를 보살펴야만 했다. 그때 형제들과 함께 이후 어머니를 누가 어떻게 책임을 져야 하는지 등의 문제로 다투게 되었고, 그 과정에서 자기 앞에 놓인 사건과 사람들과의 관계, 그리고 인생의 시작과 끝에 대해 많은 생각을 하게 되었다고 했다. 그녀는 결국 어머니의 생명 유지 장치를 떼는 문제를 놓고 오빠와 심한 말다툼을 벌였고, 그 때문에 많은 심적 고통을 겪었다. 하지만 그녀는 그런 갈등과 고통이 괴롭기만 한 것이 아니었다고 했다.

"제가 엄마를 생각하는 것이 오빠가 엄마를 생각하는 것보다 더 우선한다고 생각하진 않아요. 제 생각만이 엄마를 위한 최선인 것은 아니니까요. 내가 옳고 오빠가 틀린 것도 아니고 그 반대도 아니잖아요. 대신 오빠의 말을 충분히 들었어요. 오빠의 생각은 제 것이 아니고 오빠 것이잖아요."

그녀는 결국 직장과 함께 어머니를 잃었지만 그 불행이 그녀를 망가뜨리지 않았다. 그녀는 상실에 집중하는 대신 자신이 찾은 새로운 세상과 그 가능성에 대해 열린 마음을 가졌다.

"지난 1년간 제 인생에 너무 많은 일이 벌어졌고, 제가 통제할 수도 예측할 수도 없었어요. 제가 의도한 대로 되었다면 아마 지금보다 더 좋은 결과를 얻진 못했을 거예요. 하하하. 적어도 당분간은 제 앞에 어떤 일이 벌어지더라도 무섭진 않아요."

자기변혁의 단계에 있는 사람들은 설령 천재지변 같은 사건들이 풍파를 일으켜도 그 때문에 자기 삶을 비관하지 않는다. 그보다는 마치 급류에 휩쓸렸을 때 흐르는 물에 자기 몸을 맡기는 것처럼 그 풍파에 자기를 던지는 지혜를 발휘한다.

5단계의 사람들이 보이는 일반적인 특징은 다음과 같다.

• 자신의 가치가 의미 있음을 알고 있지만, 이런 가치가 자신을 넘어서서 보다 더 큰 가치와 통합되어야 한다고 생각한다.

- '이것 아니면 저것'의 사고방식에 대해 저항한다. 대신 세상을 다양한 스펙트럼 속에서 이해한다. 그 결과 역설과 대립에 직면하는 것을 즐긴다.
- 개인의 가치시스템을 대상으로 간주하고, 개방성, 정직성, 용기, 정의, 이타심, 생산성, 서비스, 사람에 대한 존중, 진정성과 같은 가치들을 내재화하고 있다.
- 하나의 가치시스템 안에 자신과 세상을 가두지 않는다. 서로 다른 다양한 패러다임을 존중한다.
- 다른 사람들과 통합을 추구한다. 다른 사람들과 보다 온전한 현실 인식을 하고자 노력한다.

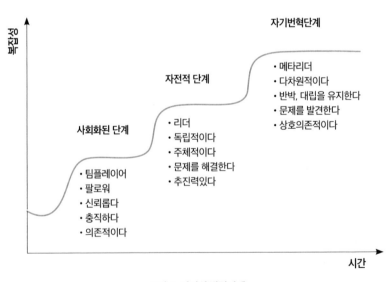

그림 4. 리더십 발달단계

리더십 효과성 간의 관계

구성적 발달 이론은 리더십 개발 과정에서 개인 안에 벌어지는 문제가 무엇이고, 왜 개인들 간에 관점과 행동의 차이가 있는지를 보여준다. 다시 말해 우리가 계속해서 성장하려면 어떤 문제와 씨름해야 하는지, 어떤 새로운 의미구축 시스템으로 도약해야 하는지를 알려준다.[38] 이런 발달단계는 실제 리더십의 효과성과 어떤 관계가 있을까? 심층 수준의 발달이 리더십의 효과성을 보장하는 것일까? 많은 연구자들은 케건의 구성적 발달 이론을 뒷받침하는 연구들을 수행했다.

에이겔Eigel은 평균 50억 달러의 수익을 올리고 있는 회사의 CEO 21명과 중간관리자 467명을 대상으로 주체-객체 인터뷰subject-object interview*를 통해 이들의 발달단계를 측정하고 이를 성과 측정 지표와 비교했다.[39] 이때 성과 측정 지표는 1) 기존의 프로세스에 도전하기, 2) 비전을 불어넣기, 3) 갈등을 관리하기, 4) 문제를 해결하기, 5) 위임하기, 6) 임파워먼트하기, 7) 건설적 관계를 구축하기 등이었고, 이는 360도 주변인 평가를 통해 측정했다. 연구 결과, 리더의 발달단계와 성과 측정 지표 사이에는 의미 있는 상관관계가 있음을 발견했다. 이후 후속 연구에서도 발달단계는 유능한 리더의 특징(변화를 선도하기, 성과를 관리하기, 비전을 창안하기 등)과 높은 관련이 있음을 증명했다.[40]

---

* 주체-객체 인터뷰(SOI: Subject-Object Interview)는 Kegan과 Lahey가 개발한 방법론으로 구성적 발달 이론에 따라 사람들의 의미구축 시스템을 확인하기 위해 데이터를 모으는 기법이다. 이 기법은 특정 주제에 대한 이해나 동기 수준이 아니라 그들이 어떻게 세상을 바라보는지에 대한 인지구조를 측정한다.

또한 스트랭Strang과 쿠너트Kuhnert는 마찬가지로 경영자 67명을 대상으로 리더십 발달단계와 360도 성과평가 측정 도구 간의 상관성을 조사했다.[41] 이 과정에서 성격 특성 도구인 Big-5와도 비교했다. 예측한 대로 리더십 발달단계와 360도 평가 결과 간에 높은 상관성이 발견되었고, 이 결과는 리더십 발달단계가, 리더의 성격 특성이 성과에 미치는 영향을 충분히 상회하고도 남는 것으로 나타났다. 즉 Big-5의 성격 특성 중 '외향성', '경험에 대한 개방성' 등은 리더의 성과를 예측하지 못했고, 대신 구성적 발달이론이 리더의 효과성에 보다 유효했다.

사관생도들을 대상으로 한 종단적 연구에서도 높은 발달단계의 생도들은 후배 및 선배들의 성과평가에서 긍정적인 결과를 얻었다.[42] 같은 맥락에서 동일 조직의 구성원 764명과 상위 매니저 20명의 리더들을 대상으로 리더십 발달단계를 조사한 뒤 결과를 보니 다음 그림 5와 같은 분포를 보였다.[43] 조직 구성원들은 비교적 표준 정규 분포를 따르는 데 반해, 그들의 상위 매니저들에게서 4단계 이하의 발달단계를 보이는 경

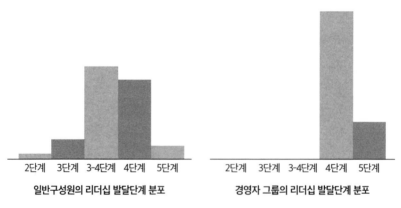

일반구성원의 리더십 발달단계 분포   경영자 그룹의 리더십 발달단계 분포

그림 5. 일반 구성원과 경영자 그룹의 발달단계 분포

우는 발견되지 않았다. 마찬가지로 리더십에 대한 평가가 효과적이라고 느끼는 것은 4단계 이상부터였다.

또 다른 연구는 34세에서 64세까지 경영자, 임원, 일반관리자 74명을 대상으로 리더십 발달단계를 측정하고 360도 리더십 평가 결과를 비교했다.[44] 리더십 효과성으로 채택한 변수는 성과관리, 변화관리, 인재 육성, 영감적 몰입, 비전 창안 등이었다. 연구 결과 2, 3단계의 리더들보다 4, 5단계에 있는 리더들이 그 효과성에서 그림 6과 같이 극적 차이를 보였다. 이상의 연구들은 리더로서의 성숙이 리더십 성과에 강력한 영향을 미치고 있음을 증명하고 있다. 이는 그동안 리더십 개발과 관련하여 블랙박스로 여겨진 부분에 대한 의미 있는 증거라고 할 수 있다.

리더십 개발은 수평적 확장만이 아니라 수직적 발달을 요구한다. 수평적 확장이 지식과 기술 등의 역량에 초점을 둔 표층 수준의 리더십 개

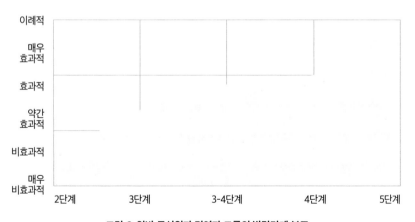

그림 6. 일반 구성원과 경영자 그룹의 발달단계 분포

발이라면, 수직적 발달은 의식, 관점의 도약을 겨냥하는 중층 혹은 심층 수준의 리더십 개발이라고 할 수 있다. 수평적 확장은 필요하고 유용하지만, 그것이 의미구축 시스템 자체를 근원적으로 변화시키는 것은 아니다.[45] 드물긴 하지만 개인의 의미구축 시스템의 변화, 즉 의식의 도약이 있을 때, 리더는 보다 종합적인 안목에서 창조적인 문제해결력을 발휘한다. 더군다나 불확실하고 복잡한 환경을 헤쳐 나가는 데는 리더의 성숙, 즉 수직적인 개발은 절실한 과제임이 명백하다.

케네디 비즈니스 스쿨의 하이페츠Heifetz 교수는 오늘날 문제는 단지 '기술적 문제technical challenge'가 아니라 '적응적 문제adaptive challenge'라고 지적한다. 전통적 사회에서 대부분의 문제가 시스템 내의 문제들을 개선

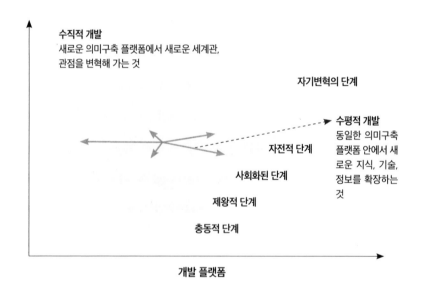

그림 7. 수직적 개발과 수평적 개발

하는 기술적 과제들이었다면, 지금은 시스템 자체를 근본적으로 바꾸지 않으면 안 되는 적응적 과제들이라는 것이다.[46] 리더의 성숙 없이 적응적 문제들에 맞설 수는 없다. 자신이 딛고 있는 지층에서 더 높은 지층으로의 도약을 피한다면 어리석음을 피할 길이 없다. 혹자는 하수가 되고, 혹자는 상수가 되는 이유가 여기에 있다.

사태의 전체를 바라보고 이를 통제할 수 있는 안목을 갖는 일은 한 인간으로서 중요한 도전이다. 항아리에 물을 채우는 일에 급급할 것이 아니라, 자신이 가진 항아리의 크기를 바꾸어야 하는 것은 아닌지 진지하게 물을 일이다.

발달을 위한 실험

누구보다 높이뛰기를 잘하는 한 사내가 있었다. 갑자기 자신의 어린 아이 셋이 한꺼번에 물에 빠져 죽자 그의 아내는 미쳐 집을 나가버렸고, 그는 그만 불의의 사고로 다리가 부러진 불구의 몸이 되고 말았다. 사랑하는 가족을 잃었을 뿐 아니라 가장 잘하는 높이뛰기조차 할 수 없는 최악의 절망 속에서 그는 어느 날, 자신의 집 앞마당에 작은 포플러 한 그루를 심는다. 그리고 매일같이 포플러에 물을 주며 나무를 키웠다. 포플러가 자라는 동안 그는 뒤뚱거리며 쉬지 않고 매일 그 나무를 뛰어넘었다. 나무가 무럭무럭 자라 하늘 높은 곳, 구름에 닿았을 무렵, 그는 멀리 도움닫기를 한 뒤 힘껏 솟아올랐다. 그리고 다시 내려오지 않았다.

최인호의 소설집 『이상한 사람들』에 실린 동화 같은 소설 「포플러나무」에 나오는 이야기다. 삶의 숙제는 단지 먹고사는 문제가 아니라 자신의 대륙을 새로운 차원으로 도약시킬 수 있느냐의 문제다. 많은 현인과 선각자들의 공통된 삶의 모습이었다. 그들은 자기 내면을 만개시키는 여정에 참여하여 이전보다 더 큰 자아를 만났다. 그를 통해 더 큰 자유와 평화를 얻었다. 사랑도, 연애도, 결혼생활도, 직장생활도 모두 그렇다.

조직 내 리더들을 만나다 보면 어떤 상태에 머물러 삶을 도약시키지 못하는 사람들이 있다. 그들은 오랜 시간이 지나도 자기갈등과 모순을 해결하지 못하고 끝내 주저앉는다. 리더십 개발은 새로운 단계로 옮겨 가는 성숙과 도약의 문제다. 이행과 도약이 없다면 직면한 문제는 반복적으로 나타나고, 우리는 이 굴레를 벗어나지 못한다. 구성적 발달 이론은 인간 의식의 도약에 관한 하나의 지도를 보여준다. 미로를 헤쳐 나갈 아리아드네의 실이 될 수 있다. 지금 자신이 어디에 있는지, 어디로 가야 하는지, 왜 그래야 하는지를 고뇌할 때, 우리는 자신의 의미구축 시스템이 가진 한계를 뛰어넘는 도약을 상상할 수 있다.

도약은 현재의 생각을 객체화하여 이를 대상으로 삼을 수 있는 능력에 달려 있다. 그러려면 자신이 만나고 있는 상황과 그 상황에 대한 생각, 감정, 행동을 재평가할 수 있어야 한다. 당연한 것에 모순과 오류가 있음을, 이중성이 있음을, 기만과 위선이 있음을 발견해야 삶의 도약에 필요한 용기가 작동한다. 누군가가 정해 놓은 답을 베끼는 것이 아니라 자신의 힘으로 생각을 쌓아 올려 가야 한다. 끝없이 출현하는 불안과 두려움의 방어막을 뚫어야 한다. 이 이행과 도약은 어떻게 가능할까? 이전의 단계에서 도약하고자 한다면 포플러 나무를 심고, 물을 주며 매일 이를 뛰어넘는 정진과 수련이 있어야 한다. 이 과정을 구체화하면 다음 세 국면으로 설명할 수 있을 것이다.

대상화하는 국면 noticing

첫째는 자신을 대상화하는 국면이다. 많은 사람들은 종종 내게 묻는다. "어떻게 변할 수 있나요?" 이는 자신을 객체화할 수 있는 힘에 달려 있다. 밖이 아니라 안을 바라보아야 한다. 종종 문제의 원인을 밖으로 돌리면 안은 어느새 주체화된다. 주체화된 안은 무지와 무감각, 고지식과 독단, 오만과 편견으로 가득 찬다. 삶의 도전들을 충분히 해결하고 있다는 자만이 의식을 편협한 감옥으로 만든다. 모순, 위선, 이중성이 은폐된다. 그러므로 이행과 도약을 이루려면 제일 먼저 주체화의 그물 밖으로 나와 자신을 대상화할 수 있어야 한다. 실수, 실패, 타인의 피드백은 이 과정을 돕지만, 그렇지 않을 때는 의식적으로 자신의 생각과 믿음, 행동을 문제 삼아야 한다. 자신을 관찰과 성찰의 대상으로 삼아야 내 안의 불거진 모순이 그 정체를 드러낸다. 이 모순을 감지하고 자각할 수 있는 사람만이 이행과 도약의 여정을 시작한다.

자기 취약성이 노출되면 수치심, 낭패감으로 이를 외면하고 싶은 충동이 일지만 억압하거나 부정할 필요는 없다. 오히려 새로운 인식으로 나아가는 데 필요한 정화의 과정이라 여겨보자. 이 국면이 차분하고 신중할수록 이 과정은 자신을 이해하는 중요한 계기를 마련하고 도약의 가능성을 높인다.

탐색하는 국면 Exploring

모순이 극대화되면 새로운 통찰을 모색한다. 모순에 대한 인정, 수용은 새로운 가능성을 향해 마음의 문을 연다. 모순마저 자신의 일부임을 인정할 때, 그래서 이를 수용하고 사랑할 때, 그래서 과거의 자신을 죄의식으로 받아들이지 않을 때, 다가오는 모든 기회들을 편견 없이 수용하고 체험할 수 있다.

내면의 여정을 연구한 오토 샤머Otto Scharmer는 이 같은 과정에서는 '의심과 판단의 목소리', '냉소의 목소리', 그리고 '두려움의 목소리'를 극복해야 한다고 말한다. 자신을 옥죄고 가능성을 차단하는 목소리를 거두면, 보다 중요한 질문을 만난다. '나는 누구이며, 어디로 가려 하는가?', '어떤 사람이 되고 싶은가?' 현재를 지탱하던 손을 놓으면 과거에 붙들리지 않고 자신의 심연으로 내려갈 수 있다. 거기에서 새로운 시작과 가능성을 탐색하고 발견한다.

아직 뚜렷한 길은 모르지만 새로운 대륙을 향해 돛을 올릴 수 있다. 변화와 모험을 긍정할 수 있다. 더 나은 자신, 더 성숙한 자신, 새로운 비전을 찾는다. 이때 주변의 피드백은 배움의 정보가 되고, 멘토는 큰 힘과 용기를 제공한다. 후퇴와 전진을 반복하더라도 자신의 가능성을 믿는다면, 이 국면은 배움이라는 활력을 선물한다.

창조하는 국면 Transforming

이행과 도약의 세 번째는 새로운 자아를 창조하는 국면이다. 자아는 이전보다 더 넓고, 더 깊고, 더 큰 잠재력을 가진 위대한 자아와 만난다.

사건들 속에 숨겨진 깊은 의미들을 발견하고 새로운 역할을 창안할 수 있으며, 이를 통해 이전에 없던 성과를 만든다. 과거와 화해함과 동시에 미래를 초대한다. 눈앞의 과제에 매달리기보다는 더 중요한 목적과 가치를 발견한다. 새로운 의미구축 시스템은 이전보다 담대하고 명랑하며 포용적이다. 물론 이런 도약이 번개 치듯 어느 날 갑자기 나타나는 것은 아니다. 매일매일의 꾸준한 반복과 루틴이 뿌리를 내려 임계점에 이르면 이 국면과 조우한다.

수평선 너머의 세상은 언제나 설렘과 불안이 교차한다. 하지만 담대한 목적과 비전을 상상하고 더 성숙한 삶을 만나면 이전의 대륙이 고통과 어리석음의 근원이었다는 것, 그런대로 흡족했지만 더 나은 대륙이 있었음을 발견한다.

이 세 국면은 3부에서 보다 상세히 검토해 보기로 하자.

　리더십 개발은 한 개인의 '성숙(변혁)'과 밀접히 관련되어 있다. '성숙'의 길로 나아가지 못하는 리더들의 문제는 자신의 에고에 대한 집착, 문제해결자로서의 강박, 외적 권위에 대한 의존 때문이다. 내가 만난 그런 리더들은 하나같이 현실적 제약으로부터 고통받았다. 그로 인해 그 굴레를 끝내 벗어나지 못했다. 그들은 문제의 원인을 외부로 돌리고 남을 탓하느라 대부분의 시간을 보냈다. 난관에 부딪혀 발끈하고, 위기 속에서 뒷전으로 물러나 자신을 숨겼다. 사사로운 욕심 때문에 자신을 방어하는 데 급급했다. 타인을 배척하고 파벌을 만들어 갈등과 불화를 일으켰다. 그들이 쌓은 지식과 경험에 비해 그들의 인식과 생각은 턱없이 빈약했다.

　학벌과 자격증, 몇몇 기술, 높은 성취가 그의 성숙을 증명하는 것은 아니다. 그것은 1) 자신의 불완전함을 인정하는 데서, 2) 자신이 철저히 고독한 존재라는 사실을 깨닫는 데서 일어난다. 결코 완전함에 도달할 수 없다는 사실로부터 자기 안에 빈 공간을 만들고, 거기에 타인을 초대하는 일이다. 심지어 이름 없는 낯선 타인들조차 자신과 깊이 연루되어 있음을, 그래서 그들과 함께 꾸어야 할 꿈이 있음을 알게 되는 일이다. 무엇이든 혼자 해낼 수 있다는 믿음, 타인마저 자기 뜻대로 통제할 수 있다는 마음은 그 어느 것도 들어설 공간이 없다. 거기엔 어떤 환대도, 당연히 배움도, 변화도 허락되지 않는다.

　자신 안에 벌어지는 고통과 번민이 타인의 그것과 닮아있음을 알 때, 우리는 타인의 고통과 상처로 들어가 마침내 자신의 역할과 책무를 발견한다. 지적 능력 이외에는 아무런 검증 장치가 없고, 정치적 술수와 꼬임, 패거리로 인해 리더가 발탁되고 있거나 성숙을 외면하고 온갖 기술을 장착하느라 에너지를 쏟고 있다면, 그런 세상엔 유아적이고 심약한 병적 리더들만이 가득 찰 수밖에 없다.

3부

리더십의
메타역량

01

주도적 리더십 개발

"사람은 극복되어야 할 그 무엇이다. 너희는 사람을 극복하기 위해 무엇을 했는가? 지금까지 존재해 온 모든 것들은 그들 이상의 것을 창조해왔다. 그런데도 너희는 거대한 밀물을 맞이하여 썰물이 되길 원하며, 사람을 극복하기보다 오히려 짐승으로 되돌아가려 하는가?"

- 니체Nietzsche(1844-1900)의 「차라투스트라는 이렇게 말했다」 중에서[48]

전통적인 리더십 개발과 훈련은 조직 내 HRD의 전문 영역이었다. 하지만 조직 내외의 복잡성과 불확실성의 증가는 리더십 개발이 특정 부서만의 전유물일 수는 없음을 경고한다. 조직은 도리어 전면적으로 리더십 개발의 패권을 리더 개인에게 돌려주고, 리더가 성장과 도약을 이룰 수 있는 환경과 조건을 설계하는 데 집중해야 한다. 조직이 가진 주도권으로는 끊임없이 유동하는 변화를 수용하기 어려울 뿐 아니라, 구성원들의 다양한 욕구와 개별적 차이를 온전히 반영하지 못한다. 특히 공식적인 리더십 개발 프로그램들은 단편적이고 일회적인 활동에 머물러 있고, 대체로 현안 과제를 따라잡는 스킬 중심의 훈련에 집중되어 왔다. 그 결과 유연성, 탄력성, 담대함을 개발하는 데는 한계를 드러낸다. 그렇다고 이런 프로그램과 훈련 방식이 무용하다는 것은 아니다. 이것들은 보완적 역할로 후퇴해야 한다. 리더 개인도 회사가 제공하는 교육 훈련 방식에만 의존하는 것은 시대착오다. 그러면 자신의 문제를 능동적으로 해결할 수 없고, 주체적인 생각과 통찰 그리고 변화를 지속하는 힘이 무력화된다.

혼자서, 그것도 지속적으로 리더십을 개발하려면 리더십 개발에 대해 주도권, 즉 자기 패권을 가져야 한다. 이를 '주도적인 리더십 개발self-directed leadership development'이라고 부를 수 있다. 외부 전문가나 정형화된 프로그램에 의존하기보다 리더 스스로 주체적인 학습자가 되어 학습 니즈를 발견하고 진단하며, 학습 목표를 수립할 수 있어야 한다. 이런 리더들은 학습 자원을 스스로 찾고 적절한 학습 전략을 선택, 실행하고 스스로를 평가한다.[49]

실제로 내가 만난 많은 리더들 중에는 주체적으로 조직 내외의 다양한 활동에 참여하면서 성장과 변화의 기회를 만들어 가는 사람들이 있었다. 그들은 이미 다양한 학습모임을 결성하기도 하고, 특별한 체험을 설계하기도 하며, 책을 읽고 생각을 정리하는 일에 능동적으로 참여했다. 주도적인 리더십 개발은 조직의 입장에서도 자율적인 개발 문화를 조장하고, 학습 생태계를 만드는 데 결정적인 역할을 한다는 사실에 주목해야 한다.

외부의 도움을 받지 않고 스스로 하는 리더십 개발은 비공식적이고 비구조적이다. 그렇다고 해서 저절로 이루어지거나 우연적으로 발생하거나 다른 활동의 부산물로 생겨나는 것은 아니다. 주도적인 리더십 개발은 의식적이고 계획적으로 일어난다. 자기 문제를 자각하고 일련의 경험들을 설계하며, 이를 통해 리더십에 대한 안목과 관점을 넓히고, 관련 지식과 스킬을 찾아 나서는 주체적 활동이다. 이런 활동을 지속하는 가운데 리더는 지적, 심리적으로 성숙을 경험하고 리더십 레퍼토리가 확장되면서 행동의 유연성과 적응력을 높인다. 이 장에서는 자기 주도적인 리더십 개발의 큰 그림을 설명하고, 어떤 역량들을 활용해야만 이를 지속할 수 있는지 검토한다. 이 과정에서 리더십의 메타역량이 왜 중요한지, 어떻게 이를 강화해야 하는지 발견할 것이다.

'주도적인 리더십 개발'의 모형

주도적인 리더십 개발은 현실적으로 몇 가지 어려움이 있다. 첫째, 리더에게 개발은 수많은 다른 과업들보다 결코 우선하지 않는다. 성과관리가 목전에 있는 리더의 경우, 개발과 성과가 대립하고 충돌한다. 이들은 리더십 개발을 언제나 뒷전에 미룬다.

"회사는 저를 기다려 주지 않아요."

"이번 분기에 성과를 내지 못한다면 제 신분이 보장되지 않습니다."

슬프게도 나는 이 말이 진실이 아니길 바란다. 진실이라면 회사는 리더십 개발에 아예 혹은 적어도 관심이 크지 않다는 뜻이다. 그렇다면 경험으로부터 배움과 성장의 기회를 찾기란 하늘의 별 따기만큼이나 요원한 것으로 인식된다. 둘째, 경험으로부터 혼자 배우려면 규율감 있는 자기 훈련, 즉 자기규제 행동이 필요하다. 이런 행동은 중대한 선택과 결단 그리고 이를 지속할 수 있는 상당한 정도의 에너지를 필요로 한다. 높은 긴장, 불안, 스트레스를 유발한다. 따라서 손쉽게 기피된다. 셋째, 자기 주도적으로 리더십을 개발하는 방법은 생각보다 널리 알려지지 않는다. 대부분의 리더는 어떻게 리더십을 개발해야 하는지 잘 알지 못한다. 알려져 있다고 해도 암묵적인 형태로 개인에게 내재화되어 있기 때문에 이를 배우는 일은 그리 쉽지 않다.

이 세 가지 어려움 중 앞의 두 가지는 리더의 개인적인 관심과 동기, 성향, 가치, 흥미를 통제한다면 그나마 언제든 시작할 수 있다. 정작 중요한 과제는 세 번째, 즉 구체적인 지식과 훈련 방법이다.

주도적인 리더십 개발은 동기를 높이고 자기 훈련을 위한 루틴을 만드는 과제와 맞닥뜨린다. 전통적인 리더십 개발 프로그램과 달리 스스

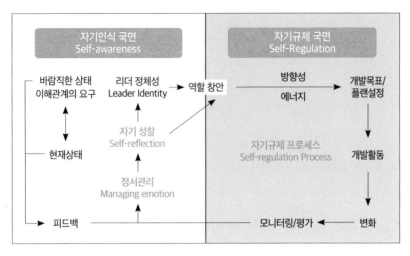

그림 8. 자기 주도적 리더십 개발 모형

로 개발 경험을 찾아 구성해야 하고, 장애와 난관을 넘어야 하며, 지속해서 자신을 일으켜 세우는 힘과 지식이 필요하다. 이 책 전체는 바로 이 같은 문제들을 들추고 그 대안을 탐색하는 과정을 안내할 것이다. 자, 그럼 이제부터 세 번째 문제를 풀기 위해 주도적인 리더십 개발 모형이 어떤 것인지를 검토해보자. (그림 8. 자기 주도적 리더십 개발 모형 참조)

개발 니즈의 발견

리더십을 개발한다는 말은 현재 수준에서 보다 복잡한 수준으로의 변화와 성장을 의미한다. 변화의 첫 번째 동인은 개발의 니즈, 즉 변화와 성장의 이유를 발견하는 데서 시작한다. 변화의 동인은 바람직한 상태(또는 주변의 기대와 요구)와 현재 상태와의 격차를 인식할 때 발생한다. 1) 기대 수준에 못 미치는 결과, 2) 더 나은 자신이 되고자 하는 열망의 강도, 즉 추구하는 목적과 그 목적을 향한 간절함이 변화의 동인이다. 1)이 반응적reactive이라면 2)는 전향적proactive이다. 전향적으로 동기 부여된 사람들은 반응적으로 동기 부여된 사람들에 비해 약점에 붙들려 끙끙대기보다 강점을 찾고 이를 강화하려는 방안을 적극적으로 모색한다. 잘하는 것과 중요하게 생각하는 것을 규명하고, 이와 관련한 스킬, 재능, 열정을 효과적으로 발현하는 방법을 찾는다. 개발의 니즈는 개발 경험을 찾고 설계하는 행동으로 이어진다.

자기성찰

개발의 니즈가 발견되면 이것이 피드백되어 자기성찰이 일어난다. 불행하게도 회사나 조직에서 제공하는 공식적인 교육 훈련은 자기성찰을 강제하는 경향이 있다. HRD부서는 니즈를 규명하고 훈련 참여를 명령한다. 그 근거로 360도 진단 피드백, 구조화된 성과 피드백, 경영진의 피드백 정보를 활용한다. 이런 정보는 유용하지만, 주도적으로 리더십을 개발하는 사람들은 이 과정에서 다음과 같은 도전에 적극적으로 맞서야 한다. 첫째, 외부 정보에만 의존하기보다는 정보를 직접 찾아야 한다. 자기 행동을 관찰할 수 있어야 하고, 주변 사람들의 피드백에 귀를 기울여야 하며, 자신의 열망과 기대를 선명히 해야 한다. 둘째, 정보의 질을 담보해야 한다. 주관이 개입되어 있고 편견이 작동하기 쉽다는 점을 인정해야 한다. 셋째, 위 두 과정 자체가 고독한 일이어서 다른 사람들이 도와주기 쉽지 않다는 것이다. 설령 주변에서 자극을 주는 사람이 있을 수 있어도 이를 수용하고 내재화하는 일은 매우 사적인 과정이다. 따라서 의미 있는 자기성찰이 없다면 리더십 개발은 물거품이 된다. 그런 점에서 리더는 타인들의 기대와 요구, 자신의 열망과 책무 등에 대해 민감하면서도 개방적인 태도를 유지해야 하고, 이를 개발의 동기로 전환하는 '자기성찰 역량'을 갖추어야 한다. 정확하고 진솔하며 지속적인 자기평가는 스스로를 대상화함으로써 유용한 개발정보를 발견한다. 이 문제는 3장에서 보다 자세히 살펴볼 것이다.

정서 관리/정서 민첩성

성찰 과정에서 또 하나의 도전이 있다. 그것은 자기를 보호하고 강화하고자 하는 충동, 또는 욕망과 싸워야 한다는 것이다.[50] 우리는 일반적으로 긍정적인 평가는 가치 있게 여기고 쉽게 수용하지만, 자기 이미지와 부합하지 않거나 자존감이 손상되는 부정적 평가는 불편하게 여긴다. 그래서 이를 거부하고 차단하며 왜곡하려 든다. 개발을 요구하는 정보들이 드러났다 해도 피드백을 수용하지 않거나 선택적으로 수용한다. 따라서 혼자서 하는 리더십 개발은 이 같은 부정적인 감정들을 효과적으로 다루어야 하는 문제와 만난다. 그런 점에서 주도적인 리더십 개발의 이슈는 정서를 자원화하는 '정서 민첩성emotional agility'이라고 할 수 있다. 이는 2장에서 보다 상세히 다룰 것이다.

자기인식(리더 정체성)과 역할 창안

외부의 요구로부터 온 피드백 정보를 효과적으로 수용하면, 자기인식은 궁극적으로 리더 정체성leader identity의 발견으로 나아간다. 리더로서의 정체성은 구체적 역할로 다시 창안되어 구체적 행동을 지시한다. 리더 정체성은 리더로서 궁극적으로 실현하고자 하는 목적과 사명을 밝힌 것이고, 역할 창안role enactment은 이를 구체적인 역할 행동으로 전환한 것이다. 이는 자기성찰로부터 깨달은 바를 리더십의 목적으로 설정하고, 이를 고유한 행동으로 재정의함으로써 리더십 개발이 필연적일 뿐 아니라 절실한 것임을 확인하는 과정이다. 이는 4장에서 보다 상세히 살펴볼 것이다.

개발 목표와 개발 활동

만일 역할 정체성이 명료하지 못하다면 리더십 개발은 '개발을 위한 개발'로 고사할 가능성이 크다. 근거와 이유가 부족하면 맹목적이고 부적절한 목표를 세우게 되고, 장애와 난관을 만나면 자신을 다시 동기 부여해야 할 이유가 사라진다. 개발의 니즈가 리더 정체성으로 수렴되어 새로운 역할로 전환되면 개발 과제는 더욱 선명해진다. 개발 과제는 강화해야 할 역량이 무엇인지를 안내한다. 그러면 이를 위한 개발 목표와 개발 활동을 설계할 수 있다. 이는 4부, 1장에서 보다 상세히 살펴볼 것이다.

자기규제 역량

개발 목표를 세우고 개발 활동을 시작해도 이 과정은 순조롭지 않다. 새로운 지식과 행동을 학습해야 하고, 이를 현실에 뿌리내리려면 출몰하는 장애와 난관을 뚫고 가야 한다. 난관을 만날 때마다 주변의 자원을 끌어오고 자기 동기를 일관되게 유지해야 한다. 어떤 경우는 외부의 비난과 냉소에 맞서야 하고, 오랫동안 관행적으로 습관화되었던 행동들의 유혹과 회유를 물리쳐야 한다. 이를 '자기규제self-regulation 역량'이라고 한다. 자기규제 역량은 리더십 개발 과정에서 출현하는 수많은 변수를 헤쳐 나가는 근력이다. 쏟아지는 과업의 요구와 압력에도 불구하고 창조적으로 행동을 변주하면서 개발에 집중하게 하는 힘이다.

그동안 리더십 개발과 관련한 많은 프로그램은 이른바 '학습 전이'의 문제로 골치를 앓아왔다. 그 핵심은 바로 자기규제력이 있느냐의 문제였지만, 여기에 초점을 두지 못했거나 이를 개인의 몫이라는 여기고 방치했다. 자기규제 역량은 변화 플랜을 수립하고 그 과정을 통제하며 주체적인 자기 변화를 실현하게 한다는 점에서 자기인식력과 함께 리더십 개발의 핵심적인 메타역량이라고 할 수 있다. 이는 5장에서 보다 상세히 살펴볼 것이다.

세 가지 리더십의 메타역량

정리하면, 자기 주도적인 리더십 개발은 크게 두 개의 국면으로 이루어져 있다. 하나는 자기성찰과 정서 관리를 통한 '자기인식self-awareness'의 국면 그리고 이를 현실화할 수 있는 '자기규제self-regulation'의 국면이다. 여기에는 핵심적인 세 가지 메타역량이 요구된다. 첫 번째는 자기모순, 결함, 위선을 발견하고 수용하는 정서 관리로서의 정서 민첩성 역량이고, 두 번째는 리더 정체성과 역할 창안을 이끄는 자기인식 역량이며, 세 번째는 그러한 모습을 구현하기 위해 변화 행동을 지속하는 자기규제 역량이다. 나는 이 세 가지 역량을 '리더십 개발의 메타역량meta-competency'이라고 부르고자 한다. 이를 메타역량이라고 부르는 이유는 리더십과 관련한 이론과 지식, 스킬과 요령을 통제하고 병합하여 창조적으로 리더십을 발현하게 하는 원천 역량이 바로 이것이기 때문이다. 이는 표층 수준의 리더 행동을 일관되면서도 유연하게 만들고, 원칙적이지만 창조적인 행동을 이끌며, 고난과 역경을 헤쳐 나가는 용기를 발현시킨다. 물론 이것이 리더십 개발의 전부라고 단언하는 것은 아니다. 하지만 이 세 가지 역량이 확보되지 않으면, 리더의 지식과 전략들은 길을 잃으며 수명이 짧아지고 혁신성을 담보하지 못한다.

알고 있는 탁월한 모든 리더를 떠올려보라. 세종대왕, 이순신, 안중근, 마하트마 간디, 마틴 루터 킹, 마더 테레사… 이들이 근원적으로 장악하고 있었던 무기는 표층 수준의 지식, 기술, 뛰어난 지능이 아니었다. 여기에는 이 모두를 제어하고 통합할 수 있는, 혁신적 행위를 유발하는 메타역량이 있었다. 그들은 가변적인 혹독한 상황에서도 가장 독창적이었고 현실적이었으며, 비범하고 탁월한 행동을 창안했다. 이것이 바로 메타역량이 가진 힘이다. 효율과 능률의 패러다임, 전략경영과 성과주의 문화는 잠재적이고 비가시적이며 즉각적이지 않다는 이유로 이 메타역량을 외면함으로써 리더십 개발을 저해했다. 바로 그 때문에 우리는 이 역량에 진심으로 주목해야 한다. 이후의 장에서는 이 세 가지 메타역량이 각각 어떤 의미가 있으며, 어떻게 강화, 훈련되어야 하는지를 검토한다. 이 과정에서 스스로 리더십 개발 방안들을 숙고해 보자.

02

메타역량(1):
정서 민첩성

"두려움 속에서 태어나 비겁한 자로 살아가기 때문에 인간은 태풍이 닥쳐
온다는 것을 알게 되면 땅의 틈바구니 속으로 몸을 숨긴다."

- 칼릴 지브란Kahlil Gibran(1883~1931), 작가

앞의 모델에서 본 바와 같이 리더십 개발은 외부환경, 타인 또는 자기 자신에게서 오는 피드백을 알아차리는 데서 시작한다. 온전히 수용할 수만 있다면 피드백은 개발의 동기로 바뀐다. 이 과정은 한마디로 자신의 위선, 오류, 이중성을 인정하는 일이다. 이 일은 자기부정의 고통스러운 과정을 동반한다는 점에서 리더십 개발의 복병이다. 리더십 개발의 장벽은 바로 여기에서 비롯된다. 나는 많은 리더들이 어렵고 힘든 도전을 기피하는 경우를 보아왔다. 동시에 이에 맞서 위험을 감수하여 개발의 여정에 나서는 사람들도 목격했다. 이들의 차이는 다름 아니라 자신 안에서 비롯된 이 감정을 정직히 알아차리고 조절하는 능력이 있느냐에 있다. 우리는 외부 피드백을 겸허히 수용할 수 있는 능력이 실제 없다. 자기를 보호하고 방어하고자 하는 욕망이 매 순간 무의식적으로 작동한다. 설령 이를 알아차렸다 하더라도 편견과 왜곡이 있고, 그로 인해 좌절과 분노, 불안과 우울 등의 반응에 휩싸인다. 그러면 문제는 오간 데 없고 오로지 자신을 피해자로 규정하는 일이 반복된다.

이 장에서는 이런 메커니즘을 이해하고 효과적으로 감정을 관리함으로써 어떻게 개발의 동기를 높일 수 있는지를 검토한다. 이는 단순히 앎의 영역이 아니라는 점에서 숙고와 함께 깨달음이 요구되는 역량이다.

감정이 리더십 개발에 미치는 영향

자신에 대한 부정적인 평가는 리더의 자존감을 위협하고 정서적 혼돈을 유발한다. 긍정적 평가는 현재 행동을 정당화하지만, 부정적 평가는 생각하지 못한 문제와 부적절한 행동을 들추고 우리의 민낯을 들춘다. 기존의 행동전략이나 노력에 문제가 있었음을, 스스로 과신하고 있었음을 보여주는 증거가 바로 부정적 평가다. 그런 점에서 부정적 평가는 성장을 위한 전략, 새로운 지식 및 기술을 습득하도록 촉구하고, 새로운 비전을 탐색하도록 요구한다.

하지만 문제는 이 부정적 평가가 우리의 자아 개념self-concept을 위협한다는 사실이다. 우리는 자신을 부정하는 것과 같은 가혹한 체험에 대해 병적으로 알레르기 반응을 일으킨다. 그러면 기존의 자아 개념을 지키는 방향으로 외부 피드백을 거부하고 차단한다. 이런 불편한 감정은 피드백 정보를 수용하는 과정에만 국한되어 있지 않다. 낯설고 도전적인 경험을 해야 할 때, 새로운 지식과 기술을 배우고자 할 때, 자기 약점과 만날 때, 언제든지 불쑥불쑥 나타나 우리의 가슴을 두들기고 발목을 붙든다. 이런 일은 하나같이 불확실성과 불확실성이 초래할 실패의 공포와 밀접히 관련되어 있다. 공포에 포획되면 우리의 정신과 행동은 마비된다. 배움이 멈추고 리더십 개발의 의미마저 평가 절하된다. 그러므로 정서를 효과적으로 다루지 못한다면 우리의 인지 프로세스는 오작동하고, 결국 성찰과 자기규제의 질이 떨어진다. 우리는 생각보다 정서에 무심하고 서툴다. 아니 이를 감추고 도외시한다. 자신의 민낯을 볼 뿐 아니라 그를 효과적으로 다루지 못하는 무능을 견딜 수 없기 때문이다. 하지만 정서는 통제 불가능한 것이 아니다. 이를 이해하고, 공감함으로써 얼마든지 삶의 동력으로 전환할 수 있다.

자기방어의 징후

리더들과 대화하다 보면 다음과 같은 반응을 보이는 리더들이 있다.[51] 혹시 이런 말들을 자주 하고 있지는 않은지 검토해 보자.

❶ "할 수 없어요.", "힘들어요."

→ 자신의 현실적인 어려움, 제약 등을 언급하며 자신을 변호한다. 성장과 배움의 동인인 비전이 사라졌기 때문이다.

❷ "제가 옳아요. 그 사람이 틀렸어요."

→ 자신의 생각, 감정을 완강히 고집한다. 타인의 생각을 수용하면 자신이 부정당하다고 여긴다.

❸ "저 사람 이상하지 않아요?"

→ 괜히 잘나가는 사람들을 깎아내리며 뒷담화를 한다. 자신보다 앞서가는 사람을 폄훼함으로써 상대적으로 초라해 보이지 않게 자신을 감추려 한다.

❹ "그냥 하던 대로 해요~"

→ 손쉬운 빠른 결론을 좋아한다. 깊이 고민하는 힘을 잃어버렸다. 그래서 근본적인 해결책보다 손쉬운 해결책을 찾아 현실을 모면하려 한다.

❺ "옛날에는 말이에요."

→ 같은 말을 되풀이하거나 과거의 영광을 추억한다. 별 볼 일 없는 현재의 자신을 변호하려 한다.

❻ "별거 없어요. 누구나 다 그래요."

→ 단선적으로 생각하고 쉽게 일반화한다. 특별한 경우를 무시하면서 자신이 알고 있는 것으로 다른 것을 재단한다.

❼ "그럴 수밖에 없었어요."

→ 문제를 외부화하고 타인을 비난하며 자주 화를 낸다. 자신을 문제의 주체자로 받아들일 만큼 용기가 없다.

❽ "그런데 말이에요."

→ 중심주제는 제쳐 두고 소소한 문제에 집착한다. 총론을 다룰 만큼의 담대한 이론이 없기 때문에 자신이 이미 알고 있는 것만을 붙들면서 무능해 보이지 않으려 한다.

❾ "내가 해 봐서 아는데요."

→ 자기 경험에 과도하게 집착한다. 자신이 경험한 것만을 전부라고 믿는 편협함에서 벗어나지 못한다.

❿ "내가 어때서요?"

→ 자신의 문제를 자각하지 못한다. 앞의 행동들을 되풀이하면서도 정작 자기모순이나 결함을 보지 못한다.

왜 이런 반응이 나타날까? 자신이 외부 피드백을 수용할 수 없는 폐쇄 시스템 Closed system 이 되었기 때문이다. 외부 정보와 자원이 유입되는 채널이 막히면 기존 각본에 따라 같은 행동을 되풀이하면서 자신을 방어한다. 자기모순과 결함이 사라지고 이중성이 가려진다. 그러면 시스템은 새로움을 유지할 수 없다. 점차 망상 시스템으로 전환되면서 환각 속에 시달린다. 말은 많아지지만 사람들의 심금을 울리진 못한다. 마치 알츠하이머 환자처럼 자신에게는 아무런 문제가 없지만 외부와는 단절되는 현상이 만들어진다. 이는 모두 변화의 요구에 대해 자기감정을 다루는 데 미숙한 때문이다.

피드백을 방어하는 이유

외부의 피드백을 방어하는 이유는 우선 직관적으로 생각해 보면 다음 두 가지다. 첫째, '사람들은 나를 잘 모른다'라는 생각 때문이다. 외부의 피드백을 모두 새겨들을 필요는 없으며 설령 그럴 기회가 주어졌다 해도 사람들은 다양한 이유로 나를 제대로 평가하지 못한다는 믿음이 지배한 결과다. '그들이 어떻게 내 속을 알아.', '나에 대해 잘못된 기대를 하고 있어.', '저들은 사실을 말하지 않아, 누가 진실을 말하려 하겠어?'와 같이 생각한다.

둘째, '나는 괜찮은 사람'이라는 믿음을 버릴 수 없기 때문이다. 아니 정확히 말하면 '나는 괜찮은 사람이어야 한다.' 심리학에서는 이를 자기 고양 편향self-enhancement bias이라고 말한다. 우리는 누구나 자신을 긍정적으로 인식하려는 경향이 있다. 이는 정신건강은 물론 대인관계, 생산성에 도움을 준다. 자신이 괜찮은 사람이라고 생각하지 않고 어떻게 삶을 살아갈 용기가 있다는 말인가? 이런 경향은 현실적으로 많은 이점을 제공한다. 우선 사소한 비판으로부터 자신을 보호할 수 있고, 긍정적인 이미지를 보존하여 자신감을 유지할 수 있다. 궁극적으로 자기만족과 행복에 이바지한다.

하지만 위 두 가지는 조금 더 생각해 볼 필요가 있다. 주변 사람들이 온전히 나를 제대로 바라보지 못한다 해도, 그를 무시하는 것은 온당하지도 않고 바람직한 일도 아니다. 그들은 나와 함께 살아가는 사람들이다. 내가 그들과 함께 공동의 꿈을 실현하는 리더라면, 그들의 평가와 시선은 설령 부적절하다 해도 마땅히 검토하고 수용할 가치가 있다. 그 것이 나와 그들의 관계를 개선하고, 그들의 힘을 자원화하기 때문이다.

마찬가지로 자신에 대한 긍정적인 평가는 그것이 지나칠 때 현실을 제대로 평가하지 못할 수 있고, 오만과 독단에 빠질 가능성이 있다. 보 다 현실적인 평가는 나의 고유성과 강점을 인정하듯이 나의 약점과 한 계, 취약성을 인정하는 일이다.

정서 민첩성 높이기(1): 부정적 반응 이해하기

부정적인 피드백, 모순과 이중성의 발견에서 비롯되는 부정적인 감 정을 효과적으로 다루려면 정서적 상처를 학습 동기로 전환해야 한다. 이를 '정서 민첩성'이라 부른다. 이는 복잡한 감정을 효과적으로 사용 하는 기술과 능력이라고 정의할 수 있다. 그러려면 먼저 부정적인 감정 반응이 일어나는 근본 원인을 이해하고, 이런 감정을 효과적인 행동으 로 전환할 수 있는 힘을 길러야 한다. 리더십 개발의 성패는 정서 민첩 성과 직결되며, 이를 성공하지 못한다면 수포로 돌아간다. 먼저 자기부 정과 자기 고양 편향에 빠지게 되는 근본 원인들을 검토해 보고, 이를 효과적으로 사용하는 방법을 확인하자. 감정 반응에 대한 이해가 확대 되면 극복하는 방법 역시 손쉽게 발견할 수 있다. 다음은 부정적 감정 반응이 일어나는 것을 이해하는 데 도움이 되는 대표적인 심리적 개념 들이다.

핵심 자기평가 core self-evaluation

핵심 자기평가란 자신, 타인 그리고 현실 세계에 대한 우리의 암묵적인 평가다. 예를 들어 '나는 민주적인 리더야', '나는 다른 사람들보다 유능해', '세상은 더없이 따뜻한 곳이야'와 같이 사람들은 잠재의식 안에서 지속해서 자신과 세상을 일정한 방식으로 평가한다. 이는 의사결정, 자기효능감, 자존감 등에 영향을 미친다.

핵심 자기평가를 이루는 하위 요인 중에는 '자존감 self-esteem'이 있다. 자존감이란 자신에 대한 긍정적인 평가 정도로, 자존감이 높으면 자신이 가치 있고 성공 가능성 높은 사람이라고 인식한다. 이들은 그렇지 않은 사람들과 달리 상황을 우호적으로 평가하고 높은 자신감을 발휘한다. 하지만 자존감이 지나치면 자신을 과장하여 자기기만에 빠진다.

핵심 자기평가의 또 하나 대표적인 하위 요소는 '효능감 self-efficacy'이다. 자신이 어떤 일을 잘 해낼 것이라는 믿음으로, 효능감이 낮은 리더는 자기를 불신하고 도전적인 과제를 기피한다. 이런 리더들은 불안감을 자주 경험하고 소극적인 행동을 하며 사소한 피드백에도 큰 상처를 받는다.

낮은 자존감, 낮은 효능감은 외부의 피드백을 왜곡할 가능성이 있다. 반대로 지나치게 높은 자존감, 높은 효능감은 외부의 기준에 반하는 자신만의 세계관을 만들고 외부 피드백을 거부한다. 그러면 리더십 탈선의 원인이 된다.[52]

자기기만 _self-deception_

사람은 자신을 경멸하는 것, 자존감을 떨어뜨리는 것, 무능한 평가를 받는 것들에 대해 몹시 큰 두려움을 갖고 있다. 그래서 우리 뇌는 언제나 무의식적으로 자신을 속인다. 이것이 자기기만이다. 자기기만은 자신과 세상을 왜곡함으로써 자기를 보호하고자 하는 욕구에서 비롯된다. 불안이나 고통, 슬픔이나 우울을 피하는 데 도움이 된다. 그렇다고 자기기만이 항상 문제가 되는 것은 아니다. 심리적인 적응과 발달에 순기능을 하기도 한다. 내적 갈등과 스트레스를 줄여주고 심리적 안정감을 제공한다. 하지만 자기기만에 빠진 리더는 주변의 요구를 개방성으로 수용하지 못하고 스스로를 고립시킬 위험이 있다. 자신과 관련한 부정적 정보를 부정하고 장점에만 주목한다면 자기 편애가 생겨나기 때문이다. 특히 성공 경험이 많은 리더들은 이런 함정에 자주 빠진다. 중대한 문제를 다루거나 지나치게 자기 욕구가 앞서고 있을 때 반대의 피드백을 무시하고 자신이 좋아하는 정보에 의존한다.

- 다른 누군가가 내 마음을 알아주기를 기대하는가? 내가 먼저 그들의 마음을 알아주어야 하는 것은 아닌가?

방어 메커니즘 defense mechanism

자기기만이 발생하면 무의식적으로 자신을 방어하는 생각과 행동들이 작동한다. 불편한 상황을 모면하기 위해 다른 사람과 상황에 원인을 돌리거나, 책임을 떠넘기거나, 자신을 합리화하거나, 부정하고 회피한다. 원하는 결과를 얻고, 자기를 지키고자 하는 욕구가 사람과 세상을 바라보는 시선을 비틀고 어떤 정보를 부정한다. 다음 질문들은 자기기만이 방어 메커니즘으로 작동하면서 나타난 징후들이다.

자기 훈련을 위한 질문

- 이런 생각을 얼마나 자주 하지 않는가? 언제 그렇게 행동하는가? 그 이유가 무엇인지 생각해 보자.
- 내 문제의 대부분은 적절한 자원과 환경이 뒷받침되지 않았기 때문에 생겨난 것이다.
- 특별한 노력을 한다 해서 지금 내 상황이 달라지는 것은 아니다.
- 나는 내 노력에 비해 정당한 대우를 받지 못하고 있다.
- 구성원들은 대체로 감사할 줄 모르고 불만이 많다.
- 몇 번 가르쳐도 안 되는 구성원은 포기할 수밖에 없다.
- 바쁘기 때문에 구성원에게 일일이 신경 쓸 시간이 없다.
- 리더라고 언제나 희생해야 하는 것은 아니다.

- 부하들은 대체로 책임감이 없고 수동적이다.
- 요즘 구성원들이 일하는 모습은 예전 내 모습에 못 미친다.
- 나는 원래 이런 사람이 아니었는데 회사 생활을 하다 보니 이렇게 된 것이다.

나르시시즘 narcissism

나르시시스트인 리더가 있다. 그리스 신화에 나오는 나르키소스는 연못에 비친 자기 모습에 반해버리고 만다. 심리학에서는 이를 자기애 성향, 자기도취 성향이라고 부른다. 건강한 자기애라면 자신감과 자존감을 높이지만, 파괴적인 나르시시즘은 타인의 욕구에 관심이 없고, 자기중심적으로 자기 목적만을 추구한다. '우리'가 아니라 '나'를 앞세운다. 충동적이고 지배적이며 심지어 가학적일 때도 있다. 문제는 자기이미지를 스스로 왜곡함으로써 좀처럼 자신의 약점을 인식하지 못하고 자만한다. 설령 주변 사람들이 이를 지적한다 해도 심각하게 받아들이지 않고 자신의 불완전함을 봉합해버린다. 이런 리더들은 자기인식과 구성원들의 인식 사이에 크나큰 괴리를 만든다. 결국 구성원과 팀에 상당한 고통을 준다.

자기 훈련을 위한 질문

- 내가 인정받고 칭찬받아야 한다고 생각하는가? 다른 사람이 보다 유능하고 칭찬받아야 하는 것은 아닌가?
- 내가 하지 않으면 일이 제대로 돌아가지 않는다고 생각하는가? 오히려 내가 일을 그르치는 원인은 아닌가?

자기 감시 성향 *self-monitoring personality*

다른 사람의 시선을 지나치게 의식하는 리더들이 있다. 이들은 다른 사람들에게 잘 보이기 위한 행동을 의도적으로 선택한다. 자발적으로, 매우 의식적으로 자기 행동을 사회적 신호에 맞추어 조절함으로써 원하는 결과를 얻고자 한다. 이를 자기 감시 성향이라 한다. 자기 감시 성향이 높은 사람들은 그렇지 않은 사람들에 비해 자신에 대한 과장된 이미지를 연출한다. 또 상황에 따라 연기력이 뛰어난 배우처럼 여러 모습을 드러낸다. 타인의 기대, 사회적 선호에 맞추고자 자신을 통제한다. 굳이 그럴 필요가 없는 상황에서 자신의 신념마저 바꾸는 경향이 있다. 이런 리더들은 자신은 물론 구성원들에게 신뢰감을 잃는다. 자기 감시 성향이 높다고 해서 언제나 부정적인 것은 아니지만 부정적인 평가를 은폐하기 위해 자신의 행동을 부풀린다면 주변 사람들의 피드백을 왜곡할 수 있다.

자기 훈련을 위한 질문

- 알게 모르게 먼저 나서서 이야기함으로써 자기 존재감을 드러내려고 하지는 않았는가? 언제였는가? 그것이 주변 사람들에게 어떤 영향을 미쳤을 거라 생각하는가?
- 특정한 행동과 이미지를 통해 주변 사람들의 피드백을 왜곡하려는 의도는 없었는가? 언제였는가? 그 결과는 어떠했는가?

자기 제시 *self-presentation*

자기 감시 성향이 높은 사람들은 대체로 자기 제시 행동이 두드러진다. 이는 실제의 모습이 그렇지 않음에도 불구하고 유능하고 호감 가는 사람으로 보이도록 자신을 표현하는 행동이다. 보다 좋은 평가를 얻고자 의도적으로 자기 모습을, 특히 공적 장면에서 어필한다. 예를 들어 구성원이 직장생활이 너무 힘들다고 하소연하면 리더는 자비로운 사람으로 보이고 싶어서 공개적으로 관심을 보이고 위로의 말을 건넨다. 자기 이미지를 연출하여 자기에 대한 평가를 바꾸고 그로부터 자기만족을 얻으려는 목적이다. 실제 모든 리더는 조직목적과 이상을 구현하기 위해 전략적으로 자기 제시 행동에 참여할 수밖에 없다. 하지만 문제는 이런 행동이 가식적이라면 구성원들의 인식을 왜곡할 수 있음을 주목해야 한다. 다른 사람들의 행동을 잘못 유도한다면 거짓 정체성을 만들고 내적 긴장을 유발하기 때문이다. 그러므로 진실한 태도를 견지하고 적극적으로 주변 사람들의 피드백을 구하는 것이 더욱 건강하다.

자기 훈련을 위한 질문

- 자주 사람들을 의식하지는 않는가? 그들의 평가, 시선을 염려함으로 해서 원치 않는 행동을 한 적은 없는가?
- 어떤 의무감, 책임감으로 인해 나도 동의하지 않는 것을 구성원들에게 설득하려고 한 적은 없는가? 그때 어떻게 했어야 보다 바람직한가?

정서적 민첩성(2): 피드백 정보를 학습 동기로 전환하기

정서적 민첩성을 훈련하려면 피드백 정보가 주는 불편한 감정들을 수용하고, 이를 새로운 학습 동기로 전환해야 한다. 이는 개인뿐만 아니라 리더로서의 성공을 좌우하는 문제지만, 앞에서 언급한 것처럼 매우 도전적인 과정이다. 그러므로 쉽게 성공할 거라는 생각은 금물이다.

휴브리스Hubris

안데르센의 동화 『벌거숭이 임금님』에 나오는 허영기 많은 임금처럼 우리가 주변 사람들로부터 칭찬만 받고자 한다면 어떨까? 측근들은 내 앞에서 마음에도 없는 가식적인 행동을 하게 될 것이 뻔하다. 특히 나를 통해 이득을 얻고자 한다면 내가 듣고 싶은 말만을 전해줄 것이고, 비판이나 부정적인 이야기는 모두 사라질 것이다. 점차 이런 사람들에게 둘러싸이면 모순, 이중성, 위선이 감추어지고, 나는 언제나 내가 옳다는 생각에 빠진다. 이를 그리스어로 '휴브리스(오만)'라 한다. 그리스인들은 휴브리스를 삶의 중요한 화두로 생각하며 이를 경고했다. 왜 그랬을까?

경영학자 맥콜McCall과 롬바르도Lombardo는 이른바 잘나가다 갑자기 실패하는 리더들을 조사하고 그들이 실패의 늪에 빠진 이유를 설명했다.[53] 첫째, 이들은 자기 강점이 시간이 지나면서 약점으로 변해가고 있는데도 이를 자각하지 못했다. 둘째, 과거 성공 경험에 의존함으로써 현실을 객관적으로 볼 수 없었다. 셋째, 주변의 찬사로 인해 교만에 빠져 맹점이 더욱 커졌다. 지나친 자존감, 효능감, 자기기만에 의한 휴브리스가 실패를 불러온 것이다.

우리는 누구나 과거의 성공 경험으로부터 자유롭지 않다. 이를 벗어나는 유일한 방법은 바로 '러닝Learning'을 지속하는 것뿐이다. '러닝한다'는 것은 자신을 개방시스템open system으로 만들어 쉼 없이 외부의 피드백을 받아들이는 것이다. 이를 기초로 새로운 실험을 하고 그 결과에 대해 다시 피드백을 받는 것이다. 그 과정에서 경험하는 불편한 마음들을 효과적으로 통제하는 것이다. 새로운 가능성을 향해 어떤 상처와 난관이 오더라도 배움을 멈추지 않는 열린 마음을 갖는 것이다.

가만히 생각해보자. 우리는 지금껏 살아오는 동안, 단 한 번도 자신의 얼굴을 직접 대면한 적이 없다. 우리의 눈은 우리의 눈을 바라보지 못한다. 그럼 나의 얼굴은 어디서 보았을까? 그것은 거울과 같은 반영체를 통해서였다. 나의 외양은 거울을 통해서 본다지만 생각, 행동, 태도는 어떻게 알아볼 수 있을까? 그것은 오로지 나와 함께 일하는 사람들이 보여주는 태도와 행동을 통해서다. 이것이 나의 내면을 비추는 거울이다. 마치 서로 둘러앉아 각자 이마에 카드를 붙여 놓고, 그것이 무슨 카드인지 알아맞히는 게임을 생각해보자. 자기 카드가 어떤 것인지를 알아맞히려면 다른 사람들의 표정, 손짓, 발짓 그리고 모든 이야기에 온전히 집중해야만 한다. 주의를 기울이지 않는다면, 그래서 그 단서를 포착하지 못한다면 나를 비추는 거울이 사라진다. 내 얼굴에 묻은 때와 흠집을 발견할 재간이 없다. 나와 세상 사이의 틈이 멀어지고, 나는 나를 알아볼 수 없다. 무능을 피할 수 없다.

삶의 성장은 휴브리스라는 괴물을 피하고자 피드백 루프를 살리는

감정을 성장의 동기로 전환하기

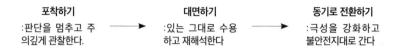

포착하기	대면하기	동기로 전환하기
:판단을 멈추고 주의깊게 관찰한다.	:있는 그대로 수용하고 재해석한다	:극성을 강화하고 불안전지대로 간다

그림 9. 감정을 동기로 전환하는 3단계

데 있다. 피드백이 비난처럼 보이거나 내 맘을 알아주지 못한다는 데서 오는 서운함, 억울함을 동반하면, 바로 그때 나의 귀는 서서히 먹기 시작한다. 피드백을 방어하여 점차 피드백이 줄면 휴브리스가 칼끝을 겨누게 된다. 타인의 이야기를 듣지 못하면 사람들을 설득할 힘도 약화한다. 그러므로 탁월한 리더는 청각 손상을 막고자 필사적으로 자신의 귀를 연다. 사람들을 초대하고 그들에게 호기심 어린 질문을 던지며, 온 마음으로 이야기를 듣는다.

불편한 감정을 성장의 동기로 전환하려면 연습이 필요하다. 정서 민첩성은 단박에 가능하지 않지만 그렇다고 못할 것도 없다. 다음에 제시하는 것들은 외부의 피드백으로부터 발생하게 되는 감정을 효과적으로 선용하기 위한 정서 민첩성의 세 단계를 묘사한다. 1) 감정을 유발한 자극과 그에 대한 자신의 감정을 포착한다. 2) 이 감정을 수용한다. 이를 바탕으로 3) 보다 바람직한 행동을 탐색한다. 하나씩 살펴보자.

포착하기

부정적 감정이 일어난다면 첫 번째 해야 할 일은 이 사태에 대한 평가와 판단을 중지해야 한다. 외부로 비난의 화살을 돌려도 안 되고, 자책해도 안 된다. 전자는 자기 책임을 피하는 일이고, 후자는 죄책감과 수치심 속으로 빠져드는 일이다. 혹여라도 분노, 불안, 당혹스러움, 무력감이 든다면 그것은 누구의 잘못도 아니다. 자신을 보호하려는 지극히 자연스러운 반응이 내 안에서 벌어지고 있음을 받아들여야 한다. 남을 탓할 필요도 자신을 질책할 필요도 없다. 대신 이런 감정을 외면하거나 은폐시키지 않고, 가만히 포착하는 것이다. 포착되지 않은 감정은 이성을 마비시키고, 우리를 통제 밖의 행동으로 내몬다. 물건을 던지고, 짜증을 내고, 분풀이하고 또는 침묵하고, 슬픔과 우울감의 수렁으로 빠진다. 그러면 감정은 통제 불가의 용, 괴물이 되고 만다.

감정을 불러일으킨 자극과 자기감정으로부터 한 걸음 물러서면, 감정은 포착 가능하고, 이해 가능하며, 설명 가능한 '개념'으로 전환된다. 메타인지가 감정을 대상화할 수 있는 공간을 마련한다. 혼돈에 질서를 부여하고 불확실한 사태를 가시적인 사태로 바꾸고, 이것과 저것을 범주화한다. 대상을 통제 가능한 것으로 바꾸어 놓는다. 어떤 감정인지, 어디에서 비롯되었는지, 왜 그런 감정에 빠졌는지를 알 수 있다. 자신의 감정에 대한 지배력, 책임감을 느낀다.

'내가 이 피드백을 받고 언짢아하는구나. 아마도 이것이 진실일까 봐 염려하는구나.'

'사람들이 내 마음을 알아주지 않는 것 때문에 서운해하고 있구나.'

'서러운 감정이구나. 내 모든 수고가 무시당했다고 느끼고 있구나.'

판단을 멈추고, 감정을 포착해보자. 감정에 이름을 달아보자. 우리는 더 이상 자기방어의 소굴로 빠져들지 않는다. 자신의 감정이 초래된 맥락과 환경을 주목하고, 이를 관찰하는 힘이 생긴다. 외로움, 버려짐, 상처받음을 이해하게 된다.

- 나의 감정에 이름을 붙인다면 뭐라고 명명할 것인가?
- 이 감정은 어디에서 무엇 때문에 비롯된 것인가?
- 지금 이 감정의 주인은 누구인가? 그로 인해 어떤 일들이 일어나고 있는가?

대면하기

진실을 마주한다는 것은 마치 발가벗겨진 채로 사람들 앞에 서 있는 것과 같은 공포를 불러온다. 타인의 비난, 공격, 야유, 비웃음과 무시를 감당해야 할지 모른다.

> "며칠 전 저도 모르게 구성원들에게 크게 화를 내고 말았는데…
> 어찌할 바를 모르겠습니다."

한 리더가 내게 말했다. 그는 자신이 부끄럽다고 했다. 나는 다른 말은 다 접고 그냥 그 사람에게 찾아가 "부끄러웠다. 그리고 지금은 어찌할 바를 모르겠다."라고 솔직히 고백하라고 말해주었다.

진실을 마주한다는 것은 정직하라거나 진리를 좇아야 한다는 것을 의미하지 않는다. 완벽해야 한다는 믿음을 버리고 자신의 불완전함을 받아들이는 것이다. 자신의 취약성, 용기 없음을 자백하는 것이다. 말하기 고통스럽고 수치스러워 대면하기 힘들었던 그것을 인정하는 것이다. 변화하지 못하는 이유 중 하나는 취약성을 감추려고 한 나머지, 거기에서 오는 공포에 포획되는 것이다. 브레네 브라운^{Brené Brown}은 그의 유명한 TED 연설에서 취약함을 감추려는 행위가 얼마나 우리의 보호막을 약화하는지를 말해준다.[54] 변화는 취약성을 인정하고 고백할 때 시작된다. 그때 우리는 자신을 구원할 수 있는 새로운 대본을 갖는다. 사람들은 그런 사람들의 편에 서서 이들을 지지하고 보듬는다.

위선, 거짓, 겉치레, 가면을 걷어 내보자. 자신을 방어하고 숨기려는 욕망을 연민해보자. 사회적 규범과 기대에 부합하고자 가식적인 행동을 선택하는 자신을 측은하게 바라보자. 혹여라도 만나게 될지 모르는 어떤 비난, 상처, 질책을 담담히 맞아보자. 그것이 사실이라면, 그것이 나를 변화시킬 수 있는 절호의 기회라면 구태여 변명할 이유가 없지 않은가.

"처음에는 그 사람들의 피드백을 인정할 수 없었어요. 그들이 제 진심을 몰라주는 것 같아 화가 났어요. '내가 그들을 위해 얼마나 열심히 노력해 왔는데...' 하는 억울함이 들었어요. 하지만 시간이 지나면서 제 감정이 거짓이란 것을 알았습니다. 저는 저만 생각하고 있었어요. 나로 인해 그들이 어떤 처지에 있었는지를 생각하지 못했습니다. 제 욕망만 채우려고 했다는 것을 인정하게 되었죠.... 아마도 그게 들통날까 봐 제가 얼마나 힘든지 어필하려고만 했던 거였습니다. 그게 오히려 저를 고립시켰어요. 사람들의 편견을 더욱 키웠던 거죠.... 제가 진짜 원한 건 그들의 사랑을 받는 것이었는데, 정작 저는 그들을 사랑하지 않고 있었던 겁니다.”

문제가 밖이 아니라 자신에게 있음을 발견하는 것, 능력 있는 사람으로 평가받고 싶고, 자신의 안녕을 보장받고 싶은 그리고 무시당하고 싶지 않은 욕망이 자기 안에 도사리고 있음을 바라보는 것, 그게 진실을 마주하는 용기다. 자신을 포로로 붙잡고 있는 거죽과 가면을 벗어던지면 문제는 더욱 분명해지고, 우리는 문제해결의 비전을 바라볼 수 있다.

자신의 이기심을 대면하고 인정한 순간, 스크루지는 변화를 선택했다. 무력하고 비겁한 자신을 바라봄으로써 간디는 불평등에 맞서는 불굴의 용기를 찾아냈다. 버려진 자들의 삶이 자신의 삶과 무관하지 않음을 알아챈 순간, 테레사 수녀는 빈자의 어머니가 되기로 결심했다. 현실을 보는 힘, 문제를 해결하는 힘은 진실에 천착하고 있는 동안에 나온다. 자신이 얼마나 취약한 사람인가가 아니라, 그 취약성을 수용할 수 있는가가 변화를 만들어 낸다. 온갖 전략과 전술로 타인과 세상을 조종하려는 일을 멈추고 자신을 문제의 중심에 놓으면 감정에 대한 오너십과 감정을 새롭게 해석할 수 있는 힘을 부여받는다. 포용력 있고, 창조적인 해석이 가능해진다. 다음과 같은 질문을 던져보자.

• 나에게 벌어진 이 감정은 내게 무엇을 말하고 있는가?
• 이제 나는 이 감정을 어떻게 해석할 것인가?

- 보다 건설적이고 생산적인 감정을 가지려면 어떤 해석이 바람직한가?

- 이 감정으로부터 내가 배운 것은 무엇인가?

동기로 전환하기

정서 민첩성의 마지막은 감정을 압도하는 더 중요한 것, 즉 가치의 힘을 작동시키는 것이다. 가치는 감정을 승화시키고, 감정이라는 에너지에 방향을 부여한다. 감정과 기분 자체에 휘둘리지 않고 보다 중요한 것, 바람직한 것을 향한 선택이 무엇인지 안내한다. 감정은 상처가 아니라 성장의 표식이 된다. 여기에는 두 가지 전략이 있다.

첫 번째 전략은 극성을 강화하는 것이다. 성장 동기가 높은 사람들은 높은 열정과 에너지를 가지고 있다. 열정과 에너지는 미래에 대한 열망과 현실 사이의 간극에서 창출된다. N극과 S극의 두 극성이 살아있을 때 자기장^{magnetic field}이 만들어지는 것처럼, 미래에 대한 담대한 열망(N극)과 현실에 대한 냉정한 인식(S극)이 팽팽한 긴장이 되어 에너지가 발생한다. 불안, 공포, 염려, 우울이라는 감정이 생산적인 감정인 열정, 흥미, 호기심으로 살아나려면, 두 개의 극성이 가진 강도를 점검해야 한다. 극성이 강할수록 사사로운 감정에 붙들린 자신을 일으켜 설렘과 호기심을 만들고 우리를 미래로 이끈다.

N극은 '목표를 넘어선 담대한 목적, 비전, 가치'다. S극은 '현실에 대한 치열한 문제의식과 객관적인 인식'이다. 이 두 개의 극성이 강렬한 자장을 생성한다. 조직연구가 피터 센게^{Peter Senge}는 이를 일컬어 '개인적 숙련자가 경험하는 창조적 긴장'이라고 말했다.[55] N극은 강한데 S극이 약

한 리더는 막연한 바람과 꿈을 갖고 있지만, 미래를 방치한다. 미래에 대한 동경과 낙관은 그의 의식을 허공 속에 처박아 놓고 아무런 변화도 만들어내지 못한다('뭐 잘 되겠지~', '어디 대박 같은 일은 없나?', '누군가가 나타나서 나를 구해주겠지.'). 반대로 S극은 강한데 N극이 약한 리더는 두려움과 공포에 빠져 한탄과 변명만을 반복한다('이것은 내 문제가 아냐', '나는 잘못한 게 없어.', '그러다 실패하면 누가 책임져?'). 또 N극과 S극 둘 다 약한 리더는 무기력과 체념, 우울과 슬픔 속에서 냉소를 거듭한다. 다음 질문은 감정적인 혼돈이 새로운 에너지로 전환될 수 있도록 자신이 가진 두 개 극성을 점검하는 데 활용할 수 있다.

N극 강화하기

- 나는 탁월한 리더가 되기 위한 선명한 이상, 목적이 있는가?
- 자신과 타인, 세상에 대한 책무감이 있는가?
- 목적은 내게 어떤 성장의 목표를 요구하는가?
- 목적과 목표는 나와 주변 사람들에게 충분한 가치, 보람, 이익을 제공하는가?

S극 강화하기

- 나의 약점과 강점(재능)이 무엇인지 잘 알고 있는가?
- 나의 오류, 취약성, 이중성이 무엇인지 잘 알고 있는가?
- 나는 내 삶의 중요한 이해관계자들의 열망을 제대로 읽고 있는가?
- 내게 있는 장애와 난관을 제대로 간파하고 있는가?

감정을 성장의 동기로 전환하는 두 번째 전략은 불안전 지대 discomfort zone로 진입하는 것이다. 프랑스의 천문학자였던 르베리에(Le Verrier, 1811~1877)는 해왕성을 발견했다. 그는 망원경과 같은 관측 장비가 아니라 오로지 책상에 앉아 수학적 계산을 통해 해왕성의 정확한 위치, 크기, 태양과의 거리를 발견하고 이를 발표했다. 그의 발표에 따라 실제 관측을 해 본 결과 새로운 별, 즉 해왕성이 발견되면서 르베리에는 일약 천문학계 스타로 떠올랐다. 그는 많은 상, 명성, 부를 얻었다. 그러다가 1855년 르베리에는 당시 수성의 궤도 이상을 설명하는 문제에 착수하면서 해왕성을 발견했던 것과 같은 똑같은 수학적 계산을 통해 1859년, 수성 주변에 새로운 행성이 존재한다고 발표했다. 그리고 이 별의 이름을 '불칸 Vulcan'이라고 명명했다. 다른 천문학자들이 이전처럼 그의 발표에 따라 수성 주변을 관측했지만, 거기에 다른 행성이 존재하지 않았다. 시간이 지나면서 르베리에의 주장은 터무니없는 것으로 밝혀졌다. 하지만 르베리에는 죽을 때까지 불칸의 존재를 주장하면서 스스로 쌓아 놓은 명예를 실추시키고 말았다.

왜 이 천재적인 천문학자는 명백한 사실이 드러났는데도 자신의 주장을 굽힐 수 없었을까? 성공 경험이 자신을 지탱하는 안전지대 comfort-zone가 되어버렸기 때문이다. 안전지대란 명백한 진실로 검증된 세계를 말한다. 의심의 여지 없는 세계이므로 습관에 지배받는, 더없이 편안하고 안락한 곳이다. 자신을 보호하고 방어하는 모든 메커니즘은 안전지대에 머무르려는 내면의 음모다. 르베리에처럼 특히나 힘들고 어려운 일을 성취하게 되면, 그 일은 자신의 안전지대 안으로 포섭되어 단단한 믿음으로 뿌리를 내린다. 처음 안전지대는 안락하고 평온한 곳이지만, 점차 도태와 낙오의 공간으로 변한다. 새로움과 변화에 취약한 철옹성이 된다. 그러므로 배움과 성장의 대열에 들어서려면 불안전 지대로 들어서야만 한다.

불안전 지대란 새로운 과업을 수행한다든지, 조직을 바꾼다든지, 새로운 사람과 일한다든지, 경험하지 못한 과제에 맞서는 것처럼 새로운 행동을 시작하는 모든 곳이다. 혼돈과 불편, 좌절과 패배가 있지만, 바로 그 때문에 깨달음과 변혁이 일어나는 성장의 공간이다. 당연하게 여겼던 것들을 의심하고, 낯설고 불편한 일을 마주하며, 무엇보다 기성의 믿음과 가정들을 폐기함으로써 새로운 안목과 역량을 축적하는 기회의 땅이다.

불안전 지대로 진입하는 데 있어 주의해야 할 것은 사소한 실패마저도 우리를 안전지대로 되끌고 간다는 점이다. 그러므로 이 불안전 지대를 지날 때는 '사사로운 공포('잘못되면 어쩌지?', '다른 사람들이 뭐라 하지 않을까?', '실패한다면 손실이 클 거야.')'가 아니라, 변화와 성장을 하지 못할 때 경험하게 되는 '건강한 공포('내 소중한 꿈을 포기하게 되는 것이 아닐까?', '사랑하는 사람들을 실망하게 하는 것이 아닐까?', '덧없이 인생을 소비하는 게 아닐까?', '결국 무능한 사람으로 남게 되는 게 아닐까?')'를 상기할 수 있어야 한다. 사사로운 공포는 공포 자체에 제압당한 결과로 만들어진 것이지만, 건강한 공포는 절체절명의 미래로부터 생겨난 공포다. 삶의 목적과 사명이 부르는 창조적인 상상력을 통해 건강한 공포를 창안할 때, 비로소 사사로운 공포가 망상과 망령임을 알게 된다. 모든 현자는 극한의 공포(죽음과 고통)를 통해 현실을 모험과 실험의 공간으로 만들었다.

다음 행동들을 읽어보고 불안전 지대로 가기 위한 방안을 모색해 보자. 정서 민첩성을 발휘하는 과정에서 감정, 행동, 생각, 타인의 네 측면을 검토하면, 불편했던 사사로운 감정을 건강한 감정으로 바꾸는 아이디어를 얻을 수 있다.

감정(feeling): 새로운 도전적인 과제에 직면할 때 내 감정을 어떻게 처리하는가?

- 스스로 어떤 느낌이 일어나는지 관찰하고 있는가?
- 회피하려는 마음이 들 때 불편한 감정을 마주하는가?
- 내 결정이 다시 어떤 감정을 불러오는지 알아차리는가?

행동(action): 새로운 도전적인 과제에 직면할 때 나의 행동은 어떠한가?

- 시행착오를 통해 배우고자 하는가?
- 경험 자체가 나를 변화시킨다고 여기고 여기에 기꺼이 뛰어드는가?
- 무엇인가 변화를 만들고자 행동하는가?

생각(thinking): 도전적인 과제에 직면할 때 나는 어떤 생각을 하는가?

- 다양한 추가적인 정보들을 찾아보는가?
- 다양한 대안들을 검토하는가?
- 행동에 옮기기 전 이를 상상적으로 시뮬레이션을 하는가?

타인(others): 도전적 과제에 직면할 때 다른 사람들을 어떻게 바라보는가?

- 주변에 조언을 받을 수 있는 사람들을 찾는가?

- 롤모델을 찾고 이런 사람들로부터 배우려 하는가?

- 나의 행동에 피드백을 줄 사람들을 찾는가?

이 네 가지 범주 중에 무엇이 부족한지 생각해보자. 한 가지라도 부족하다면 불안전 지대에 뛰어드는 일이 망설여진다. 1) '감정' 영역이 취약하다면 감정을 억압하고 무시하며 습관적인 행동으로 빠져든다. 다른 사람들에게 의존하면서 그들의 감정에 지배당한다. 2) '행동' 영역이 취약하다면 도전적 과업을 미루게 되고, 아무것도 하지 않는 자신에게서 무력감을 경험한다. 3) '사고' 영역이 취약하다면 충분한 정보를 갖지 못하게 되고, 과거의 경험에 압도되거나 지나치게 감정적으로 반응할 수 있다. 4) '타인' 영역이 빈약하다면 충분한 지원이 없어서 중요한 통찰을 얻을 수 없고, 고립되면서 난관에 봉착할 수 있다. 그러므로 다음 대안을 검토해 보자.

감정 전략

- 이전에 불편했지만 그것을 견디며 새로운 것을 배웠을 때를 돌아본다. 어떻게 행동했는가?

- 좌절감, 불안감을 주는 상황에 집중하고, 한걸음 물러서 이런 감정이 생긴 이유를 구체화한다. 그 감정이 이 상황을 어떻게 해석하고 있는지, 그 안에 숨겨진 자신의 가정이 무엇인지 설명해보자.

- 불안전 지대에 있는 동안 일기를 적어보자. 어떤 감정이 새로운 학습을 방해 하는지 관찰한다.

행동 전략

- 당장 새로운 변화를 만들어 낼 수 있는 일에 뛰어든다. 미루지 않아야 하는 이유를 찾는다.
- 엄격한 데드라인을 설정하고 행동을 강제한다.
- 실수와 실패를 자산으로 활용한다.

사고 전략

- 이번 주 새롭게 배운 교훈이 무엇인지 묻는다. 그리고 이를 글로 적는다.
- 유사한 상황들을 찾아보고 이전에 자신이 어떻게 대했는지 생각한다.
- 자신이 이 경험을 통해 새로운 지식, 기술, 관점이 확장되고 있는지를 관찰하 고 이를 기록한다.

타인 전략

- 주요한 통찰, 피드백을 줄 수 있는 사람들을 찾는다.
- 나의 생각이 최선이라는 생각을 버린다. 다른 사람들의 생각을 보탠다.
- 가치 있게 생각하는 경험을 한 사람들을 롤모델로 삼아 관찰하고 인터뷰한다.

기업에 행해지는 360도 리더십 역량 평가 결과는 자신이 보는 나와 타인이 보는 나 사이에 서로 다른 인식이 있다는 것을 전제하고 이를 바탕으로 리더십 개발의 동기를 제공하는 데 목적이 있다. 자신의 평가 결과를 객관화하여 인식하고 활용하는 방법을 생각해 보자. 결과는 다음 네 개의 범주로 나누어 볼 수 있다. 평가데이터에 근거해 볼 때 1) 구성원 평가보다 자기평가가 긍정적인 '과대평가자' 2) 주변인 평가와 자기평가가 모두 긍정적인 '긍정적 일치자' 3) 주변인 평가와 자기평가가 모두 부정적인 '부정적 일치자' 4) 주변인 평가에 비해 자기평가가 낮은 '과소평가자'가 그것이다.

과대평가자

과대평가자는 주변 평가보다 자신을 과장해 평가하는 사람들이다. 타인의 시선에 상대적으로 무감각하기 때문에 나타난다. 부정적 피드백에 귀를 기울이지 않았다면 자신을 바라보는 인식은 부풀려진다. 사람들은 타인에게 부정적 피드백 주는 것을 불편하게 생각하고, 또 부정적 피드백을 받는 사람도 이를 방어하는 경향 때문에 과대평가는 빈번하게 나타난다.[57] 특히 자존감이 높은 사람이라면 피드백을 좀처럼 수용하지 않고, 자신이 상황을 통제하며 긍정적인 영향을 미칠 수 있다고 생각한다. 그러면 성공에 대해서는 낙관하고 실패의 가능성은 크게 고려하지 않으며, 자신의 강점과 약점을 오판하고 자기성취를 과장하게 된다. 이들은 대체로 다음과 같이 행동할 수 있다.

- 자기 강점과 약점을 오판한다.
- 직무 관련 의사결정은 비효과적이다.

- 적대감, 한탄 등의 부정적 감정을 갖고 있을 수 있다.

- 승진 누락 등으로 고통받을 수 있다.

- 보다 많은 자기성찰, 훈련이 필요하다.

과대평가는 부정적 평가를 경시하고, 긍정적 평가를 중시하는 과정에서 발생한다. 크루거Kruger와 더닝Dunning은 일찍이 무능한 사람들의 자기인식력이 떨어지는 이유, 즉 과대평가 경향에 대해 다음과 같이 지적했다. 첫째, 이들은 자신의 기술과 역량에 대한 부정적 피드백을 수용하지 않는다. 과장된 자기평가가 사람들로 하여금 부정적 피드백을 가로막기 때문이다. 둘째, 어떤 과업은 자기평가와 수정을 가로막는다. 과업이 종료되고 그럭저럭 괜찮은 결과를 얻게 되면 사람들은 구태여 부정적인 피드백을 교환하지 않는다. 셋째, 부정적인 결과를 얻게 되면 문제의 원인을 쉽게 다른 사람과 상황의 탓으로 외부화한다. 넷째, 자기 무능을 인식할 수 없을 만큼 인지적으로 무능한 상태에 있다면 자신에게 어떤 문제가 있는지를 간파하지 못한다. 다섯째, 선택

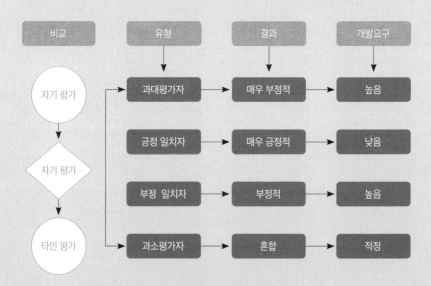

그림 10. 다면평가 결과의 네 가지 유형

적으로 자기 편향에 따라 정보를 수집하고 있기 때문이다.

누구나 과대평가 경향이 있다는 것을 인식하고 자신을 평가할 때는 좀 더 객관성을 유지하도록 주의를 기울여야 한다. 타인의 이야기에 진심으로 경청하고 수용하는 태도, 해석보다 사실에 집중하는 태도는 보다 현실적인 정보를 수집하는 데 도움이 된다.

긍정 일치자

자기평가와 타인 평가가 일치하고 동시에 그 평가가 긍정적인 사람들이다. 이들은 조직 내 이상적인 리더의 모습을 보이고 있을 가능성이 있다. 경우에 따라 평가과정에서 평가자들이 정치적으로 반영했다면 좀 더 면밀한 분석이 필요하지만 대체로 이들은 조직에 효과적인 영향을 미친다.

- 주변과 조직에 긍정적인 영향을 미치고 있다.
- 일과 관련한 의사결정은 효과적이다.
- 긍정적인 직무 태도를 보일 수 있다.
- 타인들과 좋은 관계를 형성하고 몰입을 이끈다.
- 다른 사람으로부터의 피드백을 긍정적으로 수용하고 이를 변화시키고 있다.

부정 일치자

자기평가와 타인 평가가 일치하지만 그 평가가 부정적인 사람들이다. 이런 사람들은 주변 사람들의 눈을 통해 자신의 부정적인 모습을 스스로 인정하고 있다. 자기인식력이 높다고 할 수 있지만, 그가 보여주는 행동이 꼭 바람직한 것은 아니다. 의기소침해 있을 수 있고, 소극적으로 행동할 수 있다. 하지만 이런 사람들은 과대평가자보다는 자신을 객관적으로 보고 있다는 점에서 덜 부정적이다.

- 낮은 성과를 보일 수 있다.

- 지식, 기술, 태도 등이 부정적이다.

- 성과에 따라 동기가 높아지기도 하고 낮아지기도 한다.

- 자신의 약점을 정확하게 알고 있지만 이를 개선하지 못하고 있다.

- 낮은 자존감, 자기 비하가 있을 수 있다.

과소평가자

주변 사람들의 평가보다 자신을 낮게 평가한 사람들이다. 이들은 자기 강점을 인정하지 못하고 있거나 자신을 겸손하게 평가하고 있다. 이들은 다른 사람들로부터 계속해서 피드백을 받는다면 많은 개선의 여지가 있다. 이들은 주변에 좋은 영향을 줄 수도 있고 그렇지 않을 수도 있다.

- 겸손하다는 점에서 어느 정도 효과적일 수 있다.

- 자신의 강점과 약점을 오판하고 있을 수 있다.

- 열망, 열정의 수준이 낮을 수 있다.

- 정서적인 불안정성이 있다.

- 자기 비하 또는 지나친 겸손함이 있다.

과소평가자가 되는 이유는 이른바 '허위합의 효과false-consensus effect' 때문일 수 있다. 허위합의 효과란 자신의 실수나 단점, 부정적인 이미지를 떠올리면서 다른 사람도 이를 부정적으로 평가할 것이라고 생각하는 경향이다. 지나치게 조심스럽거나 소심한 사람들은 객관적인 증거 없이 자기 결점을 떠올린다. 분명한 증거나 객관적 데이터에 기반하지 않고 자신을 부정적으로 평가하거나 긍정적인 평가를 허구라고 단정하기 전에 구체적인 정보를 찾아보고 확인할 필요가 있다. 정보가 언제나 신뢰할 수 있는 것은 아니지만, 생생하고 직접적인 정보는 자기를 보다 현실적으로 이해하는 데 도움이 된다.

이상을 종합하면 다음과 같이 결론 내릴 수 있다. 첫째, 자기와 타인의 평가가 일치할 때, 리더십의 효과성이 높다. 상대적으로 부정 일치자보다 긍정 일치자가 그렇다. 둘째, 만약 일치하지 않는다면 과소 또는 과대평가하기 때문인데, 과소평가자들은 자신을 지속적으로 개발해야 한다는 생각을 갖고 있을 수 있으므로 과대평가자들보다 긍정적이다. 2,056명의 리더들을 대상으로 한 연구 결과에 의하면, 과대평가하고 있는 리더들은 과소평가를 하고 있는 리더들보다 비효과적이다. 과소평가하고 있는 리더들은 사실 여부에 관계없이 자신에게 약점이 있다고 인식하기 때문에 자신을 변화시키고자 노력할 가능성이 크다. 셋째, 긍정 일치자가 되려면 먼저 자신에 대한 민감성을 높여야 한다. 자신의 행동, 생각, 감정에 주의를 기울이고, 이것이 다른 사람들에게 어떤 영향을 미치는지, 다른 사람들의 관점은 물론, 제3자적 관점에서 다른 사람이 자신을 어떻게 인식하는지 바라볼 수 있어야 한다. 넷째, 긍정 일치자가 되려면 1) 공식적인 서베이 결과를 잘 선용하고, 2) 일의 시작과 끝에 구성원들의 피드백을 수렴하는 회합시간을 정례화하며, 3) 다양한 채널, 즉 구성원 고객, 가족, 상사 등 다양한 사람들로부터 개별적 피드백을 받는 기회를 확장해야 한다.

다면평가 활용을 위한 지침

다면평가는 피드백을 들을 수 있는 공식적인 절호의 기회다. 겸손하고, 담대하게 귀를 기울인다면 청각이 회복되고 내 언어가 구성원들에게 청명하고 강력하게 전달되는 체험을 할 수 있다. 리더십에서 다면평가가 갖는 의미를 잘 이해하고 활용하기 위해서는 다음과 같은 사실을 유념해 보자.

- '내가 보는 나'와 '타인이 보는 나'가 일치하는 정도는 미미하다. 그러므로 의외의 결과는 너무나 자연스럽다. 사람들은 나와는 완전히 다른 눈으로 나를 바라본다는 것을 기억하면 내가 모르는 나의 취약점 또 나의 고유한 강점을 재발견할 수

있다.

- 평소 말이 많은 리더일수록 평가 결과를 충격적으로, 부정적으로 받아들이는 경향이 강하다. 이들은 자신의 의사를 관철하느라 주변인의 욕구를 읽는 데 미숙하기 때문이다. 나아가 어떤 구성원들은 평가를 통해서 자기 진심을 리더에게 전하고자 애쓴다. 특히 평소 이야기를 할 수 없었고, 자신의 이야기가 수용되는 체험을 하지 못한 구성원일수록 더욱 그럴 가능성이 크다. 그러므로 낯설고, 부정적이며, 의아한 정보일수록 마음은 불편하지만 주의를 기울여야 나의 진면목을 발견할 수 있다.

- 모든 피드백은 정답이 아니다. 진단 평가의 성격상 사람들은 주어진 질문에만 대답할 수밖에 없고, 또 거기에 자기 생각을 온전히 반영하지 못한다. 어떤 표현은 과장과 왜곡이 있기도 하다. 진단 평가 결과를 100% 기정사실로 받아들이기보다 이를 주변 사람들과 소통하는 도구로 활용해보자. 구성원과의 대화를 통해 추가적이고 구체적이며 더욱 정확한 정보를 확인하는 기회로 삼자. 그러면 구성원들이 진심으로 원하는 바를 알 수 있고, 리더로서 나의 기대를 효과적으로 전달할 수 있는 공감의 장이 마련된다. 이런 리더는 다음번 평가에서 더욱 진실한 정보를 얻는다.

- 구성원들은 완벽한 리더를 좋아하는 것이 아니다. 비록 약점은 있지만 이를 감추지 않고, 새롭게 배우려는 리더를 좋아할 뿐이다. 구성원들은 이런 리더와 소통하고 있다고 느끼기 때문에 기꺼이 자신을 드러내고 교감한다. 하지만 반대의 경우라면 스스로 문을 닫고, 리더를 의심하며 거리를 둔다. 평가 결과로부터 '할 수 없는 것'과 '할 수 있는 것'을 고백하고 약속한다면 리더로서의 약점을 뛰어넘어 더 깊은 신뢰를 쌓는 기회로 반전시킬 수 있다.

- 부정적 피드백으로 인해 제대로 간파하지 못하는 것이 긍정적 피드백이다. 긍정적 피드백은 리더로서 재능과 잠재성을 발견하는 중요한 단서다. 이를 어떻게 강화할 것인가를 궁리하는 것은 부정적 피드백에 에너지를 쏟는 것보다 훨씬 효과

적이다. 많은 연구는 리더로서의 성공은 리더가 약점을 커버했기 때문이 아니라 강점을 극대화했기 때문임을 보여준다. 자신의 고유한 강점과 잠재력을 확인하고, 이를 핵심 자산으로 삼는 것은 이 진단 평가 결과를 최대로 선용하는 것이다.

자기 훈련을 위한 연습

1. 다면평가로부터 부정적인 피드백을 발견했을 때 가장 먼저 드는 생각, 감정을 기록해 보자. 구체적인 경험이 있었다면 그 경험을 떠올려 보자. 감정의 뿌리가 어디에서 비롯된 것인가를 생각해보자. 핵심자기평가, 자기기만, 방어 메커니즘, 자기 제시 등과 어떻게 관련되어 있는지 분석해보자.

2. 의미 있지만 사람들에게 말할 때 두렵고 수치스럽게 느껴지는 나의 취약성은 무엇인가? 이로 인해 갖게 된 두려움과 염려는 무엇인가?

3. 진실을 마주한다는 것은 무엇을 뜻한다고 생각하는가? 그런 경험과 그렇지 못한 경험들이 무엇인지 떠올려보고 거기서 무엇을 배울 수 있는지 생각해 보자.

4. 나는 어떤 사람이 되고자 하는가? 그것은 나에게 충분한 가치와 의미를 제공하는가? 강렬한 열망이 되어 나를 동기화시키는가?

5. 나의 현재 역량을 스스로 평가해보자. 그간의 경험을 통해, 주변 사람들의 피드백을 통해 나에게 드러난 리더십 관련 강점과 약점을 기록해 보자.

03

자기인식의 조건, 자기성찰

"우리는 경험에서 배우는 것이 아니다. 경험을 성찰함으로써 배운다."

- 존 듀이John Dewey(1859~1952), 미국의 철학자, 교육학자

외부의 피드백 정보를 통해 개발 과제를 만들려면 성찰해야 한다. 성찰이 겨냥하는 것은 자기인식self-awareness이다. 자기인식은 자신을 알아차리는 것을 말하지만, 궁극적으로 리더로서의 자기 정체성을 발견하는 일이다. 자기인식과 자기 정체성의 발달 없이 리더십을 개발하고 발휘한다는 것은 어불성설이다. 이 장에서는 리더십의 메타역량으로서 자기인식의 문제를 검토한다. 그리고 그 전제로 성찰의 문제를 먼저 살펴보고, 나아가 리더로서의 정체성을 수립하는 단계로 나아가고자 한다. 다시 언급하지만 자기인식과 자기인식을 위한 성찰은 리더십 개발의 요체임을 기억하자.

성찰

성찰의 필요

리더십 개발은 철저히 경험에 의존한다. 경영자들을 대상으로 한 연구를 보면 탁월한 경영자들은 경험으로부터 적극적으로 성장의 기회를 찾아냈다.[60] 그들은 어떻게 경험에서 배울 수 있었을까? 그것을 가능하게 한 동인은 무엇일까? 이 질문에 대한 대답은 경험 자체가 아니라 경험을 해석하고, 의미 있게 숙고할 수 있는 내적 힘을 가졌는가의 문제다.

성장이란 새로운 인식, 더 넓은 인식, 더 깊은 인식을 통해 사물과 현상을 이해하는 인지적 복잡성을 늘리는 일이다. 우리는 새로운 경험과 다른 사람들의 가르침 속에서 인식의 한계를 넘어 새로운 세계관, 인생관을 형성한다. 실수, 실패, 무지, 무능은 인식적 한계가 드러난 사건이다. 이를 간파하고 여기서 배울 수 있다면 우리는 누구나 변화하고 성장하는 대열에 올라설 수 있다. 하지만 이는 말처럼 쉬운 일이 아니다. 앞서 언급한 대로 사람들은 자신의 말과 행동에 모순이 생겼다 하더라도 이를 방어하거나 정당화하는 데 훨씬 능숙하기 때문이다. 그래서 종종 우리들의 무지와 어리석음은 때로 영리함과 교활함으로 둔갑한다. 조직연구가 크리스 아지리스Chris Argyris는 이를 '숙련된 무능skilled incompetence'이라고 불렀다.[61] 특히 유능한 사람들은 고통과 위협에서 자신을 방어하는 데는 매우 능숙하지만, 정작 진정으로 원하는 변화는 만들어 내는 데는 무능하다는 것이다.

'숙련된 무능'을 벗어나 인식을 확장하려면 성찰reflection이 필요하다. 아무리 좋은 교육 훈련을 받고 최고의 경험을 쌓았다 해도 성찰이 없다면 성장은 없다. 반면 성찰하고 있다면 그 어떤 경험에서도 중요한 의미와 교훈을 얻을 수 있다. 성찰은 경험에 의미를 부여하고 관점을 바꾸며, 이전의 가정을 재검토하고 새로운 선택지를 제공한다. 편견과 오류를 수정하고 새로운 가설을 끄집어낸다. 일찍이 데이비드 콜브David Kolb와 같은 학자들은 '경험학습experiential learning 모델'을 통해 우리 삶이 거대한 학습 사이클의 반복으로 이루어져 있으며, 이 학습을 가능하게 하는 것이 바로 성찰이라는 점을 강조했다.[62] 구성주의 관점에서 보면, 우리는 다양한 경험에 대해 자기 방식의 해석을 보태어 삶을 구성해가는 성찰적 존재다. 성찰은 삶을 변혁하고 새롭게 창조한다.

성찰과 리더십 개발

성찰은 매우 사적이고 비가시적이다. 실체는 잘 밝혀지지 않았지만, 성찰이 변화와 성장을 촉진하는 이유는 비판적 성격을 가졌기 때문이다. 모든 성찰이 다 그런 것은 아니지만, 성찰은 종래의 행동, 태도, 신념, 가치를 의심하고 이것과 싸우는 생각 전쟁이다. 낡은 생각을 부수고 생각을 새로 쌓는 이 전쟁을 피한다면, 경험은 고정되고 누군가가 주입한 생각을 되풀이하면서 뻔한 생각과 행동을 재탕한다. 그러면 의식의 도약을 꾀할 수 없고, 삶을 온전히 자기 것으로 만들 수 없다.

성찰이 중요한 이유는 기존의 생각과 행동이 주체화되어 있어 도전받지도 않는다는 점 때문이다. 우리의 생각은 우리를 자주 기만한다. 언제든 손쉽고 상처가 없는 해결책을 찾아 편집하고 작화한다.

"굳이 그럴 필요가 있나요?"

"별문제 없어요~"

"내가 아니라 저 사람이 문제예요~"

우리는 합리화의 귀재이며 모순을 보지 못하는 맹점을 가졌다. 답답한 현실, 비관적인 미래, 비합리적인 맹신, 사태에 대한 분노, 타인과의 반복적인 불화, 갈등의 굴레를 벗어나지 못하는 것, 오만함과 독선 혹은 그 사실조차 깨닫지 못하는 무지는 모두 성찰의 빈곤과 부재에서 온 것이다. 고대 그리스 철학자인 소크라테스는 일찍이 성찰하지 않는 삶은 무가치하다고 말했다. 성숙한 지성만이 자신이 알고 있는 것을 의심함으로써 인지적 결함에서 벗어나 새로운 출구를 찾는다.

리더십 개발은 성찰의 결과다. 리더십 개발에서 이 성찰이 간과된 이유가 있다. 내 경험에 의하면 1) '바쁘다'라는 주문을 되풀이하기 때문이고, 2) 성찰의 가치를 제대로 이해하지 못하기 때문이며, 3) 성찰의 원리와 방법에 대해 모르기 때문이다. 대부분의 리더는 과중한 업무 속에 파묻힌 나머지 새로운 대안을 만들 수 있는 생각의 공간, 성숙의 공간을 허락하지 않는다. 시간이 없기 때문이 아니라 성찰의 가치와 유용성을 모르기 때문이고, 이를 자기 삶의 루틴으로 정착시키지 못했기 때문이다. 이런 수렁에서 빠져나와 삶을 반전시킬 수 있는 유일한 방법은 성찰을 위한 아지트를 만드는 것이다. 모든 현인은 이 아지트에서 새로운 생각을 길어 올렸고, 그를 통해 자신과 삶을 변혁했다. 괴테가 사색을 통해 탁월한 작가가 되었다거나 칸트가 정해진 시간마다 산책했다거나 아인슈타인이 산책하는 과정에서 상대성 이론을 떠올렸다는 것은 너무 유명한 이야기다. 쇼펜하우어는 이렇게 말하고 있다.[63]

"많은 지식을 섭렵해도 자신의 것이 될 수 없다면 그 가치는 불분명해지고, 양적으로 조금 부족해 보여도 자신의 주관적인 이성을 통해 여러 번 고찰한 결과라면 매우 소중한 지적 자산이 될 수 있다. (중략) 알기 위해서는 물론 배워야 한다. 그러나 안다는 것과 여러 조건을 통해 스스로 깨달은 것은 엄연히 다르다. 앎은 깨닫기 위한 조건에 불과하다."

성찰을 통한 리더십 개발 관련 연구 결과들을 정리하면 다음과 같다. [64]

- 성찰을 하는 리더들은 자기 인식력과 타인에 대한 인식력을 높인다. 그 결과, 타인을 더 잘 이해하고 신뢰하며 임파워한다. 효과적으로 소통할 뿐 아니라 투명한 관계를 유지하면서 타인의 관점, 동기를 숙고하고, 타인과의 공감력을 높인다. [65]

- 성찰을 하는 리더들은 구성원의 몰입을 높인다. 자기 관점과 구성원의 관점을 동시에 탐색하고 이해하고자 한다. 이런 리더는 서로에게 발생하는 갈등을 줄이고 긍정적인 영향력을 발휘함으로써 우호적 관계를 구축한다. [66]

- 성찰을 하는 리더들은 경험으로부터 더 많은 것을 배운다. 비판적으로 성찰할수록 새로운 의미를 만들고, 사고방식, 행동양식을 개선한다. 나아가 인생의 고난사건을 통해 자신의 내적 신념과 가정을 근본적으로 검토할 수 있다면, 자신의 정체성을 새롭게 설정할 수 있고, 삶의 큰 변화를 만들어 낼 수 있다. [67]

- 성찰을 하는 리더들은 복잡한 문제를 해결하고 어려운 결정을 효과적으로 할 수 있다. 특히 복잡하고, 모호하며, 역설적인 문제들을 다룰 때 추가적인 정보들을 수집하고 종합한다. 자기 생각과 의사결정 프로세스를 되돌아봄으로써 강점과 한계, 전문성, 암묵적 지식, 인지적 결함, 맹점, 편견 등을 확인한다. [68]

- 성찰을 하는 리더들은 인지적 정서적으로 삶에 활력을 불어넣는다. 한 종단연구에 의하면 매일 자신의 긍정적인 경험을 기록하는 습관을 가진 사람들

은 신체적으로 정신적으로 스트레스를 줄일 수 있다. 비록 통제 밖의 부정적 사건일지라도 성찰일지를 작성하는 리더들은 감정을 더 잘 이해하고 조절할 뿐 아니라 스스로 더 많은 행복감을 경험한다. 행복의 중요한 요소인 회복탄력성, 자원활용력, 정서조절 역량을 다른 사람들보다 더 잘 활용한다.[69]

성찰의 원리

우리는 누구나 고유한 자기 나름의 신념체계를 가지고 있다. 이는 곧 자기 자신을 대변한다. 이것이 손상된다면 자기 존재가 사라지는 것과 같은 느낌을 받는다. 다른 사람들로부터 오는 수많은 피드백은 이 신념체계의 정당성을 강화하기도 하고 위협하기도 한다. 오랫동안 잘 기능해오던 신념체계가 부정당하지 않으려면 이로 인해 불거지는 갈등, 불

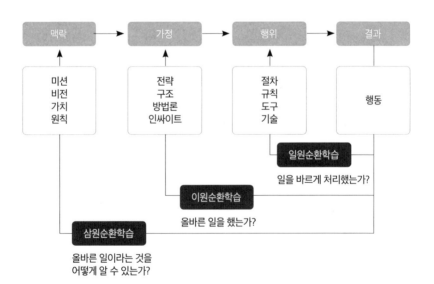

그림 11. 세 가지 학습의 유형

신, 이탈, 오해, 문제들을 덮어버리거나 기존의 신념체계 안으로 흡수해 버려야 한다. 크리스 아지리스Chris Argyris는 이 같은 문제해결 방식을 '일원순환학습single loop learning'이라 불렀다.

일원순환학습

일원순환학습은 자기 신념체계를 무너뜨리지 않은 범위에서 외부의 피드백을 수용하는 전략이다. 이 전략은 안전지대 안에서 부분적으로 행동을 수정하거나 개선한다. 새로운 지식과 기술을 익히고, 절차와 도구를 도입하여 문제를 해결한다. 하지만 개인의 신념체계는 변화하지 않으므로 대부분 문제의 증상만을 없앤다. 그래서 그 대안은 대체로 자족적이다. 종종 많은 팔로워가 내게 말한다.

"팀장님이 3일간 코칭 교육을 받고 오셨는데, 저한테 지금 코칭의 3단계를 적용하고 계셔요. 좀 피곤합니다. 오래 하지도 않을 거면서…."

다 그런 것은 아니지만 일원순환학습 방식으로 행동 변화를 시도하는 것은 미온적일 뿐 아니라 가식적으로 비추어진다. 신념체계의 변화가 없기 때문이다. 구성원들은 그런 리더의 행동에 신뢰를 보내기 어렵고, 리더는 이 행동을 지속하지 못한다. 결국 진정성을 잃는다.

내가 만난 한 리더는 성실하고 유능했으며 사람들로부터 좋은 평판을 얻고 있었다. 하지만 그는 자신의 성과 피드백에 집착했다.

"우선 성과를 내야 하는 거 아닌가요? 어떻게 하면 구성원들이 성과를 낳는 일에 매진하게 하죠?"

그의 생각 속에는 왜 성과를 내야 하는지, 그것이 구성원들이나 고객들에게 어떤 가치를 전달하는지에 대한 고려가 없었다. 그는 즉자적인 방식으로 빠르고 효율적인 대안만을 모색하는 일원순환학습에 빠져 있다.

이원순환학습

일원순환학습과 달리 성찰이 깊어지면 '이원순환학습double-loop learning'을 하게 된다. 이는 자신의 신념체계에 의문을 제기하고 생각의 질적 전환을 이루는 학습이다. 일원순환학습이 표면적 행동을 수정하고 개선하는 데 그친다면, 이 학습은 피드백으로부터 생각을 더 깊은 심연으로 데려가 기존의 가정을 점검하고 마침내 이를 수정한다. 이런 방식으로 학습하는 리더들은 새로운 정보를 탐색하고, 자기 권력을 타인과 공유하며, 문제를 보다 근원적으로 해결하기 위해 분투한다. 맹점을 찾아 수정하고 신념체계를 변화시키기 때문에 보다 질적 변화가 만들어진다. 예를 들어 구성원들의 반복적인 피드백을 발견했을 때, 문제의 증상을 없애는 수준이 아니라 그런 피드백이 발생한 근본 원인을 찾고, 구성원들에게 가지고 있었던 왜곡된 믿음들을 해체하고 재수립한다. 이런 리더들은 자신의 결함과 오류를 고백하고, 구성원들에게 변화를 위한 도움의 손길을 내민다. 이 학습이 가능한 것은 바로 성찰, 그것도 비판적 성찰 때문이다. 이때 우리는 보다 의미 있는 리더십 개발이 일어났다고 평가할 수 있다.

삼원순환학습

아지리스의 모델에서 한 걸음 더 나아간 '삼원순환학습 triple loop learning'을 상정해 볼 수 있다.[72] 이 학습은 비판적 성찰을 통해 자기 삶의 좌표, 즉 목적, 비전, 가치, 원칙을 새롭게 정립하고 이에 근거해 자신의 일상 행동을 재정렬하는 학습이다. 이런 리더들은 목적, 비전, 가치, 원칙에 충격을 줄 수 있는 핵심과제를 설정하고, 이를 구현할 수 있는 역량 강화 훈련을 중요한 변화 전략으로 삼는다. 일원 및 이원순환학습이 외부 피드백으로부터 귀납적으로 성찰하는 것이라면, 삼원순환학습은 바람직한 정체성으로부터 연역적으로 학습하는 방식이라 할 수 있다. 이런 학습은 이른바 일취월장의 체험을 만난다.

가장 탁월한 리더와 조직은 목적, 비전, 가치, 원칙을 통해 자신들의 의도를 명확히 하고, 이를 최적화할 수 있는 사업전략과 시스템을 재정렬함으로써 여타의 사람, 조직들이 모방할 수 없는 근원적 수준의 차별화를 실현한다. 이것은 자기 삶의 깊은 성찰로부터 길어 올린 것이므로 대체불가의 강력한 문화적 자산 cultural capital 또는 정체성 자산 identity capital 이다. 오늘날과 같은 불확실성과 혼란을 생각한다면 삼원순환학습은 리더십 개발의 가장 중요하고 핵심적인 도전 영역이다.

비판적 성찰

교육학자 메이치로는 삼원순환학습을 '변혁적 학습 transformative learning'

이라고 부른다. 삼원순환학습은 비판적 성찰critical reflection로부터 초래된다. 비판적 성찰의 핵심은 이전의 학습으로부터 정당화된 '전제presupposition'의 타당성을 의심하는 것이다. '전제'란 어떤 경험을 처리하는 과정에서 맨 처음 부여되었거나 정의되었던, 그래서 의심 없이 당연시되었던 믿음과 가정이다. 비판적 성찰에서 '비판'은 바로 뿌리 깊이 내린, 습관적인 믿음을 문제 삼고, 이를 드러내 마침내 변화시키는 행위다.[73]

우리는 종종 문제해결에 도움 되었던 것들에 대한 확증편향을 갖고 있다. 하지만 비판적 성찰은 바로 그 점을 성찰의 대상으로 삼는다. 예를 들어 '성과를 잘 내는 게 일 잘하는 거야'라는 믿음을 갖고 있을 때, '일 잘한다'는 말 속에 숨겨진 우리들의 통념, 습관적인 인식이 있다. 그 때 '일을 잘한다는 것'이 무엇인지, 왜 그래야 하는지 등에 대해 의식적으로 문제를 제기하고 이를 새롭게 재정의하는 과정이 바로 비판적 성찰이다. 이런 과정은 '무엇을 어떻게 할 것인가'에 대한 방법How의 문제가 아니라, '왜 그래야 하는가'에 대한 이유why의 문제를 다룬다. 무비판적으로, 습관적인 방식으로 채택했었던 믿음을 발견하고 이와 결별해 보다 현명한 믿음을 장착하는 것이다.

비판적 성찰은 크게 세 개의 국면으로 이루어져 있다.[74] 첫째는 우리의 생각과 행동 안에 뿌리내린 전제, 즉 당연한 믿음을 규명하는 국면이고, 둘째는 이런 전제의 타당성을 현실 세계의 경험에 비추어 평가하는 국면이며, 마지막 셋째는 기존의 전제를 보다 포용적이고 통합적인 믿음과 가정으로 바꾸는 국면이다. 이 과정에서 우리는 전통적인 믿음을 벗어나야 하기 때문에 내면의 무심함, 회피 또는 어떤 공포와 맞서야 하고, 외부의 비난과 질시, 냉소를 이겨내야 한다. 그래야 새로운 의미구축 시스템, 새로운 신념체계를 수립하고 의식의 성숙과 도약을 만날 수 있다.

비판적 성찰은 언제 일어나는가? 일반적으로 삶의 제약과 한계, 심리적 난관, 부적절한 정보와 스킬로 인한 혼란과 고통을 만날 때, 그래서 기존의 이론으로는 결코 해결할 수 없는 딜레마를 경험할 때다(이를 트리거 이벤트trigger event라고 부른다). 실패, 고난, 시련, 어려운 프로젝트, 중요하게 생각하는 사람들의 피드백, 직무전환, 퇴직 등은 말할 것도 없고, 자기인식을 확장하는 어떤 사람과의 만남, 책, 시, 그림 또는 이질적인 문화와의 접촉 등이 모두 해당한다. 이 같은 사건과 조우할 때 리더는 기존의 리더십 이론을 대체해야 하는 한계 상황을 마주하게 되고, 좀 더 근원적인 질문을 던진다.

'왜 이런 일이 벌어진 것인가?'

'이는 어떤 영향을 미치게 되는가?'

'이 상황을 어떻게 해석해야 하는가?'

'무엇이 보다 중요한 일인가?'

'이를 통해 무엇을 배울 수 있는가?'

이런 질문들과 사투를 벌인다면 우리는 이전과는 다른 차원으로 도약한다. 예를 들어 실무자로서의 행동에 익숙한 사람들은 관리자의 역

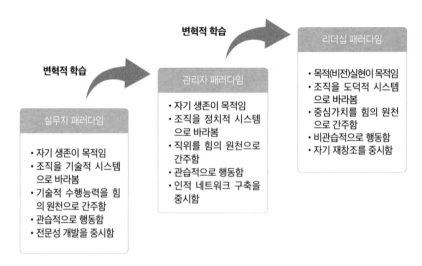

그림 12. 직장생활의 세 가지 패러다임

할을 부여받는 과정에서 비판적으로 성찰할 수 있다. 일의 의미와 책무감을 새롭게 재설정할 수 있고, 그를 통해 일을 바라보는 더 큰 관점을 채택한다. 그렇다면 그는 실무자에서 관리자로 변신한다. 나아가 주어진 과업을 완벽히 수행하는 것을 넘어서서 어느 날 조직의 가치와 사명에 천착하여 여기에 헌신하는 과정이 일어난다면, 그는 다시 '관리자'에서 진정한 '리더'로 변모한다. 대체로 직장생활에서 이 같은 세 가지 국면을 피할 수 없다.[75] 영원히 실무자에 머물러 관리자가 되기를 기피하는 사람들이 있고, 관리자의 위치에 머물러 영원히 리더가 되지 못하는 사람들이 있다.

비판적 성찰을 통한 변혁적 학습은 과거의 이론을 폐기하고 새로운 정체성을 획득하는 일이다. 이때의 정체성은 이전보다 더 포괄적이고 차별적이며 통합적으로 변모한다. 유능할 뿐 아니라 개방적이다.

비판적 성찰의 제약

비판적 성찰이 만만하지 않은 데에는 적어도 두 가지 이유가 있다. 첫째는 기존의 통념과 가정이 의식의 전제로 깊이 뿌리 박혀 있기 때문이고, 둘째는 우리의 의식이 무사유와 사유의 빈곤을 조장하는 이데올로기에 포섭되어 있기 때문이다. 첫 번째 이유는 위협을 피하고자 자신을 방어하는 본능과 관련되어 있다. 예를 들어 어린 시절의 극심한 트라우마를 겪는 사람은 그것이 삶의 전제가 되어 어른이 되어서도 여기서 벗어나지 못하고 고통을 받는다. 충분히 극복할 수 있는 경험과 도움이 주어지지 않는다면, 이 전제는 행동을 제약한다. 비합리적인 믿음이 되었다 해도 결코 자유롭지 못하다.

첫 번째 이유가 심리적인 사적 전제라면, 두 번째는 사회 문화적인 전제라고 할 수 있다. 우리의 생각은 민주주의, 자본주의라는 거대 이념과 그것이 작동하고 있는 사회 시스템 그리고 우리를 둘러싼 더 큰 권력에 종속되어 있다. 우리는 부모, 학교, 직장, 제도, 미디어는 말할 것도 없고 각종 이념들이 조장한 권력에 훈육되어 있다. 철학자 미셸 푸코 Michel Foucault는 권력이 너무나 미세하여 실체도, 방법도 쉬이 자각되지 않기 때문에 우리가 권력의 수감자라는 사실조차 깨닫지 못한다고 지적한다.[76] 사고방식과 행동양식은 말할 것도 없고, 우리들의 욕망, 바람마저도 구조화된 권력의 산물인 셈이다. 그런 점에서 우리는 권력이 만든 사회, 문화에서 형성된 인식의 사슬을 좀처럼 벗어나기 어렵다. 그래서 스스로를 피해자로 간주하고 주어진 조건에 순응하는 일을 자주 택한다. 그러면 한 인간으로서의 존엄과 독립성을 잃는다. 마찬가지로 우리의 직장도 의도했든 그렇지 않든 권력 장치로 우리의 생각과 행동을 제약한다. 비판적 성찰은 무심코 길들여진 자신을 구원하기 위한 기획이다. 자신을 둘러싼 망령과 권력을 객체화하고, 비판적으로 사태를 바라보며, 비합리적인 전제를 해체하는 일이다.

비판적 성찰의 도구들

리더란 알고 보면 자신이 누구인지, 무엇을 해야 하는지를 지속적으로 물으며 자기 생각과 행동을 주도적으로 선택하고 창조할 수 있는 사람이다. 그런 존재이기에 그가 만들어 가는 세상이 사회적 공명을 일으키고 세상을 변화시킨다. 그렇다면 어떻게 비판적 성찰을 해야 할까? 그를 위해 리더가 먼저 해야 할 일들이 있다.

셀프 임파워먼트하기

임파워한 리더들은 온전히 그리고 자유롭게 비판적 성찰을 위한 활동에 참여한다. 자기 경험을 노출하고 사람들과 대화하며 자기 관점을 바꾼다. 임파워하지 못한 리더들은 통제할 수 없는 현실에 무력감을 경험하거나 도태의 불안에 사로잡혀 있다. 아니면 제약과 한계에 불평만을 늘어놓는다. 그들은 주도적인 학습자로 자신을 세우지 못한다. 좋은 리더가 되겠다는 약속, 어려움이 있더라도 난관을 돌파하겠다는 자신감, 자기 행동에 기꺼이 책임을 지려는 오너십, 자기 행동 변화를 통해 주변 사람들에게 좋은 영향을 미치고자 하는 의지와 동기로 스스로를 임파워해야만 비판적 성찰이 시작된다.

고난사건을 설계하기

불편함, 당혹감을 불러일으키는 예기치 못한 사건은 비판적 성찰을 촉구한다. 이런 사건들은 다양한 형태로 나타난다. 이전의 지식을 정면으로 반박하는 사건과 만날 때, 경험한 적이 없는 새로운 지식과 규범에 노출될 때, 사회적 정치적 사건을 통해 가치관의 변화가 올 때, 우리는 우리 안에 뿌리내린 규범을 재평가하고 새로운 길을 모색한다. 이것은 결코 나쁜 경험이 아니다. 이행과 도약의 모멘텀이다.

이 사건들이 저절로 또는 우연히 닥치기를 기대하는 것은 난센스다. 그보다 일상의 경험을 비판적으로 성찰하고, 감당할 수 있는 크고 작은 고난사건을 찾아 설계해야 한다. 낯설고 이질적인 그리고 염려와 두려움으로 기피했던 경험들을 설계하고 체험할 때, 전대미문의 이질적 세계가 우리 삶을 전면적으로 바꾸어 놓는다. 삶의 목적과 사명으로부터 마땅히 감내해야 할 시련이 있음을 인정하고, 이를 우리 삶에 적극 초대해보자. 일찍이 리더십 연구가 워렌 베니스warren Bennis는 이를 '크루서블crucibles'이라고 불렀다.[77] 안락한 공간이 아니라 보호받을 수 없는 곳에서 어려움과 맞서 싸울 때 낡은 자아가 혁파되고, 보다 단단한 자아가 탄생한다.

비판적 성찰을 위한 구체적인 도구들을 소개하면 다음과 같다. 활용하기 쉬운 것부터 자신의 루틴으로 만들어 보자.

질문하기/의식적으로 문제를 제기하기

질문은 자신이 누구인지, 자신이 세계를 어떻게 바라보는지를 이해하고, 그를 통해 새로운 인식과 통찰을 얻는 거의 유일한 통로다. 질문하는 동안 우리는 더 이상 닫힌 세계에 머물러 있지 않는다. 질문하고 질문에 답하는 동안, 그래서 마침내 그 질문이 더 이상의 답을 주지 않는 막다른 길에 도달한 순간, 우리는 새로운 세상을 향해 문을 열고 새로운 길을 보게 된다.

비판적 성찰을 촉구하는 질문은 두 가지다. 1) 마음의 습관을 파헤치는 질문이고, 2) 전제를 문제 삼는 질문이다. 먼저 마음의 습관을 파헤치는 질문은 당연하게 생각하고 있어서 의문의 대상이 되지 않았던 것을 향한 질문이다. 예를 들면 다음과 같다.

- 나는 왜 이런 감정을 갖게 되었는가?
- 나는 왜 이런 생각을 갖게 되었는가?
- 왜 나는 나를 이렇게 바라보는가?
- 이 일을 왜 하게 되었는가?

마음의 습관은 오랜 시간 반복적으로, 암묵적으로 학습되어 우리 안에 뿌리내린 것이므로 좀처럼 도전받지 않았다. 따라서 비판적 성찰을 위한 질문은 앞의 질문과 함께 다시 그 습관을 갖게 한 연원, 맥락을 묻는 질문으로 확대되어야 한다.

- 지금 이 생각에 영향을 준 사람들, 집단이 있다면 누구인가?

- 지금 이 믿음을 갖게 한 과거 경험이 있다면 무엇인가?

- 이 믿음에 영향을 준 외적 요인들은 무엇인가? 어떤 과정으로 이런 믿음을 갖게 되었는가?

- 이 관점을 갖게 된 최초의 경험을 떠올릴 수 있는가?

- 이 믿음이 타당하다는 결론을 어떻게 내리게 되었는가?

- 이 생각, 믿음은 정당한 것인가? 논리적 모순은 없는가? 옳은 일인가?

다음으로 전제에 도전하는 질문이다. 이는 우리가 가진 믿음과 관점의 기반이 되는 것, 현재의 관점을 갖게 한 전제들에 대해 의심하는 것이다. 또 그 과정에서 발생하는 자신의 감정, 상처에 관한 질문이다.

- 이것은 왜 중요한가?

- 왜 이것을 해야 하는가?

- 왜 이것을 두려워하는가? 이로 인해 그 결과는 어떠한가?

- 나의 감정, 생각은 내 삶을 어떻게 제약하는가?

- 나는 왜 나의 이미지에 대해 염려하고 있는가?

전제에 도전하는 두 번째 질문은 다시 전제 자체를 탐색하기 위한, 즉 이데올로기를 비판하는 질문으로 확대할 수 있다. 이데올로기는 우리의 언어, 사회적 규범, 문화적 기대 안에 뿌리내려진 것으로 당연의 세계가 되어 우리의 일상을 지배한다. 특히나 대중매체의 메시지와 사회적, 제도적 규범들은 하나의 헤게모니가 되어 우리의 생각과 믿음을 통제하고 있다. 따라서 다음과 같은 질문을 던져야 한다.

- 대체 왜 열심히 일해야 하는가?
- 회사는 궁극적으로 왜 존재하는 것인가?
- 타인들과 경쟁하는 이유는 무엇인가?
- 사람을 평가하고 분류하는 이유는 무엇인가? 그 근거와 정당성은 어디에 있는가? 그것은 옳은 일인가?
- 왜 나는 상사를 만족시켜야 하는가?
- 왜 우리는 인간을 목적으로 대우해야 하는가?
- 내가 궁극적으로 실현해야 하는 가치는 무엇인가?
- 나는 왜 그(이) 지식을 알아야 하는가?
- 윤리적으로 도덕적으로 옳은 일은 무엇인가?
- 내 삶의 목적은 무엇인가?
- 나는 어떤 원칙과 가치를 지켜가야 하는가?

의식적인 문제 제기는 1차원적인 생각과 이해로부터 빠져나와 우리의 생각을 지배하고 있는 권력 구조, 권력 관계의 실체를 들춘다. 조직과 사회에 대한 다양한 관점들이 노출될 때, 누군가 억압을 느낄 때, 자신과 타인의 신념에 심대한 의문이 들 때, 이 질문을 적극적으로 던져야 억압, 구속으로부터 자유로워지고 전제 자체를 바꿈으로써 변혁도 가능하게 된다.

이런 질문이 더욱 촉발되려면 기존 이데올로기가 의도적으로 배제하고 있는 것들에 주목해야 한다. 이른바 사회적 약자, 소외된 자, 버려진 자, 이방인, 도태된 자, 소수자들이다. 이들 집단은 이데올로기의 범주에 들지 못함으로써 이데올로기가 만든 부산물이자 이데올로기의 모순을 드러낸다. 그러므로 리더는 1) 조직 내 소외되고 낙오되며 비판받는 자들의 입장에서 생각할 수 있어야 한다. 구성원, 주니어, 저성과자, 낙오자, 배제된 자들의 관점에서 바라보면 그들의 통점pain point, 즉 어떤 불의, 모순, 불공정, 불평등, 부조리 등의 억압적 요소를 발견할 수 있다. 2) 자신과는 전혀 다른 생각과 신념을 가진 매우 이질적인 사람들과 접촉하여 그들과 함께 토론한다면 기존의 가정과 신념체계를 흔들 수 있다. 그 외에 3) 한 번도 해 본 적이 없는 낯설고 새로운 도전적인 프로젝트에 참여하면 전제를 흔들 수 있다.

성찰일지 쓰기

성찰을 위한 가장 일반적인 방식은 자기만의 저널, 일기를 작성하는 것이다. 이는 가장 손쉽고, 가장 강력하게 자기를 성찰하는 방법이다. 나는 개인적으로 리더십 훈련의 방법으로 글쓰기 훈련을 강력히 추천한다. 글쓰기는 자기표현의 방법으로 오래전부터 일찍이 알려져 온 비판적인 성찰의 도구다. 일지, 블로그 등을 비롯해 다양한 형태의 글쓰기를 습관화하면 비판적 성찰은 자연스럽게 일어난다.

나는 '리더십패스파인더'라는 리더십 훈련을 통해 매번 글쓰기 숙제를 낸다. 어떤 이들은 파워포인트와 엑셀 장표를 작성하는 데 익숙한 나머지 글 쓰는 일을 잊어버렸다. 또 어떤 이는 자신의 속마음을 글로 표현하는 일을 끝내 두려워한다. 작법의 문제가 아니라 자신을 대면할 자신이 없어서다. 글쓰기는 바로 자신에 대한 도전이다. 자기 비하나 자기 과장을 극복하고 자신을 수용하며 사랑하는 힘을 키운다. 온갖 검사 도구와 기법을 배우느라 자기를 돌아보는 일을 외면한 사람들이 리더 역할을 하는 것을 상상해 보라. 그들은 두려움과 공포, 자기 의심을 지속적으로 타인에게 전가한다. 그런 리더십은 재앙이다.

한 연구에 의하면 리더들에게 2주간에 걸쳐 성찰일지를 작성하게 했더니 개인적인 욕구, 우선순위, 감정에 대한 이해를 높였음은 물론, 구성원들에게 보다 긍정적이고 강력한 영향력을 행사했음을 보여주었다.[78]

미래사회는 불확실성과 복잡성으로 대변된다. 거기에는 정해진 답이 없다. 생각을 강요당하는 사람들이 아니라 생각하는 사람들이 새로운 길을 만들고 희망을 개척한다. 몇몇 유수의 글로벌 기업들이 파워포인트 보고서를 지양하고 글쓰기를 강화하는 이유가 여기에 있다.[79] 성찰일지는 자신이 누구인지, 어디에서 어디로 가는지, 왜 지금 이 같은 일을 하는지를 묻고 탐색하는 기회를 제공한다. 글을 쓰는 동안 삶을 주체적으로 수용하고 역경과 난관을 헤쳐 나갈 수 있는 근육이 자란다. 이원순환학습은 물론 삼원순환학습을 촉진한다.

• 먼저 글을 쓰기 전에 잠시 멈추고 자신의 행동을 돌아본다. 왜, 어떻게 행동했는지 생각한다. 이미 내가 알고 있었던 사실과 새롭게 배운 것을 연결해

본다.

- 최초 5분간은 쉬지 않고 생각이 떠오르는 대로 적는다. 문법에 맞지 않고 비문이더라도 상관없다. 글로 만들어진 이상 언제든지 수정이 가능하다.

- 처음에 주제는 제한할 필요가 없다. 일상의 소소한 경험, 리더십과 관련하여 생각해 볼 수 있는 모든 사건들을 포함한다. 특별한 사건, 경험이 있었거나 감정의 동요가 있었다면 글쓰기의 중요한 소재가 될 수 있다.

- 글은 자기방식으로 저장하여 보관한다. 나중에 다시 보고 이를 수정하면서 생각을 발전시킨다.

- 처음 글은 단순한 정보의 기술, 일상적인 문제해결의 방식, 어떤 행동의 요약이 될 수 있지만 이것만으로 비판적 성찰을 위한 글쓰기가 되는 것은 아니므로 조금씩 이전에 하지 않았던 새로운 생각과 기존의 생각을 연결해간다.

- 이를 위해 현실에서 경험하는 것을 바탕으로 질문을 만든다. 이 질문에 답하는 방식으로 글을 쓴다. 그 사이 다시 질문이 또 다른 질문을 만든다. 계속해서 답하기 시작하면 질문은 혜안과 통찰을 선물한다. 비판적 성찰은 대안적인 관점을 갖는 것이 목적이므로 자신의 생각이 이전의 생각으로부터 얼마나 멀리 나가고 있는지를 주목한다.

- 어느 순간이 되면 자신이 쓴 글을 다른 사람들에게 보여준다. 그리고 그들의 피드백을 받아 다시 글을 완성한다. 내가 알고 있는 것과 다른 사람들과의 차이를 알고 나면 더 완성도 높은 생각과 글이 탄생한다.

삶의 중요 사건 기술하기

일상적인 글쓰기와 함께 삶 전체의 특별한 사건들을 글로 옮기는 것은 삶 전체의 조망력을 높이는 성찰 활동이다. 이 과정은 궁극적으로 자기 삶의 스토리, 즉 자서전을 쓰는 일이라고 할 수 있다. 사람들은 누구나 자신의 이야기를 가지고 있고, 이를 표현하고자 하는 욕망이 있다. 그런 점에서 자서전 쓰기는 그 자체로서 이미 충분한 가치가 있다. 자서전은 삶에 대한 거대한 가정과 믿음, 그런 믿음을 갖게 한 사회적, 문화적 맥락을 검토하고, 새로운 정체성과 함께 이를 현실과 접목하여 자기만의 신화를 만드는 작업이다.

생각해보면 우리는 모두 자기 삶의 전기작가다. 우리 삶은 인생이라는 노트에 한 편의 시로, 산문으로, 소설로 남는다. 진실하다는 것authentic은 자기 인생이야기를 글로 쓸 수 있느냐author를 의미한다. 글 쓰는 일을 일상에 대한 책임을 자기에게로 가져와 스스로를 주체화하는 일이며, 자기 삶의 오너십을 확보하는 일이다. 그런 사람들이 내적 권위authority를 갖는다. 글을 쓰는 동안 우리는 자기 의식, 감정, 욕구의 이중성을 들여다볼 수 있고, 보다 진실한 내면의 목소리로 말할 수 있게 된다. 나탈리 골드버그Natallie Goldberg는 『뼛속까지 내려가서 써라』라는 책에서 글을 쓴다는 것이 삶을 충실히 살아가겠다는 약속이라고 말한다.[80] 삶의 태도와 양식을 훈련하고 자신을 진실의 검증대에 올려 놓는 일이다. 계속해서 글을 쓰다 보면 점차 허영과 위선이 줄어들고 자기 정체성을 새롭게 하는 실험을 지속할 수 있게 된다.

부정적이든 긍정적이든 삶의 중요한 사건들을 유산으로 남겨보자.

사건에 대한 해석들이 모이면 자신과 세상을 바라보는 관점이 확대된다. 특히 자서전은 삶 전체에 걸쳐 통시적인 안목을 제공한다는 점에서 삶의 좌표를 발견하는 경험을 제공한다.

- 태어나서 지금에 이르기까지의 시간을 돌아보라. 강렬한 인상을 남긴 사건들을 찾아 기록한다. (최초의 기억, 고통과 시련을 준 사건, 전환점이 되었던 사건, 기쁘고 행복했던 순간, 학창시절의 추억, 성인이 되어 경험했던 인상적인 경험, 놀라운 체험 등)
- 각각의 사건들에 대해 기억을 복원해 보자. 언제 무슨 일이 있었는가? 그때 감정은 무엇이었는가? 어떤 생각을 했는가? 그 결과 어떤 일이 벌어졌는가? 그리고 그 각각의 사건이 어떤 교훈과 의미를 주었는가? 이는 삶의 이력이자 이력 속에 숨긴 중요한 가치, 열정, 재능을 발견하는 기회를 준다.
- 일정 시간이 지난 뒤 다시 복기하고, 오류는 없는지, 새로운 해석이 필요한 것은 아닌지 점검한다. 새로운 해석이 일어나는 만큼 새로운 역사가 창안될 뿐 아니라 미래에 도달해야 할 지점이 어디인지 알게 된다.
- 각각의 사건 속에 담겨 있는 자신의 고유성을 확인한다. 재능, 강점, 열망, 가치는 무엇인가?
- 이를 통해 자신의 삶이 장차 어떻게 전개되어야 한다고 생각하는가? 삶의 목적, 좌표, 비전을 발견한다.
- 정기적으로 업데이트하면서 오늘 현재가 과거 그리고 미래와 접속하는 지점이 되도록 새로운 자서전을 계속해서 기록한다.

성찰적으로 대화하기

다른 사람들과의 대화는 언제나 다양하고 새로운 관점을 제공한다. 저널, 일기를 작성하는 것이 사적인 일이라면, 다른 사람들과의 대화는 경험을 교차하면서 새로운 통찰을 얻는 집단성찰 과정이다. 혼자 하는 성찰과 달리 대화는 생각의 편향을 막고, 폭넓은 관점을 채택하는 기회를 제공한다. 나의 생각, 감정을 객관화하고, 함께 새롭고 창의적인 대안을 탐색할 수 있다. 여기에 다른 사람들의 피드백을 받을 수 있다면 금상첨화다. 대화하는 일은 나와는 다른 경험세계를 가진 사람들의 생각을 듣는 일을 넘어서서 다른 사람의 삶을 이해하는 기회를 제공한다. 동시에 부정적이든 긍정적이든 자신을 돌아보는 거울을 만난다.

대화를 통한 성찰이 일어나려면 먼저 가능한 시간과 공간을 확보해야 한다. 통상 리더들은 객관적인 데이터에 근거한 대화는 많이 나누지만, 정작 그 일과 관련하여 이면에 깔린 생각, 감정, 경험을 나누는 데는 미숙하다. 이런 대화 자체가 익숙하지 않을 뿐만 아니라 심지어 비생산적이라고 생각하기 때문이다. 게다가 어떤 대화들이 오갈지 모르고 자신이 어떻게 반응해야 할지 모른다는 사실로 인해 은연중에 솔직한 대화를 기피한다.

내 개인적인 경험에 의하면 독서클럽 같은 활동은 이런 대화를 하는 좋은 시도가 될 수 있다. 책이 아니더라도 상관없다. 간단한 아티클, 동영상 같은 것을 함께 보고 토론하는 기회를 가진다. 생산적인 대화는 서로 숨긴 감정을 진솔하게 드러낼 때 가능하다. 대화의 안전감이 조성된다면 사람들은 누구나 자기 삶에서 만나는 모든 문제들에 대해 이해받고 싶고, 이해하고 싶은 욕구를 드러낸다. 영국의 시어도에 젤던 Theodore Zeldin이 시도했다는 '옥스포드 뮤즈oxford muse'는 언제나 다각도의 신선한 대화가 가능하다는 것을 보여주는 사례다.[81]

처음에는 가벼운 대화부터 하지만 회를 거듭할수록 점차 어려운 대화 주제로 나아간다. 그때 문제의 본질, 심연에 다가갈 수 있고, 좀 더 근원적인 대안을 탐색할 수 있다. 리더십 차원에서 보면 이것이 바로 팀빌딩이다. 서로를 존중하고 신뢰하는 분위기가 만들어지면 대화는 의외성을 띠고 흥미와 즐거움을 제공한다.

데이비드 봄David Bohm은 성찰적 대화에는 다음 세 가지 조건이 필요하다고 말한다.[82] 첫 번째는 모든 참가자는 자신의 가정을 보류해야 한다. 두 번째는 서로를 동료로 환대해야 한다. 세 번째는 대화의 문맥을 파악한 퍼실리테이터가 있어야 한다.

첫째, 가정을 보류한다는 것은 계속해서 의문을 제기하고 관찰할 수 있도록 사안을 자기 앞에 매달아 둔다holding는 의미다. 자기 가정을 무시하거나 숨기지 않고, 자신과 타인들이 검토할 수 있도록 제시하는 것이다. 생각은 끊임없이 기존의 것을 당연한 것으로 만들려는 속성을 가지고 있다. '원래 그런 거야', '어쩔 수 없잖아'라고 단정하기 쉽다. 하지만 자신이 어떤 생각을 하고 있는지 그 자체를 솔직하게 드러내야 한다. "나는 우리 팀이 아무 문제가 없는 것처럼 행동하면서 문제를 덮고 있다는 생각이 들어요."라고 말하는 것이다. 그러면 모두는 이를 평가나 판단 없이 하나의 가정으로 공유하고 탐구한다. 왜 그렇게 생각하는지, 증거는 무엇인지, 그로 인해 어떤 문제가 나타나고 있는지 등을 논의한다.

둘째는 서로를 동료로 환대하는 것인데, 이는 각자 고유한 지식과 통찰로 서로에게 도움을 주는 파트너라는 인식이다. 같은 배를 탄 동료로서 서로를 맞이하는 것이다. 동료란 난제를 함께 해결해야 하는 공동의 문제해결자다. 각각의 차이로부터 배울 수 있고, 서로에게 심리적 안전감을 제공할 수 있다. 이때 리더가 먼저 직위를 내려놓고 자기 욕구를 포기하는 모습을 보여준다면, 개별적 차이를 넘어 더 큰 공동의 목적으로 보다 손쉽게 나아갈 수 있다.

셋째, 성찰적 대화는 퍼실리테이터의 역할이 중요하다. 자기 정체성을 잃지 않으려는 불안과 강박은 대화를 토론으로 변질시킨다. '토론'이 주제에 대한 분석과 해부를 통해 어느 한쪽이 승리하는 게임이라면, '대화'는 생각의 흐름을 따라 더 큰 공통의 의미에 접근하는 프로세스다.[83] 숨겨진 가정이 드러날 수 있도록 질문하고 인정하며 지지하면, 각자는 스스로를 관찰하는 힘을 갖는다. 이런 일을 하는 사람이 바로 퍼실리테이터다. 토론이 아니라 대화가 되도록 환기시켜야 하고, 의견을 드러내지 못하는 사람이 없는지 살펴야 하며, 주제에서 벗어나는 과정을 모니터링하고 바로잡아야 한다. 그렇다고 퍼실리테이터가 완벽하거나 전문가가 되어야 한다는 것은 아니다. 전체의 과정을 적절한 거리에서 바라보면서 주의를 집중시키고, 사람들이 대화에 몰입할 수 있도록 더 나은 조건과 환경을 조성하는 것이다. 대화가 반복되면 사람들은 누구나 퍼실리테이터의 역할을 할 수 있다. 그때 본래의 퍼실리테이터의 역할은 점차 줄어든다. 전문적인 퍼실리테이팅 없이는 대화를 시도조차 못하거나 퍼실리테이터에게 과도하게 의존하는 것은 바람직하지 않다.

- 특정 주제가 정해졌다면 서로의 생각, 감정을 있는 그대로 드러내고, 이 생각과 감정을 하나의 가정으로 채택하고 공유한다. 이때 핵심은 모든 가정을 보류한다. 평가, 판단을 멈추고 선입견, 편견, 억측을 제거하고, 이를 있는 그대로 탐사한다
- 방어하거나 이기고자 하는 것이 아니라, 진짜 문제에 대면하는 것이 핵심이다. 그 이유는 대화를 통해 도달하려는 더 큰 목적을 잊지 않고 있기 때문이다.
- 서로를 동료로 환대한다. 공동의 문제해결자라는 연대의식으로 서로 다른 생각을 보호하고 장려하며 안전감을 제공한다.
- 리더라면 먼저 자신의 기득권을 내려놓고 사람들의 진실한 생각이 드러날 수 있도록 환경을 조성한다.
- 대화가 논쟁으로 흐르거나 주제를 벗어나는 것을 막기 위한 퍼실리테이터의 역할을 수행한다.
- 시행착오가 있더라도 규칙적으로 이를 반복하는 것이 중요하다. 참가자들은 서로를 신뢰하기 시작하고 각자에 대해 깊이 이해하면서 점차 숨겨진 가정들을 이해하고 융통성 있는 태도를 갖는다. 이는 팀의 문제해결의 장으로 발전할 수 있다.

성찰적인 대화는 누가 주도권을 갖지 않으며 의도된 결론에 도달하지 않는다. 모두가 대화의 주인이 되고, 대화는 미지의 협력과 실험을 촉진한다. 다른 사람과 생각, 감정을 나누는 일은 문제의 본질을 다각

적 관점으로 보게 만들어 이원 및 삼원순환학습을 유발한다.

문헌(책)을 활용하기

좋은 책, 이론 등의 문헌을 통해 성찰하는 방법이 있다. 문헌 자료는 내가 직접 경험하지는 않았지만 유사한 상황에 빗대어 다양한 관점을 얻을 수 있는 손쉬운 방법 중 하나다. 특히 좋은 책은 우리에게 많은 질문을 던지며 성찰의 기회를 제공한다. 이때 많은 책을 읽는 것보다는 좋은 책을 선정하고 그 책과 대화할 수 있어야 한다.

리더십 개발 측면에서는 사람, 조직을 이해할 수 있는 철학, 문학, 사회학, 정치학, 생물학 문헌, 그리고 리더십 연구자료들은 성찰의 좋은 소스가 된다. 유행에 민감한 책보다는 고전의 반열에 오른 책들을 선정한다. 책이 던지는 질문을 자신의 현실과 연결하고, 자신의 생각을 보태어 창조적인 생각을 길어 올린다.

종종 어렵거나 직접적인 방법론을 제공하지 않는다고 해서 이런 문헌들을 무시하는 사람들이 있다. 조급히 요령을 배우는 데 익숙하기 때문이다. 하지만 세상의 모든 이론이란 내가 경험하지 않은 다른 현실이지 나의 현실과 배치되는 것이 아니다. 나는 조만간 그런 현실과 만날 가능성이 있고, 그 현실로부터 중요한 시사점을 발견할 수 있어야 현실을 극복하는 방법을 알게 된다. 그렇지 않으면 자신이 겪은 국부적 경험만을 전체라고 받아들이는 우를 범한다. 잘못된 믿음, 통념, 편견에 사로잡힌다. 그것이 바로 인식의 감옥이다.

- 좋은 책을 추천받아도 좋고, 관심 있는 책부터 읽어도 좋다.
- 너무 쉽게 읽히거나 뻔한 답이 있다면 읽지 않아도 된다. 그것은 현재의 가정과 믿음을 정당화하고 있을 뿐이다.
- 대신 잘 읽히지 않는, 조금은 어려운 책에 도전해보자. 특별히 고전으로서 살아남은 문헌이라면 최대한 그 저자가 말하고자 하는 바를 음미하고 공감해보자. 힘들지만 견디며 읽어보자. 나의 믿음을 부정할 가능성이 크고, 해독하는 동안 생각의 근육의 커지는 것을 확인할 수 있다.
- 완벽히 모든 것을 해독하겠다는 욕심보다는 책이 던지는 중요한 질문, 또는 의외의 질문을 붙들고 성찰을 시작해 보자. 자신에게 인상적인 질문을 만들어 보자. 그리고 이를 자신의 경험과 결부시켜보고 무엇을 어떻게 해야 하는지 답을 찾아보자.
- 문헌이 가르쳐주는 다른 문헌들이 있다면 자연스럽게 다른 문헌으로 확장해간다. 생각의 결합과 충돌을 경험할 수 있고, 그 과정에서 성찰이 심화되는 체험을 할 수 있다.
- 필요하면 사람들과 같이 읽고, 함께 토론하면서 서로의 생각을 점검하고 확장해보자. 혼자 읽는 책보다 같이 있는 책이 보다 성찰을 촉진한다.
- 적절한 방식의 글쓰기로 확대하여 성찰일지가 되게 하자.

비판적 성찰의 습관 만들기

성찰을 위한 좋은 습관을 만들려면 우선 의도적으로 성찰의 시간을 설정하고 일정표를 따라야 한다. 처음 1시간을 쓰는 일은 도전적일 수 있지만 10분을 사용하는 것은 어렵지 않다. 성찰을 위한 시간, 장소는 따로 정해져 있지 않다. 자신에게 일어난 인상적인 경험, 프로젝트의 시작과 끝, 누군가가 던진 질문과 의문들이 일어나는 때가 적절한 성찰의 기회다. 예를 들어 중요한 의사결정을 할 때, 감정적인 혼란이 있을 때, 다른 사람들의 동의와 참여를 이끌어야 할 때, 내적 갈등과 혼돈이 있을 때다. 장소와 시간에 구애받지 말고 처음에는 비구조화된 방식, 즉 동시적 성찰을 하고, 점차 의미 있게 시간을 늘려가면서 사후적인 성찰로 확장한다. 처음에는 10분이지만 유용성을 확인하면 반복적인 루틴으로 발전시킬 수 있다.

얼마의 간격으로 얼마큼 할 것인지는 전적으로 개인의 리듬을 따르자. 다만 잘 개발된 성찰 루틴은 지나치게 과하거나 적지 않으며, 언제 어디서든 효과적인 방식으로 활용할 수 있다. 루틴을 장착하면 어떤 요령을 배우는 것보다 가장 강력한 리더십 개발 방법을 가진 것이다. 이것이 이 책을 통해 강조하는 전부라고 해도 과언이 아니다.

- 지금 당장 시작한다.
- 생각, 감정을 리뷰할 수 있는 글쓰기부터 시작하자. 적당한 시간을 정하고 질문을 만들며, 그 질문에 대한 생각을 기록한다.
- 일어나는 수많은 생각들을 함께 나눌 동료, 친구를 찾고 그들과 대화를 시작한다.
- 개선과 변화가 필요한 것들이 생긴다면, 이를 검증할 수 있는 플랜을 세운다.
- 거기서 배운 것들을 바탕으로 다시 시도한다.
- 이 일을 멈추지 않는다.

나는 많은 리더들과 훈련하는 과정에서 성찰을 위한 두 개의 중요한 질문이 있음을 발견했다. 리더십을 배우는 일은 지식과 스킬과 테크닉을 장착하는 문제가 아니다. 현재의 당면과제를 해결할 수 있는 해법을 찾는 것도 아니다. 이런 접근은 궁극적으로 리더십의 근육을 키우지 못한다. 현실을 바꾸는 유일한 방법은 생각을 바꾸는 것이다. 현실은 경험에 대한 나의 해석이지 나와 분리된 물리적 세계가 아니다. 그렇다면 어떻게 나의 생각을 바꿀 수 있을까?

생각을 바꾸는 방법은 다름 아닌 질문이다. 이때 질문은 두 가지다. 첫 번째는 내가 현재 가지고 있는 생각을 의심하고, 문제를 제기하는 것이다.

'시간이 어디 있어? 돈 있으면 누가 못해?'

'내가 할 수 있는 일이 아냐.'

'그런다고 뭐가 달라져? 해 봐야 소용없어.'

'성공하려면 눈치껏 해야 해, 괜히 튀지 마.'

'성과가 제일 중요해, 이윤이 없는데 어떻게 생존해?'

이런 생각들은 무의식 속에서 이미 답이 정해졌으므로 더 이상 새로운 의문이 없다. 그러나 생각을 바꾸려면 바로 그런 나의 생각, 다시 말해 이미 내려진 답을 전복시키는 새로운 질문이 있어야 한다. 누군가 다음과 같이 혼잣말한다고 생각해 보자.

'말 안 듣는 구성원을 어떻게 하지? 백날 얼러봐야 의욕이 없는 사람은 안 돼, 사람은 변하지 않아. 그러니 그런 곳에 시간을 쏟을 바에 차라리 일 잘하는 사람들에게 시간을 쓰는 게 더 현명해.'

만일 이런 생각을 바꾸려면 어떤 질문이 필요할까?

'왜 그 사람은 의욕이 없을까? 내가 모르는 어떤 이유가 있는 것일까? 이는 저 사람 개인의 문제일까 환경의 문제일까? 개인의 문제라면 어떤 점이 문제일까? 환경의 문제라면 어떤 환경 때문일까? 사람이 변하지 않는다는 것은 정말 맞는 말일까? 나도 앞으로 더 이상 변하지 않는 것일까? 나는 이런 생각을 어디서 배운 것일까? 혹시 내가 나의 게으름, 무능을 숨기기 위해 나를 기만하고 있는 것은 아닐까? 그 사람의 이야기를 충분히 들은 적이 있었나? 내가 그 사람의 입장이라면 어떻게 해야 하는 걸까? 무슨 도움이 필요한 걸까? 무엇부터 시작해 볼까?'

이런 질문을 수없이 던질 수 있고, 이 중 어떤 질문은 나의 가정, 생각, 통념을 바꾸는 계기를 제공한다.

생각을 바꾸는 두 번째 질문은 새로운 가능성을 찾아 나서는 질문이다. 이미 내린 답을 벗어나 이전에 없던 새로운 대안을 탐색하는 질문이다. 이때 양자택일을 유도하는 질문은 치명적이다. '이것 아니면 저것'을 찾는 질문은 생각의 감옥이다. 대신 양측이 타당성을 가지고 있다면 양측을 포함하면서 동시에 이를 초월하는 질문을 던진다. 이를 로트먼 경영대학 학장인 로저 마틴 Roger martin은 '통합적 사고 Opposable Thinking'라고 불렀다.[84] 예를 들면 다음과 같은 질문들이다.

'모두에게 윈윈이 되는, 모두의 욕구를 실현하는 대안은 무엇일까?'
'지금의 현실을 부정하지 않으면서 미래로 가는 방법은 무엇인가?'
'우리 모두가 미처 고려하지 못한 제3의 대안은 무엇인가?'
'모순, 제약, 한계를 다 끌어안고 그래도 해 볼 수 있는 새로운 대안이 있다면 무엇인가?'

이런 질문은 이전의 생각을 넘어 우리를 새로운 세계로 이끌고 간다. 그리고 거기가 바로 리더십이 탄생하는 지점이다. 우리는 이런 대안을 가진 사람들을 '리더'라고 부른다. 리더십을 개발하려면 우리의 가정, 통념에 도전함으로써 새로운 대안을 장착해야 한다. 그것이 새로운 안목을 열어주고, 우리의 현실을 전혀 다른 모습으로 바꾸어 줄 수 있다.

04

메타역량(2):
자기인식과 정체성 개발

"존재하는 것은 변화하는 것이고, 변화하는 것은 성숙하는 것이며, 성숙하는 것은 끊임없이 스스로를 재창조하는 것이다."

- 앙리 베르그송Henri-Louis Bergson(1859~1941), 프랑스 철학자

조국 테베의 사람들이여, 명심하고 보라.

이이가 오이디푸스시다.

저 높은, 죽음의

수수께끼를 풀고, 권세 이를 데 없던 사람,

온 장안의 누구나 그 행운을 부러워했건만

아아, 이제는 저토록

격렬한 풍파를 묻히고 마셨다.

그러니 사람으로 태어난 몸은 조심스럽게

운명으로 정해진 마지막 날을 볼 수 있도록 기다려라.

아무 괴로움도 당하지 말고

삶의 저편에 이르기 전에는

이 세상 누구도 행복하다고 부르지는 마라.[85]

그리스의 비극 작가인 소포클레스가 쓴 『오이디푸스 왕』에 나오는 구절이다. 스핑크스의 수수께끼를 풀 만큼 영민했던 오이디푸스는 정작 자신이 누구인가라는 질문으로부터 비껴 서 있었다. 그는 자신의 아버지를 죽였고, 어미와 결혼했으며 그 밑에서 세 아이를 낳았다. 그는 그리스 신화에 나오는 가장 비극적인 인물이 되고 말았다. 정체성에 대한 무지는 그의 재주를 도리어 파멸의 원인으로 만들었다.

아아, 슬프도다! 지혜로운 자에게 지혜가 아무 쓸모없는 곳에서 지혜롭다는 것은 얼마나 괴로운 일인가![86]

눈먼 예언자 테이레시야스가 오이디푸스의 어리석음을 비탄으로 노래한다. 오이디푸스는 마침내 자신이 누구인지 알아내기로 결심한다. 그리고 가장 처참하고 감당할 수 없는 진실과 마주한다. 그 순간, 그는 용감하고도 정직한 방식으로 자신의 과오를 단죄한다.

"이제 너희들은 내가 겪고 있고, 내가 저지른 끔찍한 일을 다시는 보지 못하리라. 너희들은 보아서는 안 될 사람들을 충분히 오랫동안 보았으면서도 내가 알고자 했던 사람들을 알아보지 못했으니."

그는 죽음 대신 자신의 눈을 찔러 앞을 보지 못하게 하고, 내쫓김을 당해 증오와 멸시의 대상이 될 것을 자청한다. 거대한 운명의 수레바퀴에서 결코 빠져나갈 수 없었던 한 인간은 스스로의 선택을 통해 운명에 맞선 한 영웅으로 다시 태어난다.

기술적 재능techne에 눈먼 시대, 이 재앙을 피하는 길은 잊었던 물음을 다시 던지는 게 아닐까?

'나는 누구인가?'

자기인식과 리더 정체성 개발

자기성찰이 궁극적으로 도달하고자 하는 것은 리더의 자기인식, 즉 정체성 개발이다. 자신이 누구이며, 무엇을 구현하고자 하는가에 대한 자기 해답 없이 리더십을 개발하고, 이를 발현한다는 것은 언어도단이다. 이 장에서는 리더의 자기인식과 정체성 개발이 왜 중요하며, 어떻게 개발해야 하는지를 검토해 보자.

독단적이고 미숙한 리더들은 자신과 타인, 환경을 읽는 데 무감각하여 새로운 지식과 기술을 배워도 이를 탄력적으로 적용하지 못한다. 그 이유는 무엇일까? 자신의 낡은 정체성이 하나의 수렁이 되어 버렸기 때문이다. 반면 환경의 변화와 함께 자기 정체성을 새롭게 변모시키는 리더들은 정체성을 세상과 공진화시켜 타인들의 마음을 사고 이들을 변화에 동참시킨다. '자신이 누구이고, 누구와 함께 무엇을 어떻게 구현할 것인가?'라는 물음은 리더십의 퍼즐을 푸는 열쇠다.

자기인식과 리더십 개발

리더십 개발이 발달과정에서 지속적으로 일어난다는 점을 고려하면, 이를 지속하게 하는 힘은 정체성과 관련되어 있다. 자신이 누구이며, 무엇을 하고자 하는지 이유를 알지 못한다면 자신을 리딩할 수도, 타인을 리딩할 수도 없다. 그러므로 자기인식self-awareness은 정체성 개발의 전제조건이다. 이는 암묵적 지식을 습득하고 개발하며 다양한 방식으로 변주하는 메타역량이다.

자기인식은 매우 다차원적인 개념이지만 일차적으로는 타인의 시선에 포착된 자기 모습에 의존한다. 연구 결과에 의하면 고성과를 내는 리더들은 평균적인 성과를 내는 리더들에 비해 자신과 타인의 인식 간에 높은 일치도를 보여주었다.[87] 이들은 자신의 모습을 객관적으로 인식함으로써 사람들과 긍정적인 관계를 형성하고, 특히 자기개발에 주체적으로 참여했다. 하지만 궁극적으로는 '자신이 누구이며, 어떤 일을 해야 하는가'에 대한 인식, 즉 자신의 목적, 비전, 가치를 발견하는 일로 수렴된다. 오늘날과 같은 환경의 불확실성을 감안한다면 이런 정체성 인식이야말로 환경에 대한 적응력을 담보한다.[88]

자기인식은 리더의 효과성은 물론 리더십 개발의 핵심이고 기반이다.[89] 스탠퍼드 대학의 경영자문위원회 75명을 대상으로 한 연구에서 연구위원들은 하나같이 자기인식이 리더로 성공하는 데 있어 결정적 요소라는 점에 동의했다. 하버드 비즈니스스쿨, 다트머스 대학, 시카고 대학 그리고 다른 여타의 경영대학에서도 리더십 개발의 핵심으로 자기인식을 꼽는다.

이런 맥락에서 '진성리더(authentic leaders: 사명에 기초하여 구성원을 임파워 시키는 리더)'로 불리는 사람들은 자신을 더욱더 잘 이해하고, 자신이 가진 자원을 통해 사람들을 보다 행복하게 만든다.[90]

자기인식력이 높은 리더들의 특성은 다음과 같다.

- 자신의 감정, 생각, 태도, 동기 등을 잘 알고 있다.
- 자신의 강점, 약점, 고유성, 가능성 등을 잘 알고 있다.
- 자신에게 영향을 미친 사람은 물론 현재의 자신을 만든 경험들을 잘 이해하고 있다.
- 이를 통해 자신의 가치, 신념을 명확히 하고 있다.
- 자신에 대한 주변 사람들의 욕구, 기대 등을 잘 알고 있다.
- 삶의 목적, 사명, 책임을 명확히 하고 있다.

- 자신이 장차 어떤 유산을 남겨야 할지 알고 있다.
- 그 과정에서 어떻게 성장해야 할지 잘 알고 있다.

자기인식의 과정

명료한 자기인식이 없다 해도 사람은 누구나 자신이 누구인가에 대한 어슴푸레한 인식이 있다. 이런 인식은 대체로 두 가지 경로로 획득된 것이다. 첫째는 자기 행동을 스스로 관찰하면서 생각, 태도, 감정 등을 포착하게 된 것이고, 두 번째는 노출된 행동에 대한 타인의 피드백을 통해 알게 된 것이다. 이 두 가지 경로의 상호작용이 한 개인의 자아개념을 발달시킨다. 이 자아개념은 다시 우리의 행동을 결정한다. 이때 자아개념이 불명료하거나 부적절하다면 행동은 일관성, 통일성, 안정감을 잃는다. 자신과 주변 사람들을 동시에 혼란에 빠뜨린다.

직장에서 만나는 많은 리더 중에 이런 하소연을 하는 사람들을 자주 만난다. "저는 무엇을 좋아하는지 모르겠어요.", "그 사람은 왜 저한테 그러는지 모르겠어요.", "앞으로 어떻게 해야 할지 모르겠어요." 이는 모두 불명료한 자아 감각 때문이다.

자아를 바라보는 두 가지 관점

자아를 어떻게 바라볼 것인가에 대한 연구들은 두 가지 관점으로 집약된다. 하나는 자아를 사회적 역할과 결부되어 비교적 안정성을 가진 고정불변의 결정체로 바라보는 것이고 Pearl theory, 다른 하나는 자아가 환경과 상호작용하면서 끊임없이 새롭게 구축되어 가는 과정 자체로

Bundle-theory 바라보는 것이다. 전자가 사회학자들의 관점이라면, 후자는 포스트모더니스트들의 관점을 대변한다.[91] 개인의 정체성을 고정불변의 결정체로 바라본다면 자아는 분석과 포착의 대상이 되지만, 유동하는 과정으로 바라본다면 자아는 변화, 발전, 진화의 대상이 된다.

이 둘을 대립적으로 보기보다 얼마든지 통합적으로 이해해 볼 수 있다. 예를 들어 인종, 성별과 같은 정체성은 삶 전체에 걸쳐 변화하지는 않지만, 인종이나 성에 부착된 우리들의 생각, 태도, 행동과 관련한 정체성은 얼마든지 달라질 수 있다. 고정불변의 어떤 것으로만 보면 어딘가에 있을 참된 자아를 찾아내고야 말겠다는 함정에 빠진다. 혈액형, 성격, 기질 등으로만 자신을 이해하는 오류를 범한다. 고정불변의 인간 특성을 무시해서는 안 되지만, 무엇보다 매 순간 삶의 변화와 함께 새롭게 변모해가는 자기 정체성을 주목할 필요가 있다.

건강한 자아개념을 가지고 있는 사람들은 자신을 고정된 존재로 바라보지 않는다. 매 순간 자신을 더 나은 자아로 변모시켜 간다. 이런 사람들은 새로운 경험을 수용하고 여기에서 배우기를 멈추지 않는다. 인간은 생물학적으로 하루에 평균 약 3,300억 개의 세포를 갈아 치운다. 그리고 80일이 경과하면 거의 모든 세포가 새롭게 경신된다.[92] 우리는 매번 새로운 사람으로 자신을 체험하고 있지만 이를 인식하지 못하고 있을 뿐이다. 리더십 개발은 자신의 자아개념을 변모시켜 새로운 세계관을 만들고 삶의 문제해결력을 높이는 것이다.

철학자 리쾨르Ricoeur는 앞의 두 가지 관점을 아우르는 새로운 개념으로 '이야기 정체성narrative identity'을 제시한다. 이야기 정체성을 상상할 경우, 우리는 변화하는 정체성과 변화하지 않는 정체성 모두를 포괄할 수 있다. 리쾨르가 주장하듯 거듭되는 삶의 변화 과정에서 우리가 우리 자신일 수 있음을 증명하는 유일한 방법은 바로 우리 자신의 이야기다. 탄생에서 죽음에 이르기까지 내가 누구인지를 설명하는 것은 나의 이야기와 그 이야기에 공감하는 사람들의 존재다. 그런 점에서 리더십의 성공은 자신의 고유한 이야기가 어떻게 주변 사람들과 공명할 수 있느냐에 달려있다. 나의 이야기는 곧 나의 정체성이다.

리더 정체성

자기 정체성은 일차적으로 '나는 누구인가?'에 대한 답이다. 아마도 이런 질문에 직업, 사회적 역할, 개인적 특성과 관련하여 스스로를 설명할 수 있을 것이다. 예를 들어 '나는 회사원이다', '나는 친절하다', '나는 축구를 좋아한다' 등으로. 또는 새로운 역할과 책임이 부여되는 경험을 통해 자기 정체성을 의식적으로 선택할 수도 있다. 예를 들어 '나는 사장이 될 거야', '나는 신뢰받는 리더가 되고 싶어' 등이다.

'리더 정체성leader identity'은 자신을 리더로 생각하고, 리더라는 역할과 책무를 자기 정체성의 하위요소로 받아들인 것을 말한다.[93] 리더라는 공식적인 지위 자체보다는 사회적 상호작용과 함께 그런 역할과 책무를 자기 정체성으로 내재화한 것이다. 리더십 개발의 관점에서 보면, 환경의 변화 또는 역할 전환에 따라 리더는 자기 정체성을 주체적으로 변화시켜야 성공할 수 있다. 다르게 말하면 환경과의 협상 과정을 통해 자신의 '새로운 이야기'를 창안해 자신의 역할, 책무, 사명을 설명할 수 있을 때 비로소 정체성을 획득한다. 리더 정체성은 리더의 역할과 관련한 다양한 의미의 집합체이고, 여기에 자신의 책무, 사명, 비전, 가치가 담겨 있다. 이는 리더십과 관련한 경험, 행동, 동기를 관리하고 리더십 개발을 촉구한다.[94]

리더 정체성의 세 층위

리더의 역할이 복잡하고 다층적인 것처럼 리더의 정체성도 다층적인 성격을 띤다. 다시 말해 리더로서 자신의 자아가 어디까지를 포섭하고 있느냐에 따라 정체성의 층위가 달라진다. 어떤 사람은 자신의 정체성이 자기 자신이라는 사적 영역에 국한되어 있다. 이를 '개인적 정체성individual identity'이라고 부른다. 자기 정체성을 넘어 다른 사람과의 관계까지 확장하고 있는 경우는 '대인 정체성interpersonal identity', 나아가 자신보다 더 큰 사회집단 또는 그 이상으로 확장한 경우는 '집단 정체성collective identity'이라고 부른다.[95]

개인 정체성을 가진 사람들은 자신이 다른 사람과 얼마나 차별화되어 있는지 주목한다. 자신만의 고유한 성격, 특질, 기질, 스타일, 역량 등에 주목하고 자기 개성을 강화하고 표현하며 실현하는 것을 중요한 삶의 과제로 생각한다. 리더 중에 개인 정체성에 몰두한 카리스마적 리더들은 구성원들에게 강렬한 자기 개성 전달하고, 이를 토대로 구성원의 열정과 몰입을 유도한다.[96] 물론 이것이 지나치면 과도한 자기중심주의, 나르시시즘으로 전락한다.

두 번째로 '대인 정체성'은 주변 사람과의 1:1 관계 안에서 구축된 정체성이다. 배우자로서의 정체성과 팀장으로서의 정체성은 대상이 누구냐에 따라 자기 역할을 정의한 것이므로 서로 다르게 나타난다. 실제로 조직 내 리더는 구성원마다 각기 다른 관계를 설정하고 있고, 이 관계의 질이 성과에 영향을 미친다.[97] 이런 정체성을 가진 리더는 타인과의 관계로 자기 역할을 한정한다. 그들은 사람들과의 친분, 신뢰 등에 집중한다.

세 번째로 '집단 정체성'은 사회적으로 자신이 속한 공동체, 집단을 동일시하여 느끼는 정체성이다. 어느 회사의 직원, 동창회의 구성원, 커뮤니티의 구성원, 사회의 구성원, 세계시민 등으로서 자기 존재감을 느끼는 경우다. 집단 정체성을 가진 리더들은 공동체의 가치와 규범을 내재화하고 있을 뿐 아니라 자신이 중요하게 생각하는 가치와 철학을 집단과 동일시하며 조직과의 일체감, 높은 몰입, 희생적 행동을 보인다.

리더 정체성의 개발

이 세 수준의 정체성은 서로 얽혀 있다. 하지만 자아의 독특한 위치, 주어진 상황에 따라 해당 정체성의 활성화 정도는 달라진다.[98] 아마도 집에서는 부모로서, 자녀로서의 개인 및 대인 정체성이 활성화될 것이고, 직장이라면 직장 구성원으로 대인 및 집단 정체성이 더 활성화될 것이다. 또 우선시하거나 중요하게 생각하는 중심 정체성이 있다면, 다양한 상황에도 불구하고 그 정체성을 보다 두드러지게 유지할 것이다.[99]

하지만 여기에서 주목해야 하는 것은 리더로 성장한다는 것의 의미다. 리더는 사회적 책임을 감당하기로 약속한 사람이다. 그는 개인 정체성의 수준에 머물러 있을 수 없다. 자신과 깊은 영향을 주고받는 타인, 집단 그리고 나아가 더 큰 사회 공동체를 자기 정체성의 일부로 확장하지 않으면 안 된다. 설령 아무리 탁월한 지식과 전문성을 갖추었다해도 자신의 정체성이 개인 수준, 대인 수준에 머물러 있다면, 그는 리더의 자격을 가졌다고 할 수 없다. 내가 만난 리더 중에 가끔 이렇게 말하는 사람들이 있다. "리더라고 이타적이어야 하나요?", "그것은 우리팀 일이 아닌데요?", "회사와 저는 별개예요.", "제가 왜 사회적 책임감을느껴야 하나요?"

물론 이는 리더 개인만의 문제가 아니다. 리더의 역할과 책임에 대한사회적 지지와 보상이 없다면 개인 정체성을 벗어나 집단 정체성으로나아가는 일은 분명 도전적이다. 그런 점에서 리더를 육성하고 개발하는 책임을 진 조직은 조직의 정체성을 재점검할 필요가 있다.

최근 주목을 받는 ESG의 문제는 '조직이 세상과 어떤 관계를 설정하고 있는가' 정신과 철학을 묻는 투자자들의 질문이다. 조직이 목적과 사명의 경계를 잘 구축하고 그에 맞는 비즈니스를 구현할 때, 사람들이 개인 정체성을 벗어나 집단 정체성을 갖도록 이끌 수 있다. 이것이 위대한 기업들이 가지고 있었던 사명과 목적의 스토리다. 그들은 근시안적이거나 사사로운 정체성에 함몰되지 않고, 자신들의 사회적, 역사적, 시대적 책임을 끌어안았다. 그것이 그 속에 참여하고 있는 사람들의 긍지와 자부심을 높였고, 일에 대한 열정과 몰입을 이끌었다.

개인적 차원에서도 마찬가지다. 리더의 책무를 맡거나 맡게 될 사람들은 리더로 성장하기 위해 자신의 정체성을 점검해야 한다. 기꺼이 사회적 책임을 감당할 준비가 되어 있는지, 정체성을 어떻게 확장해야 하는지에 대한 성찰과 고민이 요구된다. 이 과정에서 더 큰 정체성으로 자신을 확장하는 결단이 없다면 리더십은 단지 권력욕이나 명예욕에 불과하고, 그 결과 많은 사람을 불행에 빠뜨린다. 성장하는 리더들은 자기 정체성을 더 큰 집단적 수준으로 확장했고, 그를 통해 더 많은 힘을 얻었으며, 더 큰 변화를 만들어 냈다.[100]

그 이유를 생각해 보자. 먼저 리더가 되면 단지 매니지먼트와 관련된 지식과 기술을 배우는 것을 넘어서서 역할 전환에 맞서는 보다 복잡한 전략과 기술들을 배워야 한다. 관점을 확대해야 하고, 다양한 이해관계자들의 욕구를 통합해야 하며, 이들과 함께 조직의 변화를 이끌어야 한다. 그 과정에서 수많은 갈등을 해결하고, 임파워먼트를 행해야 한다. 나아가 자신이 왜 그 책임을 맡았는지에 대한 근원적 질문으로부터 자신의 목적과 사명을 재설정하지 않으면 안 된다. 이러한 도전들은 실무자로서 가지고 있었던 개인 정체성을 위협한다. 새로운 지식, 기술, 행동, 태도를 요구한다. 이때 과거의 대본으로 새로운 역할을 수행한다면 실패는 불가피하다. 자신과 환경 간의 정합성을 유지하고, 다양한 외부의 힘과 협상하며, 조직의 미래 사명을 실현하려면 그에 걸맞는 새로운 정체성을 창안해야 한다.

> • 리더는 먼저 자신이 누구인지 자신의 개인 정체성을 명확히 해야 한다. 자기 고유성과 강점, 재능을 발현하고, 궁극적으로 삶의 목적, 가치, 이상을 통합한 존재 이유와 이를 구현하기 위한 행동방식을 밝힌다.

정체성의 수준		개인의 정의	리더와 리더십 개발과의 관계		리더십에 대한 정의
사적 정체성	개인정체성	자신을 타인과 구별되는 차이로 그 자신을 인식함	개인 리더개발	리더는 자신과 구성원 속에서 자기정체성을 강화함	권위에 기초한 역할
사회적 정체성	대인정체성	다른 사람과의 관계를 규정하는 자기역할로 자신을 정의함	대인 리더개발	리더는 여러 사람들 간의 차이를 보다 강화함	사람들 간의 영향력을 미치는 프로세스
	집단정체성	자신을 소속한 집단과 동일시 함	집단 리더개발	자기가치와 정체성을 서로 다른 사람들, 상황에 동화시킴	팀, 조직, 사람들 간의 상호의존성에 기초한 사회시스템의 공유자산

그림 13. 개인 정체성에서 집단 정체성으로의 변화

- 다음으로 리더는 자신의 개인 정체성이 다른 사람들에게 어떤 영향을 미치며, 어떻게 그들과 함께 더 큰 힘을 모을 수 있는지를 배워야 한다. 이를 위해서 자신의 정체성은 타인의 욕구와 열망을 품고 있어야 한다.

- 그다음으로 개인 정체성과 대인 정체성을 연결하고, 나아가 이를 통합한 집단 정체성을 개발해야 한다. 리더가 된다는 것의 의미는 집단 정체성을 개발하는 자신을 더 큰 공동체의 일원으로 이해하고, 그 공동체를 위한 사회적 책무와 역할을 자기 삶의 중요한 역할로 수용해야 한다. 그런 리더는 팀은 물론 조직, 나아가 사회공동체를 포괄하는 담대한 목적과 이상을 위해 사람들의 집단적 힘을 모으게 된다.

리더의 정체성 스토리

적어도 우리는 시간 속에서 태어나고 사라지는 숙명적 존재다. 시간은 물리적으로 체험되는 것이 아니라 그 시간에 대한 우리의 해석으로 체험된다. 이 해석이 바로 우리의 '내러티브narrative'다. 내러티브는 사건을 포착하고 그 사건에 의미를 부여한다. 세계는 있는 그대로 우리 앞에 나타나는 것이 아니라 이 내러티브를 통해 구성되고 변형된다. 자신이 누구이며, 어떤 삶을 살아가고 있는지, 어떻게 살아야 하는지를 이해하기 위해서는 고유한 이야기가 필요하다.

이야기 정체성

내러티브는 경험에 대한 압축적인 요약이며, 자신의 정체성을 유지하는 방편이다. 우리는 자신을 주인공으로 하는 인생의 이야기를 만든다. 그 이야기가 우리 자신과 세상을 정확하게 설명하는 것은 아닐지라도 우리가 중요하게 생각하는 것, 좋아하는 것을 드러내고 자신이 누구이며, 누구이어야 하는지를 설명한다. 이를 '이야기 정체성narrative identity'이라 한다. 이는 화자로서 자기 자신이 누구인지를 설명하고, 어떤 삶을 살며, 어떻게 살아야 하는지에 대한 일련의 해명이다. 심리학자 매캐덤McAdam은 이를 '개인에게 내재화된, 진화하는 통합된 스토리'라고 말한다.[101] 이때 스토리는 잠정적이지만 자아를 규정하고, 과거와 현재를 연결하며, 지속적인 자아 감각을 지탱함은 물론 바람직한 변화를 위한 가설을 제공한다.[102]

사람들은 대체로 성인 초기에서부터 시작해 삶 전반에 걸쳐 끊임없는 내러티브를 만든다. 특정한 경험을 선별하고, 상반된 사건들을 대립시키고, 추가적인 정보를 투입하여 이야기를 발전시켜간다. 이런 작업은 특히 모호하고 불확실한 상황을 헤쳐 갈 때 자신에 대한 근원적인 의미(자신이 누구이며 무엇을 해야 하는지)를 제공한다. 불안과 방황에 휩싸여 정체성 위기를 경험한다면 자신의 스토리를 만드는 데 일시적으로, 혹은 부분적으로 실패했기 때문이다. 이것은 죽음에 다다를 때까지 끝나지 않는다. 매번 과거의 낡은 스토리를 새롭게 경신해가면서 자신을 재확인하고 창조하는 경험을 반복한다.

매캐덤이 지적하고 있는 이야기 정체성은 리더 정체성의 관점에서 다음과 같은 특성이 있다.[103]

- 우리의 자아는 스토리화되어 있다. 우리는 본질적으로 스토리텔러이며 스토리를 통해서 자신을 이해하고 전달한다. 이 스토리가 과거에 대한 해석과 미래에 대한 상상에 지속적으로 영향을 미친다는 점을 고려하면 우리의 자아는 명백히 이 스토리 안에 존재한다.

- 스토리는 삶을 통합한다. 스토리는 파편화되어 있는 무질서한 사건들을 하나의 질서로 모은다. 여기에는 두 가지 방식이 사용된다. 하나는 다양한 역할, 성향, 목표, 사건들을, 심지어 대립적이고 역설적이며 갈등하는 경험을 하나의 패턴으로 묶어낸다. 예를 들어 우리는 직장인으로 해야 할 역할과 사회 구성원으로 해야 할 역할, 가족 구성원으로 해야 할 역할을 갈등 없이 통합된 개인으로 묘사할 수 있다. 또 다른 방식은 삶의 일련의 사건들과 경로들을 연속적인 시간으로 연결하여 통합할 수 있다. 예를 들어 20대는 반항적이었지만, 30대는 보다 책임 있는 사람이 되었고, 50대에는 세상과 사람을 보다 원숙한 눈으로 바라보는 성인이 되었음을 설명할 수 있다. 전자가

공간적 통합이라면, 후자는 시간적 통합인 셈이다. 오늘날과 같은 혼돈과 복잡성의 현대사회에서 통합된 스토리를 갖는 일은 매우 도전적인 일이자 중심적인 삶의 과제가 되었다.

- 스토리는 사회적 관계 안에서 각기 다르게 발현된다. 스토리는 언제나 듣는 사람을 전제로 하여 존재한다. 이는 본질적으로 사회적 현상이며, 사회적 규범과 기대에 일치하는 방식으로 표현된다. 우리의 스토리는 듣는 사람, 상황, 조건을 고려하여 자신을 다르게 규정하기도 하고, 어떤 것을 더 부각하기도 하며, 전달하는 방식과 모드를 달리한다. 또 주변 사람들이 주는 피드백으로 인해 그 의미가 발전하고 구체화하기도 한다. 리더십 관점에서 보면 리더의 스토리는 중요한 이해관계자들의 마음속에서 의미 있게 살아남아야만 성공할 수 있다.

- 스토리는 지속해서 변화한다. 어떤 사건은 잘못 기억하기도 하고 작화하기도 한다. 하지만 스토리의 불완전성은 삶의 스토리가 계속해서 변화하고 성장할 수 있음을 방증한다. 사람들은 계속해서 새로운 경험을 쌓고 이를 정체성 스토리에 보태어 간다. 개인의 동기, 목적, 관심, 사회적 위치가 달라지면 중요한 기억들과 그 의미는 변화한다. 리더십 관점에서 보면 적극적으로 창조해야 할 스토리는 이른바 목적과 비전이다. 목적은 이야기의 결말이고, 비전은 결말에 이르는 경로를 밝힌 것이다.

- 스토리는 문화적 맥락 안에 존재한다. 스토리는 문화의 거울이며, 문화 안에서 만들어지고 표현된다. 지배적인 그 사회의 규범, 규칙 안에서 태어나고 자라며 죽는다. 우리가 기억하는 삶의 스토리들은 삶 전반에 걸쳐 문화적으로 공유하고 있는 것을 반영한다. 그런 점에서 이야기야말로 문화의 화폐이

자 통화다. 하지만 동시에 어떤 스토리는 지배적인 문화와 대립한다. 소수자이거나, 경제적 약자 또는 새로운 변화를 꿈꾸는 사람들의 스토리는 기존의 문화와 질서를 부정하고 이를 극복하고자 한다. 어떤 리더의 스토리는 그래서 파괴적이고 변혁적이다. 더 많은 사람의 지지를 얻는다면 이것이 이야기를 지배하는 새로운 문화적 질서가 된다.

모든 위대한 리더는 자신과 공동체를 구원하는 스토리를 통해 집단적 변화를 일으켰다. 집단적 변화는 그들의 능력과 전문성 때문만이 아니었다. 심지어 그것이 없을 때조차 그들은 사람들의 마음을 파고드는 이야기를 창안함으로써 비상한 힘을 모았다. 오늘 리더십의 부재는 바로 이 스토리의 빈곤에서 비롯한다. 성과, 목표, 이윤, 보상, 위기, 생존으로 대변되는 스토리는 더 이상 사람들을 감동시키지 못한다. 감동이 사라진 구성원들은 직장과의 관계를 바꾼다. 삶의 공간을 이원화하고 직장 밖에서 자기만의 공간으로 만드는 데 몰두한다. '공정'과 '공평'에 촉각을 곤두세우고 자기 권리를 지키려 한다.

직장이 보다 온전한 삶의 공간, 혁신의 공간으로 변모할 수 있느냐는 구성원의 마음을 사로잡을 수 있는 감동적인 스토리가 있느냐에 달려있다. 자부심을 주는 세계와, 이를 위해 지금의 과제들을 돌파하고자 하는 매력적인 스토리가 있어야 사람의 마음을 움직일 수 있다. 비록 허구일지라도 현실의 난관을 뛰어넘을 수 있는, 열정과 헌신의 이유가 되는 신화가 마음속에 구축될 때, 직장은 비로소 진정성 있는 공간으로 변모한다.

이야기는 우리의 삶 자체이자 미래다. 빅데이터로 대변되는 오늘날 정보의 과부하는 주의를 분산시키고, 의사결정을 기술에 의존하게 함으로써 상황에 대한 주체적인 이해와 판단 능력을 앗아가고 있다. 각종 수치가 만들어 내는 정보들은 무엇이 진실인지를 정확히 설명하는 데 한계를 드러낸다. 그러나 스토리는 역설적으로 우리의 생각을 만들고 우리가 삶의 주체적 해석자이자 창안자임을 알려준다.

스토리를 만드는 것은 개인적인 작업이지만, 동시에 이야기를 듣는 청중들의 수용과 승인을 필요로 한다는 점에서 사회적 프로세스다. 리더의 정체성은 자신과 조직 사명을 구현하는 건강하고 설득력 있는 내러티브가 되어야 하고, 이것이 다시 이해관계자들의 마음속에 살아남아 공감과 지지를 얻어야 한다. 하버드대학의 심리학자이자 교육학자인 하워드 가드너Howard Gardner는 역사 속의 다양한 리더들의 삶을 연구하며 이렇게 결론지었다.

> "이야기의 능숙한 창조와 명확한 전달은 리더의 근본적인 자질이다. 이야기는 인간 마음의 두 부분인 이성과 감정에 영향을 미친다. 그리고 리더의 병기고에서 가장 강력한 단 하나의 무기는 바로 정체성 이야기다. 다시 말해서 자신이 누구이고 어디에서 왔으며 어디로 향하고 있는가에 대해 느끼고 생각하는 데 도움을 주는 이야기 말이다."[104]

그는 리더십이란 다른 사람들의 사고, 감정, 행동에 의미심장한 영향을 미치는 능력이라고 말한다. 의미심장한 영향은 다름 아니라 리더의 정체성 스토리다. 자기 삶을 지배할 뿐 아니라 다른 사람들의 심금을 울리는, 변화와 성장의 스토리는 구성원의 참여를 이끌고 원하는 것을 성취하게 하지만, 그렇지 못한 스토리는 결국 사람들을 무력감에 빠뜨린다. 그러므로 자기 정체성 스토리를 창안하고, 이것이 구성원들의 마음속에 살아남도록 하는 것이 곧 리더십의 성공이라고 할 수 있다.

청구와 승인 과정으로서의 스토리

스토리가 이해관계자의 마음속에 살아남으려면 이해관계자들로부터 승인과 정당화 과정이 있어야 한다. 그렇지 않은 스토리는 자기 독백에 불과하다. 리더의 스토리는 구체적인 자원, 정보, 아이디어, 적절한 용어로 설명되어야 할 뿐 아니라 사회적 지지를 얻기 위해 신뢰할 만하며 자부심을 줄 수 있어야 한다. 언젠가 한 리더가 내게 이렇게 말했다.

> "저는 리더의 역할을 맡으며 깊이 생각한 것이 하나 있습니다. 그건 우리가 얼마나 높은 성과를 만들어 내느냐가 아닙니다. 저는 우리 구성원들이 직장을 통해 진실한 체험을 하며, 각자의 꿈이 이루어지길 바랍니다. 저의 목적과 사명은 우리가 하는 일들이 우리의 성장 터전이 되길 진정으로 바랍니다. 제가 그런 역할을 하지 못한다면 존재의 의가 없는 것이고, 나아가 수많은 이해관계자에게 아픔을 주는 일이라 생각합니다. 힘들고 부족하지만 꼭 도전해 보고 싶습니다."

좋은 스토리는 이해관계자의 승인을 얻는다. 반면 승인받지 못한 스토리는 리더의 개인적인 야욕과 다를 바 없고, 독단적이고 전제적인 리더십의 원인이 된다. 예를 들어 어떤 리더가 계속해서 주변 사람들로부터 부정적 평판에 휩싸여 있다면, 그는 직장 안에서 자기 스토리를 뿌리내리는 데 실패하고 있는 중이다. 또 조직 정체성과 부합하지 않거나 여기에 몰입하지 않는 리더가 있다면, 리더의 스토리는 분열과 혼돈 중일 것이다. 하지만 이해관계자들로부터 좋은 피드백을 받고 있고, 비록 현재는 아닐지라도 그의 스토리가 사람들에게 희망과 용기를 주고 있다면, 이런 스토리는 조직 전체에 공명을 만들고 점차 다수의 승인을 얻어 높은 몰입을 끌어낼 것이다.

리더십은 리더의 스토리가 '청구와 승인claiming and granting의 반복적인 과정'을 통해 공동의 스토리로 진화하는 과정이다.[105] 어떤 리더는 직위를 리더십이라고 생각하고 이 과정을 무시한다. 그러면 그의 스토리는

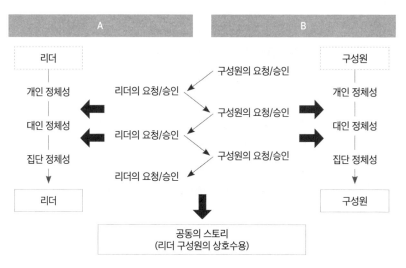

그림 14. 청구와 승인의 과정으로서 리더십 스토리

내용도 빈약하고, 방식도 탑다운에 의존한다. 당연히 청구의 과정도 승인의 과정도 사라진다.

'청구'란 리더가 구성원에게 조직의 사명과 비전을 매력적으로 표현하는 것은 물론 이를 구현하는 프로젝트, 각종 제도와 규칙, 정책들로 표현된다. '승인'이란 구성원들의 지지, 공감, 추종 또는 저항 등을 의미한다. 따라서 리더는 자기만의 1) 고유한 스토리를 창안하고, 이를 실현하기 위한 2) 구체적인 역할 행동을 만들며, 이를 가시화하는 3) 프로젝트를 성공시켜야 한다. 운이 좋다면 금방 그 결과가 드러나지만, 그렇지 않다면 매우 긴 시간이 필요하다. 이 과정이 리더십의 여정이며, 이를 통해 집단의 스토리, 즉 집단 정체성을 만들어 가게 된다.

좋은 리더의 스토리는 중요한 사람들을 자기편으로 포섭하고 힘을 보태지만, 뻔한 스토리, 그렇고 그런 스토리, 사심 가득한 스토리는 사라지거나 저항에 부닥친다. 스토리의 빈곤과 부적절함은 쉬이 오해와 불신을 낳고 리더십을 곤경에 빠뜨린다. 애석하게도 어떤 스토리는 너무 중요함에도 불구하고 전달하는 과정에서 동의를 얻지 못하고 좌초한다. 그런 점에서 이 과정은 지속적이고 반복적인 끝나지 않는 여정이다.

구성원의 공감과 지지를 얻는 스토리는 어떤 내용을 품고 있어야 할까? 그것은 적어도 다음 세 가지, 즉 진정성, 정당성, 매력성을 갖추어야 한다.

스토리의 진정성

리더의 스토리가 진정성이 없다면 리더의 모든 청구행위(설득하고 공감을 얻으려는)는 사기극과 다를 바 없다. 스토리가 진정성이 있다는 것은 두 가지가 있을 때다. 1) 말과 행동의 일관성이 있어 위선이 없을 때다. 겉과 속이 다르지 않고 어떤 상황에서도 예측 가능할 만큼 연속성이 있다면 리더의 스토리는 진정성을 전달할 가능성이 높다. 하지만 앞뒤가 다르고 변덕이 있으며 진실을 감추고 있다면 스토리는 승인되지 못한다. 특히 새로운 변수가 출현하는 변화와 위기는 리더의 진정성이 검증되는 순간이다. 이때 구성원들은 리더의 말과 행동을 주목하고, 그것이 진실로 구현되는지 확인하게 된다.

2) 리더가 중요하다고 생각하는 것과 실제 삶이 일치하고 있는가의 문제다. 리더가 강조하고 있는 목적, 비전, 가치가 리더의 삶과 합치되어 현실화하고 있을 때다. 목적, 비전, 가치와 삶이 불일치한다면 사람들은 리더의 목적과 의도를 불순하게 여기고 리더의 행동을 정치적 술수로 판단한다. 심지어 깊은 배신감을 경험한다. 사람인지라 이런 진정성을 유지하기는 분명 어렵다. 그러나 리더의 위치에 있다면 위선, 거짓, 오류가 있을 때마다 이를 솔직하게 고백하고 용서를 구하는 것이 그나마 다시 신뢰를 회복하는 유일한 길이다.

스토리의 정당성

리더의 스토리가 갖추어야 할 두 번째 요소는 정당성이다. 정당성이 있는 스토리는 1) 정확한 사실, 타당한 근거에 기초해야 하고, 2) 동의

할 수 있는 명분을 가지고 있어야 한다. 리더의 스토리가 객관적 사실에 근거해 있지 않거나, 개인적인 야욕과 사심에 기초해 있거나, 특정 집단의 이익을 대변하고 있다면, 구성원들은 이를 이성적으로 납득할 수 없고 공감하지 못할 것이다. 예를 들어 고객의 고통과 상처를 치유하고, 사회 전체의 파이를 키우며, 정의를 실현하는 보편적인 가치, 사명에서 비롯된 스토리이면서 동시에 현실의 객관적 분석에 기초한 것이라면, 사람들은 논리적으로 수긍할 뿐 아니라 자부심, 긍지, 보람을 느낄 것이다.

스토리의 매력성

매력적인 스토리는 사람들의 마음을 사로잡는다. 어떤 스토리가 매력적인가? 스토리가 흥미 있고, 새로우며, 극적 구조를 가졌을 때다. 속죄를 통해 성장해 가는 스토리, 역경과 난관을 극복해 가는 스토리, 더 큰 정의를 구현하고자 희생을 감수하는 스토리, 새로움을 만들고자 분투하는 혁신의 스토리는 사람들의 마음속에서 비교적 손쉽게 승인을 얻는다. 이런 스토리는 난관을 뛰어넘고자 하고, 구성원의 상처와 고통의 근원을 파고들며, 불의에 맞서고, 더 크고 가치 있는 유산을 남기고자 하는 마음을 전달한다. 역경을 헤치고 부조리를 극복하며 사회적 선을 실현하는 스토리는 사람들의 긍지와 자부심을 고취하고, 사회적 책임과 사명감을 불러일으키며, 그 열매가 가치 있음을 알려준다.

• 진정성이 있는가?

- 겉과 속이 일치하는가? 일관된가? 거짓이 없는가?
- 리더 자신이 표방하는 목적, 사명, 가치와 리더의 삶이 부합하는가?
- 정당한가?
- 사사로운 야심을 넘어 동의할 수 있는 보편의 가치를 추구하는가?
- 타당하고 객관적인 사실에 기초해 있는가?
- 매력적인가?
- 이해관계자의 상처와 고통을 치유하는가?
- 새롭고 도전적이며 흥미 있는가?
- 난관에 맞서 이겨낼 용기와 희망을 주는가?

스토리의 콘텐츠가 진정성 있고 정당하며 매력적이라 해도 구성원의 마음속에 승인되어 뿌리를 내리려면 또 하나의 관문이 남아 있다. 스토리 전달 과정이 효과적이어야 한다. 스토리가 효과적으로 전달되려면 좋은 플롯과 함께 이해관계자의 참여가 필수적이다.

스토리의 플롯

좋은 플롯은 무질서해 보이는 여러 사건을 하나의 질서로 묶어 특정 목적을 향하도록 정렬한다. 각각의 사건들이 궤적을 만들고, 이것이 궁극적인 결말인 목적으로 수렴한다. 통상 플롯은 시작-전개-대단원의 3단계 구조로 되어 있다. 시작단계는 사건이 벌어지면서 주인공을 혼란과 시련 속에 빠뜨린다. 전개단계에 접어들면 결정적 순간인 클라이맥스에 다다른다. 그리고 대단원이 되면 전개 과정에서 불거졌던 모든 갈등과 긴장들이 일순에 해소된다.

리더의 스토리에 플롯이 있다는 것은 조직이 직면하고 있는 과제와 난관에 맞서 마침내 궁극적으로 실현하려는 목적/비전/가치가 있고, 이를 현실화하려는 플랜이 있다는 것을 의미한다. 궁극적 지향점으로서의 목적은 최종결과를, 비전은 달성해야 하는 거점을, 가치는 행위의 원칙과 기준을 보여준다. 리더의 스토리는 이 목적, 비전, 가치 그리고 여기로 가는 경로와 그 과정에서 만나는 장애와 난관을 보여주며, 이를 넘어서고자 하는 대안이 무엇인지를 드러낸다. 소소한 일상과 과업들이 궁극적 목적과 비전으로 수렴되어감을 느낄 때, 즉 그 플롯이 체험될 때, 사람들은 어려움 속에서도 의미를 발견하고 역경을 헤쳐 나갈 수 있는 힘과 용기를 얻는다. 마치 한 편의 영화, 소설이 주는 감동이 그러하듯 말이다.

플롯은 리더의 말만으로 드러나지 않는다. 오히려 말만 있다면 진정성은 위협받는다. 그것은 1) 행동으로, 프로젝트로, 구체적인 과업으로 펼쳐져야 하고, 2) 규칙, 규범, 루틴으로 자리 잡아 이를 뿌리내리게 해야 한다. 그래서 마침내 3) 사람들이 그 열매를 수확하는 성장체험이 일어나게 해야 한다. 이를 위해서는 먼저 구체적 과업이 목적/비전/가치로부터 연역되어 우선순위가 정렬되어야 한다. 우선순위의 혼란은 플롯이 전달하는 의미를 훼손한다. 우선순위가 뒤바뀐다면 이를 설득력 있게 설명하고 동의를 구해야 한다. 목적/비전/가치로부터 연역되지 않는 맹목적인 성과의 강조는 플롯을 일순에 붕괴시킨다. 성과는 목적의 결과이지, 그 자체가 목적은 아니기 때문이다. 아무 개연성도, 감동도 없는 플롯이 되고 만다. 이 과정은 단숨에 이뤄지지 않는다. 플롯 역시 완벽할 수도 없다. 그러므로 리더는 플롯을 재구축하는 일을 멈추지 않아야 하며, 작은 성취를 누적함으로써 플롯이 허구가 아님을 입증해야 한다. 낡은 이야기가 있다면 폐기해야 마땅하고, 새로운 이야기가 있다면 덧대어야 하며, 부적절한 관행, 제도, 룰이 있다면 재정렬하길 계속해야 한다. 이 과정에서 간과하지 않아야 하는 것은 목적과 비전으로 가는 핵심 과제와 일상의 과제들 속에 구성원 각자의 개별적 스토리가 살아 있어야 하기 때문이다. 그런 구성원들은 이렇게 말한다. "이 일을 하는 것이 자랑스러워요."

스토리의 참여

구성원이 자랑스럽게 느끼는 스토리는 구성원의 참여가 필수적이다. 스토리텔링은 말로 이루어져 있고, 듣는 사람 없이 존재할 수 없다. 청

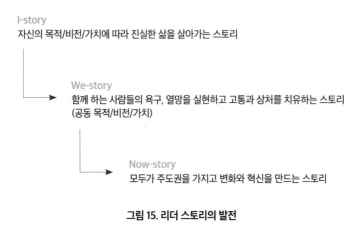

I-story
자신의 목적/비전/가치에 따라 진실한 삶을 살아가는 스토리

We-story
함께 하는 사람들의 욕구, 열망을 실현하고 고통과 상처를 치유하는 스토리
(공동 목적/비전/가치)

Now-story
모두가 주도권을 가지고 변화와 혁신을 만드는 스토리

그림 15. 리더 스토리의 발전

중의 참여는 스토리의 절대조건이다. 전통적인 리더들은 자신의 스토리를 독백처럼 풀어놓고, 이에 부합하는 사람들에게는 상을, 반하는 사람들에게는 처벌을 주었다. 그런 스토리는 사람들의 마음을 살 수 없으므로 곧바로 휘발된다. 좋은 스토리는 리더의 스토리I-story와 구성원의 스토리you-story가 한데 얽혀 모두의 스토리we-story로 발전하고, 곧 변화와 혁신의 스토리now-story로 전환된다. 구성원은 스토리의 중요한 작가가 되어 스토리를 평가하고 동시에 새로운 스토리를 생산한다. 그들은 찬반 혹은 중립적인 입장에 서서 리더에게 호응을 보내기도 하고 냉소를 보내기도 한다. 만일 자신이 생산한 스토리가 리더의 스토리에 반영되어 있다는 생각을 하지 못한다면, 그들은 남의 대본을 가진 것이므로 월급쟁이가 되고 마침내 리더에게 등을 돌린다.[106]

공동의 스토리는 언제나 쌍방향으로 쌓아 올려진다. 스토리가 씨앗이고, 성과가 열매라면 리더는 자신의 스토리가 구성원들의 마음의 텃밭에 뿌리를 내려 풍성한 열매를 맺게 해야 한다. 그러려면 제일 먼저 텃밭인 구성원들의 마음을 충분히 읽을 수 있어야 한다. 그들이 어떤 꿈과 열망을 가졌는지, 어떻게 매일 좌절해 가고 있는지, 언제 어떻게 흥분되는지를 읽어야, 리더는 자신의 씨앗을 어떻게 어떤 방식으로 그 텃밭에 뿌려야 하는지 알게 된다. 그때 구성원은 자신의 스토리(토양) 안에 그 씨앗을 받아 공동의 스토리를 만드는 데 동참한다. 아이디어를 내고 재능과 열정을 투입하며 새로운 혁신의 스토리를 창안한다. 그런 과정을 통해 스토리는 정당성, 매력성, 진정성을 부여받고, 의미 있는 플롯을 가지며, 리더와 구성원 모두를 새롭게 혁신한다.

리더의 스토리가 구성원의 마음속에 뿌리내리려면 다음의 사항을 점검해 보자.

- 조직의 명료한 목적/비전/가치가 밝혀져 있고, 리더는 일상의 활동을 이에 비추어 설명하는가?
- 중요한 의사결정은 이 목적/비전/가치에 근거하여 이루어지고 있는가?
- 핵심과업과 전략들은 목적/비전/가치로부터 연역되어 있는가?
- 규칙/규범/리추얼들은 목적/비전/핵심과업/전략들과 효과적으로 부합하는가? 지속해서 수정되고 진화하는가?
- 구체적인 과업, 프로젝트의 결과들은 목적/비전/가치를 입증하는가? 그런 평가를 행하는가?
- 리더의 커뮤니케이션은 설득력 있고, 독창적이며, 구성원의 공감을 불러일으키는가?

정체성 변화와 리더십 개발

리더의 스토리가 창안되는 것은 리더의 정체성이 새롭게 변화하기 때문이다. 정체성의 변화는 어떻게 가능할까? 이 질문에 답하려면 우선 '변화'라는 말을 주목해볼 필요가 있다. 변화는 과거의 정체성을 버리고 대안적 정체성을 창안하여 내재화하는 과정이다. 팔로워에서 매니저로, 매니저에서 리더로, 기술적인 작업에서 적응적인 작업으로, 일상의 행동 패턴에서 변화와 혁신의 행동 패턴으로, 고식적인 성과 달성에서 조직의 목적과 사명을 구현하는 일로 전환하는 것이다. 반복적으로 말하지만, 이것은 단지 지식과 스킬을 획득하는 일에 그치지 않고 새로운 표준이 되는 새로운 의미 시스템을 갖추는 일이다.

모든 변화의 프로세스는 1) 기존의 명료했던 세계를 떠나서 2) 불확실하고 모호한 세계를 지나 3) 이를 극복한 새로운 세계에 안착하는 여정이다. 마찬가지로 리더 정체성도 이 같은 세 단계를 거친다. 첫 번째는 기존 정체성(개인 정체성 또는 대인 정체성)과 분리하는 단계이고, 두 번째는 새로운 정체성(집단 정체성)을 장착해 실험하는 단계이며, 세 번째는 새로운 정체성을 자기 일과 통합하는 단계다. [107]

분리 Separation

모든 학습과 성장, 변화는 '분리'에서 시작한다. 안전한 오두막에 머물면서 새로운 세상을 체험할 수는 없다. 기존의 익숙한 것, 안전한 곳을 떠나야만 한다. 분리의 충동은 기존의 오두막이 더 이상 행복을 주지 않을 때, 불만을 유발할 때, 기회손실을 초래할 때, 기대와 불일치할 때 일어난다. 상실, 분열, 불편, 욕구불만, 불일치가 변화의 동인이다. 하지만 강렬한 열망, 목적을 실현하려는 사명감만큼 강력한 분리의 충동은 없다. N극과 S극의 극성이 살아있다면 우리는 누구나 이 위험한 여정에 뛰어든다.

새롭고 도전적이며 낯선 상황에 던져지면, 기존에 누렸던 권력과 권위는 사라진다. 이때 당혹스러움, 혼돈, 불안, 공포, 상실감을 경험한다. 이런 불편한 감정을 견딜 수 없다면(정서 민첩성 역량), 우리는 과거의 오두막으로 기어들어 갈 것이지만, 그 미지의 세계를 통해 자기를 창조하려는 사람들은 이를 무릅쓴다. 분리 과정의 과업은 이전의 역할과 정체성(개인 정체성)을 버리고, 새로운 규범과 참조 준거(집단 정체성: 새로운 목적과 비전의 스토리)를 채택하는 것이다. 이는 두 가지 형태를 띤다. 하나는 기존의 행동을 더 이상 용납할 수 없을 때, 속죄가 필요할 때 이 행위는 수동적이어서 고통을 감내해야 한다. 다른 하나는 강렬한 끌림이 자신을 낚아챌 때, 사명감과 책무감에서 비롯될 때는 능동적인 선택이 되어 열정을 만든다. 바람직한 자아(Possible self), 즉 목적과 사명을 실현하고자 하는 바람이 긴장을 선물하기 때문이다.

공식적인 역할 변화가 없더라도 물리적, 사회적, 심리적 조건의 변화는 분리를 촉구한다. 근무환경과 조건이 바뀌거나 사람들과의 관계가 바뀔 때다. 특히 사람들과의 관계는 리더의 자기인식과 관련한 준거집단이 바뀌는 것이므로 이들의 승인을 새롭게 필요로 한다. 이때 우리는 자신이 누구인지를 다시 묻게 되고(현재의 정체성), 장차 어떤 일을 시작해야 하는지를 설명해야 한다(미래의 정체성). 새롭게 이들의 지지를 얻을 수 있다면 이 과정은 계속해서 성장할 수 있는 심리적 안전지대를 구축한다.

분리의 과정에서 해야 할 것들은 다음과 같다.

• 개인 정체성을 버리고 집단 정체성을 가져야 하는 내적, 외적 요인들을 검토한다. 그리고 가능한 한 자신에게서 벌어지는 변화들을 상세히 기술한다. 어떤 변화가 다가오고 있는가?

- 지금의 변화가 유발하게 될 2차적 변화, 그로 인한 3차적 변화는 무엇인지 기술한다.
- 개인 정체성을 그대로 유지하게 될 때 자신에게 벌어지는 비극은 무엇인지 기술한다.
- 개인 정체성을 버릴 때 나타나는 상실감을 인정하고 이를 공개적으로 말한다. 상실감은 무엇인가? 이 상실감은 실제인가? 혹 상상이나 과장된 주관의 산물은 아닌가?
- 빠져나가거나 도망치고 싶은 마음은 없는가? 이것이 변화에 대한 절박한 호소를 무시하고 있는 것은 아닌가? 묻고 답한다.
- 불안, 우울, 슬픔과 같은 감정, 손해를 보게 되는 데서 오는 염려와 두려움을 숨기지 않는다. 그런 자신을 공감하고 위로한다. 그리고 이를 제거하기 위한 정보를 적극적으로 찾는다. 새롭게 해야 할 일에 대한 정보를 탐색하고, 그 일을 앞서 경험한 사람들을 이야기를 찾아 수집한다.
- 더 중요한 목적, 사명, 책임을 감당하기 위해 기꺼이 해야 할 일들과 과감히 포기해야 할 것을 정확하게 구분한다. 어떤 것을 잃지 않고는 새로워질 수 없음을 확인한다.
- 과거 개인 정체성으로 인해 누렸던 성과를 인정하고, 집단 정체성이 가진 더 나은 성장 잠재력을 확인한다. 옳고 그름을 판단하지 않고 개인 정체성의 가치를 인정해야 집단 정체성으로 나아갈 수 있다.
- 분리 과정을 서둘러 끝내려고 하지 않는다. 부적절한 분리는 더 큰 상실감을 불러올 수 있음을 경계한다. 위 과정을 반복하여 과거와 결별한다.

전환 Transition

두 번째 단계인 '전환'은 오두막을 떠나 다음 기착지로 이동해 가는 과정으로, 아직 새로운 곳에 정착하지 못한 중간지대를 의미한다. 모호하고 불확실한 상황에 놓여있다는 점에서 혼돈, 설렘이 공존한다. 이 중간지대는 다음과 같은 특징이 있다.

첫째, '경계인'의 정체성을 갖는다. 시작은 했지만 끝내지 않은 여정, 버리긴 했지만, 다시 채우지 못한 공백, 이것도 저것도 아닌 어정쩡한 상태로서의 불완전함을 경험한다. 개인 정체성을 지배했던 실무자로서의 패러다임을 버릴 수도 없고, 그렇다고 집단 정체성을 대변하는 리더십 패러다임도 아직 채택하지 못한 상태다.

둘째, 경계인으로서의 모호한 정체성은 혼란과 내적 갈등을 증폭한다. 과거의 분명한 것들이 붕괴하고, 아직 명료한 정체성이 장착되지 않았으므로 이곳에 머물러 있는 리더는 앞으로도 나아가지도 뒤로 물러서지도 못한다.

"제가 정말 좋은 리더가 될 수 있을까요?"

"리더가 꼭 되어야 하나요?"

능률이 떨어지고 약점들이 노출된다. 개인 정체성과 집단 정체성이 양립하고 충돌한다. 예를 들어 새로운 사업기획팀으로 발령이 난 리더는 전통적인 비즈니스 관행을 버려야 한다. 과거 자신이 가졌던 역할, 행동 패턴들에서 떨어져 나오긴 했지만, 통합적인 안목, 전체의 힘을 모으는 리더십 발휘에 익숙하지 않고, 새로운 역할에 대한 확신과 자부심도 느끼지 못하게 되면 회의감, 좌절감을 경험한다.

셋째, 전환의 시기는 어느 것도 확실한 것이 없지만 다른 각도에서 보면 다양한 가능성이 존재하는 공간이다. 업무가 늘어나고 경험하지 않은 과업들이 출현하면서 새로운 가능성을 실험할 수 있다. 재능과 장점이 새롭게 확인된다. 하지만 경계인으로서의 정체성을 벗어나지 못한다면 이전의 단계로 회귀한다. 그러므로 조급함을 느끼며 좌충우돌하기보다는 이 중간지대의 속성을 이해하면서 자신이 가졌던 개인 정체성을 어떻게 집단 정체성으로 승화, 발전시켜야 하는지 성찰할 필요가 있다.

전환의 시기에 해야 할 것들은 다음과 같다.

- 봄이 오려면 겨울이 있는 것처럼 희망을 잃지 않아야 한다. 전환의 시기를 긍정적 용어로 정의해본다. '침몰의 시기'가 아니라 '도약의 시기'라고 명명할 수 있다. '어려운 것'이 아니라 '배워야 하는 것'이라고 부를 수 있다.
- 스스로 회복할 수 있는 시간을 준다. 조급한 변화, 높은 목표보다는 단기적인 목표를 설정하고, 이를 성취함으로써 자신감을 회복할 필요가 있다.
- 다양한 많은 사람과 소통하며 일체감, 유대감을 복원한다. 개인적인 아집이나 독단에서 벗어나 다양한 견해를 경청하고, 필요하면 도움을 구한다.
- 전환의 과정을 모니터링한다. 다양한 피드백을 수렴하고 정확하게 현실을 진단한다. 잡음과 정확한 정보를 구분해 자신을 객관화한다. 피드백을 무시하지 않고 수용한다. 이것만으로도 새로운 정체성을 찾아가는 데 있어 많은

혼란을 줄일 수 있다.

- 새로운 시도를 하는 것에 대해 스스로 관대해야 한다. 문제를 해결할 수 있는 참신한 과제를 만들고 이를 수행할 방안을 배운다. 그런 자신을 대견하게 생각하고 용기를 주어야 한다.
- 전환의 과정을 벗어날 수 있는 건설적인 질문을 던진다. '지금 나에게 도움이 되는 것이 무엇인가?', '무엇이 나와 우리 조직을 위해 바람직한가?'

통합 Incorporation

리더로서 새로운 역할을 성공적으로 수행하려면 역할과 자기 정체성이 하나로 통합되어야 한다. 새로운 차원에서의 결합이 일어나 역할이 개인에게 내재화되어야 한다. 내재화란 역할을 믿음의 상태로 전환한 것이다. 새로운 과제와 역할에 대한 반복적인 실험과 그 과정에서 오는 각각의 피드백은 새로운 역할의 정합성을 높인다. 이런 일이 누적되면 보다 확고한 신념으로 발전한다.

이 과정에서 다음과 같은 일들이 벌어진다. 새로운 방향으로 에너지가 분출된다. 사막을 벗어나 새 길을 맞이하는 것과 같은 결심이 선다. 새로운 이해, 새로운 가치관, 새로운 태도가 만들어진다. 집단적 정체성에 대한 자부심, 긍지가 느껴진다. 하지만 동시에 새로운 정체성이 제대로 작동하지 못할 것이라는 양가적 감정이 교차하기도 한다. 이때 성공적인 통합이 이루어지려면 새로운 내러티브가 필요하다. 리더로서의 목적, 비전, 가치 그리고 이를 구현할 수 있는 구체적인 과제들을 설명할 수 있어야 한다. 리더로서 미래 정체성을 형상화하고, 일하는 방식과 일과를 어떻게 조절해야 하는지 결정하고, 이를 검증할 수 있는 행동을 개발하고 입증하는 체험을 늘려야 한다. 특별히 힘겨운 과제를 완수했거나 가시적인 성취가 있다면 이 과정은 더욱더 빨라진다.

통합 과정에서 해야 할 일들은 다음과 같다.

- 새로운 역할을 성공적으로 수행하기 위한 가설적 정체성을 만든다. 자신이 누구인지, 누구와 함께 하는지, 왜 그 일을 하는지, 최종적으로 무엇을 얻으려 하는지를 밝힐 정체성 진술문을 만든다. 필요하다면 이를 상기할 수 있는 상징을 생각하고 시각화한다.
- 조급히 성과를 얻으려 하기보다는 과정 자체에 초점을 두고 변화를 실행한다.
- 새로운 정체성에 기초해 자기 역할을 창조적으로 정의한다. 단지 주어진 역할에 국한하지 않고, 전환의 과정을 통과하며 생각했던 인식을 토대로 해야 할 일을 찾아 이를 자신의 언어로 설명한다.
- 리더로서의 새로운 정체성을 검증할 프로젝트를 추진한다. 주변 사람들의 참여를 이끌고 이들의 생각과 아이디어를 보태어 공감과 지지를 얻는다.
- 드러나는 모든 것에서 스스로 진정성, 일관성을 유지한다. 메시지의 일관성, 행동의 일관성, 결과에 대한 책임감은 자신과 주변의 긍정적 피드백을 얻고 새로운 정체성을 강화한다.
- 빠른 시간에 성공할 수 있는 목표를 정하고 작은 성취를 얻는다. 성공했다면 이를 기념하고 스스로에게 보상한다. 실패했다면 거기서 학습 포인트를 찾고 계획을 수정해 다시 시도한다.

정체성의 발달단계	도전적 과업	네트워크	내러티브
1. 분리	• 임시역할을 수행하기 • 새로운 과업을 수행하기 • 부가적인 프로젝트에 참여하기	• 새로운 사람과 접촉하기 • 약한 연결을 찾고 배우기	• 일상의 사건들이 새로운 정체성과 어떻게 관련되는가를 설명하기
2. 전환	• 새로운 과업에 더 많은 시간과 에너지를 들이기	• 새로운 사람들과 빈번하게 접촉하기 • 감정적으로 보다 몰입하기	• 자신의 정체성 스토리를 주변 사람들에게 들려주고 반응을 듣기
3. 통합	• 새로운 역할로 과거의 역할을 대체하기 • 새로운 역할에 시간/에너지를 투입하기	• 관계에 몰입하기 • 새로운 네트워크를 자신의 중심네트워크가 되게 하기	• 변화가 왜 필요한지를 공개적으로 선언하기 • 일상의 사건들을 새로운 스토리에 통합하기

그림 16. 정체성의 발달단계와 주요 활동

연구 결과에 의하면, 이 같은 세 단계는 누구에게나 보편적으로 동일하게 나타나지만, 그것을 경험하는 방식은 각기 다르다.[108] 어떤 사람들은 보다 빠르게 자신을 변화시키지만 어떤 사람들은 그렇지 않다. 또 그 과정 역시 반드시 일직선상으로 진행되는 것도 아니다. 우리는 이 단계 중 어느 한 단계에서 보다 많은 시간과 에너지를 쓴다. 중요한 것은 이것이 우리 내면에서 주체적으로 일어나야 한다는 점이다. 기존의 통념을 파헤치고 위선과 이중성을 대면하면서 새로운 역할 정체성을 찾아가는 일은 한 개인으로서 그리고 리더로서 성장하고자 하는 사람들의 여정이다. 더 큰 책임과 의무로부터 자신의 목적과 사명을 실현하고자 한다면 이 여정을 진득이 감당해야 한다.

정체성 변화를 촉진하는 활동

리더로서 새로운 정체성의 변화를 만들려면 다음 세 가지 활동에 주목하자. 도전적 프로젝트, 관계의 변화, 내러티브 만들기다.

도전적인 프로젝트

바람직한 자아 정체성을 구축하려면 이를 탐색할 수 있는 도전적 프로젝트를 설계해야 한다. 우리의 정체성은 우리가 하는 일에 의해서 규정된다. 새로운 과업이 새로운 정체성을 만든다. 기존 과업에 얽매이기보다는 새로운 지식, 기술, 관점을 채택할 수 있는 도전적 과제를 찾는다.

"그런 게 어딨어요?", "해 봐야 소용없어요." 이는 모두 과거 경험을 되풀이하며 자신을 가두는 주문이다. 새로운 지식, 기술, 관점, 경험을 배우는 일은 분명 도전적이지만, 그 일을 시작해야만 새로운 정체성을 발견한다. 이전과는 다른, 좀 더 어렵고 새로운 일을 기획하고 추진할 때 혼란이 생기고, 이것이 기존의 낡은 정체성에 균열을 만든다.

새로운 프로젝트는 명확한 목표와 방향성이 없을 수도 있다. 꼭 계획적으로 의도하지 않을 수도 있다. 대신 현실감 있는 학습과 경험이 되도록 적절한 기한과 범위를 정하고, 반복적으로 시도할 수 있는 플랜을 수립한다. 덧붙여 흥미 있는 일이 될 수 있도록 좋아하는 시간에, 좋아하는 사람들과 좋아하는 방식으로 시도한다. 너무 많은 생각보다는 일단 시작하고 거기서 배우려는 마음을 가져야 새로운 실험 기회를 얻을 수 있다.

'~ 한다면 어떻게 될까?'라는 가설적 질문은 도전적 과제를 만드는 데 유용하다. 가설을 만들면 이를 검증할 수 있는 과제를 설정하고 시도하여 데이터를 얻는다. 이를 바탕으로 이후의 실험을 지속한다. 실패는 전혀 문제가 되지 않는다. 실패는 오히려 새로운 정체성을 만드는 중요한 자산이다.

멘토의 역할을 하거나 태스크포스팀에 참여하거나 과외의 프로젝트를 추진하는 것과 같은 행동들도 정체성 검증에 중요한 역할을 한다. 그런 일은 과거에 관행적으로 해왔던 일들의 중요성과 우선순위를 흔들면서 낡은 정체성을 폐기하도록 촉구한다. (상세 내용은 4부 2장 '도전적인 과업에서 배우기'를 참조하라.)

관계의 변화(네트워킹)

새로운 역할 정체성을 실험하는 강력한 방법은 새로운 준거집단의 존재다. 이른바 멘토, 새로운 멤버, 새로운 전문가 집단을 모델로 삼아 배운다. 단지 일을 바꾸는 수준을 너머 네트워크를 변화시키는 것이다. 네트워크의 변화는 새로운 자극을 줄 수 있는 사람들과의 교류를 통해 기존의 정체성을 흔든다. 정체성을 바꾸고자 할 때, 만나는 사람들과 집단을 바꾸는 것만큼 강력한 것은 없다.[109] 특히 전환의 과정인 중립지대를 지날 때, 이런 사람들의 존재는 우리에게 안전지대가 되고 새로운 가능성에 대한 확신을 준다. 또 이전의 네트워크와 결별하는 가운데 벌어지는 고립감을 메워주고 새로운 정체성을 구축하는 데 필요한 맥락과 롤모델이 되어준다. (상세 내용은 4부 3장 '관계에서 배우기'를 참조하라.)

내러티브 만들기

앞서 언급한 바와 같다. 새로운 정체성과 관련한 내러티브가 있다면 정체성이 더욱 선명해진다. 오늘 일어난 것을 해석하고, 과거의 사건을 되돌아보며, 미래를 창조하는 이야기를 만들 수 있다면, 이전에 주목하지 못했던 새로운 세계를 발견한다. 현재와 미래를 해석하는 새로운 관점과 통찰로부터 새로운 역할 정체성을 얻는다.

종종 상처나 트라우마가 되었던 사건들은 무시되고 은폐되며 억압된다. 하지만 그런 사건들은 오히려 전환기에 중요한 성찰의 단서를 제공한다. 자신을 비난하거나 평가하는 일을 멈추고 새로운 내러티브를 갖는다면 그 상처들은 도리어 단단한 힘과 용기를 제공한다. 그것이 곧 새로운 정체성의 전환을 가속한다. 새로운 내러티브는 전환기를 지나는 동안 구름을 걷어내고 새로운 하늘을 열어준다. 내러티브는 이 과정에서 새로운 대륙을 찾아가는 끈기 있고 강력한 힘을 제공한다.

새로운 정체성을 찾아가는 여정은 무엇이 바람직한지, 그 끝이 어디인지 예측할 수 없다. 그래서 이 과정에서 리더는 두 개의 리듬에 몸을 맞추어야 한다. 하나는 하늘을 향해 날개를 펼치는 일이고, 다른 하나는 두 발을 땅에 박는 것이다. 전자가 이상의 리듬이고, 후자는 현실의 리듬이다. 둘 중 하나라도 무시한다면 변화는 공허하거나 현실의 벽 앞에서 고꾸라진다. 마키아벨리는 그의 책 『군주론』에서 현실을 뚫고 가는 리더의 냉철한 판단과 행동을 설파했다.[110] 공화주의자였던 그가 혼란을 해결하는 데 있어 왜 군주적 지배를 역설했는가에 대한 답은 이 두 개의 리듬에 몸을 맡기지 않으면 결코 지혜로운 대안을 가질 수 없다는 것을 처절히 깨달았기 때문이다. 마찬가지로 정체성에 대한 탐색은 이 두 개의 리듬을 향한 뚜렷하고 진실한 질문을 던져야 한다.

먼저 이상의 리듬 위에 던져야 하는 질문이 있다.

- 나는 진정 리더가 되고 싶은가? 어떤 리더가 되고 싶은가?
- 무엇을 구현하고자 하는가?
- 그것은 개인적 이해를 초월해 조직의 이상과 꿈을 실현하는 것인가? 아니면 조직을 둘러싼 이해관계자들의 덫에 걸려 야심을 꿈꾸는 것인가?

동시에 현실의 리듬 위에 던져야 하는 질문이 있다.

- 내가 직면한 현실은 무엇인가?
- 어떤 장애와 난관이 있는가?
- 어떤 한계와 제약이 있는가?
- 그를 돌파하기 위한 전략이 있다면 무엇인가?

상반되어 보이는 이 두 개의 질문들은 우리를 공허한 관념에서 벗어나게 할 뿐 아니라 현실의 진흙탕을 빠져나올 수 있게 한다. 두 개의 리듬이 만드는 팽팽한 긴장이 리더로서의 정체성을 보다 강인하고 예리하게 만들며, 창조적인 정체성을 제공한다.

👓 리더 정체성 개발을 위한 연습

　MIT경영대학원은 120개국 4,394명의 경영자들을 대상으로 디지털 경제에서 바람직한 리더의 모습에 대한 연구를 수행했다. 이 연구는, 디지털 경제는 일정한 행동과 스킬 셋을 강화하는 역량개발이 아니라, 그 모두를 가능하게 하는 마인드셋, 즉 새로운 역할 정체성의 장착이 보다 근본적이라고 주장한다. 그 새로운 리더의 역할 정체성은 다음 네 가지였다.

　첫째는 프로듀서producer로서의 역할 정체성이다. 이는 고객의 문제에 천착하여 집요하게 이를 해결하고자 하는 마인드셋이다. 공감과 긍휼을 토대로 한 끊임없는 연구개발 행동을 유발한다.　둘째는 인베스터investor로서의 역할 정체성이다. 전통적으로 강조되었던 주주의 이익이 아니라, 이를 뛰어넘어 더 큰 목적을 추구하는 마인드셋이다. 깊은 목적의식, 공동체의 미래를 위한 관심과 기여다. 셋째는 커넥터connector로서의 역할 정체성이다. 초연결성에 따라 다양한 사회적 연결을 촉진하며 건강한 파트너십을 구축하는 마인드셋이다. 이는 다양성을 포용하고, 신뢰와 연대를 강화한다. 넷째는 익스플로러explorer로서의 역할 정체성이다. 불가사의할 정도의 호기심으로 새로운 것을 실험하고 거기서 배우기를 반복하는 마인드셋이다. 이는 창의와 혁신의 토양을 만든다.

　미래 경제가 강조하는 리더십 키워드는 긍휼, 목적, 연결, 탐험으로 귀결된다. 이런 역할이 가능해지려면 리더는 자기 목적을 설명할 수 있는 강력한 내러티브가 있어야 하고, 이를 비즈니스와 정렬시켜 사람들의 재능을 끌어내야 하며, 지속적인 실험과 진화가 일어날 수 있는 토양을 만들어야 한다. 다양성과 자율성, 그로 인한 혁신은 무엇보다 새로운 정체성의 전환을 요구한다. 이는 그다지 새로운 이야기가 아닐지 모른다. 문제는 전통적인 명령과 통제의 관행, 단기 성과에 대한 집착, 내부경쟁을 촉진하는 평가방식, 마이크로 매니징과 같은 멘탈 셋과 결별할 수 있느냐 하는 것이다. 거기엔 생각보다 깊은 심연이 존재한다. 이를 단지 역량개발로 해결하려는 방식은 난센스다. 좋은 방법과 도구를 이용할 수는 있지만, 먼저 자신의 정체성에 대한 탐색을 시도할 수 있어야 한다. 그것이 근원적 수준에서의 변화를 촉진한다. 자 어떻게 시작할까?

리더십 개발, 혹은 성숙한 삶을 사는 첫 출발은 자기인식self-awareness이다. 자신이 누구인지 모르거나 적어도 이런 감각 없이 삶을 산다는 것은 눈을 감고 낭떠러지 길을 지나는 것만큼이나 위험천만한 공포다! 영화 <메멘토>의 주인공은 단기기억 상실증 환자다. 그는 단편적으로 경험하는 사건들로 분절된 자기 모습에 악착같이 매달리지 않으면 한순간도 자신을 설명할 수 없다. 우리는 종종 이 영화의 주인공처럼 매번 파편화된 자극을 탐닉하고 누군가의 인정과 칭찬을 갈구하며 자기 존재를 확인하려 든다. 그게 아니면 근거도 없는 자신감으로 자기 능력과 잠재력을 과장한다.

"나는 훌륭해"

"다 잘 될 거야"

"못할 게 뭐가 있어?"

그러나 강박적인 탐닉과 맹목적인 낙관주의는 알고 보면 자신이 누구인지 모른다는 사실에서 오는 공포의 산물이다. 단편적인 사건을 통해서만 자기 체험을 할 수밖에 없는, 스토리가 사라진 사람들의 삶의 모습이다.

그동안 자기인식을 돕기 위해 사용한 전통적인 도구들은 대체로 세 가지였다. 이것들은 본래의 의도와 관계없이 자기인식을 방해한다. 첫째, 강점 발견이다. 긍정심리학에 기초한 강점 발견은 자아의 고유성에 방점을 찍고 이를 발현하는 것이 행복이라고 주장한다. 이는 의도가 없었다 해도 한 인간이 가진 취약점, 제약, 한계를 무시한다. 그러면 진정한 자기와의 화해가 불가능하다. 우리는 상처, 고통, 시련, 수치심을 가진 유약한 존재다. 이를 인정하고 수용하기 때문에 우리는 자신을 사랑할 수 있다. 둘째, 스타일, 성격 진단이다. 각종 심리검사 도구들은 개인을 특정유형으로 범주화하고 일반화한다. 이는 개인의 변화 가능성과 잠재성을 제약하고, 자신을 특정 범주에 가둠으로써 편견을 조장한다. 우리는 특정유형으로 범주화되지 않을 뿐 아니라 항상 새롭게 창조될 가능성의 존재다. 셋째, 다면평가다. 상사, 동료, 부하의 눈을 통해 자신의 강약점을 들여다보며 변화를 촉구하는 데 사용한다. 역시 의도가 없었다고 해도 타인의 시선을 통해 자신을 바라보는 일은 피해 의식과 자기방어를 부추긴다. 이런 피드백은 암묵적으로 약점을 개선하기보다 약점을 감추도록 종용한다. 우리는 타인의 평가에 수동적으로 반응하는 존재가 아니다. 우리는 적극적으로 타인의 고통과 상처를 끌어안음으로써 그 책임을 능동적으로 감당할 수 있는 존재다.

이런 부류의 도구들이 전적으로 문제가 있다는 것을 주장하려는 것은 아니다. 다만 이런 도구들에만 의존하는 것은 자신을 자기인식의 주체로 세우지 않게 된다는 것이다. 자칫하면 도구적 지식의 횡포에 자신을 맡기고, 기존의 전제 안으로 포섭될 우려가 있기 때문이다.

정체성의 발견은 강점을 부풀리고 약점을 커버하며 자신을 유용한 인간으로 개선하는 데 있지 않다. 자아는 인식의 대상이기도 하지만 궁극적으로 사랑의 대상이다. 자신을 사랑한다는 것은 무엇일까? 그것은 자기를 수용하는 것이고, 자기를 존중하는 것이다. 자신에게 환희를 느끼지만, 동시에 자신의 취약점을 부끄러워할 줄 아는 것이다. 가능성을 믿고 실현하는 것이지만, 자신의 약점을 겸허히 인정하는 것이다. 자신을 통제하고 변화시키며 창조하는 행위다. 나아가 그 힘으로 자신이 살아가는 무대(시대와 역사)를 통찰하며 삶의 사명과 책무를 발견하는 것이다. 자신은 물론 삶의 무대를 비판적으로 성찰하면서 자신이 무엇을 해야 하는지를 밝히는 데로 나아가지 않는다면, 자기인식은 함정이다. '나는 누구인가'의 질문으로부터 시작하지만 '나는 무엇을 해야 하는가'라는 질문으로 귀결될 때 실존적 지침을 제공한다.

그런 측면에서 자기인식을 통한 정체성 발견은 자연스럽게 세 가지 질문과 마주한다. 첫 번째는 '나는 누구인가?'라는 질문이고, 두 번째는 '나는 누구와 함께 있는가?'이며, 세 번째는 '나는 무엇을 해야 하는가?'라는 질문이다. 물론 이 질문과 답은 단박에 규정될 수 없고, 그렇게 하는 것이 불가능하다는 점에서 하나의 여정 journey 이다. 과정이 있을 뿐 끝이 없다.

다음을 생각하며 가설적이지만 리더로서의 자기 정체성을 창조해보자.

자기인식

자기인식은 자신을 고유한 존재(자신의 고유한 재능, 열정, 가치 등)로 인식하면서 세계 속에서 책임, 의무(사명), 역할을 새롭게 창안하는 프로세스다. 그 궁극적 결과는 정체성의 새로운 발견 또는 창조다. 이것은 내러티브로 나타난다.

프로세스로서의 자기인식

인간존재의 복잡성, 환경의 가변성 등을 고려할 때 자기인식은 끝나지 않는 지속적인 프로세스다. 의미 있는 자기인식이 이루어질 때마다 자신과 관련한 것을 보다 더 잘 이해할 수 있고, 환경에 부합하는 방식으로 이를 발전, 진화시켜갈 수 있다. 그래서 자기인식은 종착지가 없다. 끊임없는 자기변형과 창조의 과정이다.

자기인식의 이점

자기 정체성을 명료히 한 리더들에게는 다음과 같은 효과가 나타난다.

- 자기 자신에게 보다 진실하다.
- 자신감 있고 창의적이다.
- 건설적인 의사결정을 내린다.
- 좋은 인간관계를 설정한다.
- 효과적으로 다른 사람과 소통한다.
- 생산적인 구성원들과 함께 보다 효과적인 리더가 된다.
- 불확실성 속에서 기민하게 행동한다.

자기인식을 방해하는 것들

자기인식이 쉽지 않은 이유들이 있다. 먼저 자기 자신을 이해하는 데 있어서의 무능과 동기의 부족이다. 자신을 정확히 이해하려면 사회적 잣대나 편견으로부터 벗어나 진정성 있는 자기평가가 필요하지만, 그럴 능력도 의지도 없다면 현재의 만족과 생존에 매달려 길을 잃는다.

두 번째 자기인식을 가로막는 것은 리더의 나르시시즘이다. 자신이 이룬 성취, 부, 권력 그리고 사회적 인정이 높을수록 자신을 과대평가해 불완전함과 한계를 들여다보지 못한다. 이런 사람들은 독단적으로 결정하고 인정받으려 애쓰며, 타인에 대한 공감력이 떨어지고, 심지어 비도덕적인 행동도 불사한다. 자신도 모르는 사이 왜곡된 자기 이미지를 구축한다.

세 번째로 자기인식을 가로막는 것은 인상관리다. 타인에게 그럴듯하게 보이고 싶은 욕망이 자기를 과시적으로 드러낸다. 그러면 본래의 자신과 다르게 행동함으로써 실제의 자기와 분열된다. 이것이 반복되면 대리인으로서의 자신이 본래의 자신을 대체하고 거짓된, 허구의 정체성을 갖는다.

네 번째 자기인식을 가로막는 것은 자기기만이다. 고통, 불안, 수치심 등을 피하기 위해 정보를 무의식적으로 필터링하면서 그릇된 결론에 도달한다. 부정적인 사건과 피드백을 거부하고, 긍정적인 피드백을 확대 수용한다.

자기인식을 위한 절차

자아인식의 다양한 방법들이 있을 수 있다. 앞서 내러티브를 활용한 기법은 자기인식의 유용한 방법이다. 우리는 자신과 자신의 삶을 의미 있는 스토리로 구성하는 가운데 불완전한 자아의 모습을 극복하고 보다 온전한, 바람직한 자신을 재구성할 수 있다. 심리학자 매캐덤McAdam은 이렇게 말한다.[112]

"종교인이든 실존주의자이든 혹은 불가지론자라 하든 우리는 매 순간 삶의 허무 위에 의미를 구축하는 영웅적 전투에 참여한다. 그것은 한시라도 가만있지 않으면 혼돈이 되는 인생에 맞서 끊임없이 자신이 누구인지, 자신의 삶은 무엇인지를 설명해야 하기 때문이다. 그것이 바로 스토리 자아(story self)다."

자기인식을 위해서는 첫 번째로 자신의 과거를 의미 있게 해석하는 일을 시작한다. 자신이 살아온 삶의 궤적을 돌아본다. 중요한 삶의 변곡점이 되는 사건, 가장 영광스러웠던 사건, 고통과 시련을 주었던 사건, 잊을 수 없는 사건들을 하나씩 복기하고 그때의 생각, 감정, 교훈을 정리한다. 그 과정에서 자신의 상처, 두려움, 모순, 결함, 위선, 욕구, 기대, 희망, 가치들을 발견한다. 이는 삶의 역사에 켜켜이 쌓인 자신의 모습을 인정하고, 사랑하는 과정이다. 자기와의 화해 없이 우리는 새로운 내러티브를 만들 수 없다. 이는 과거와의 결별이기도 하지만, 동시에 과거를 새롭게 되살려내는 과정이다. 자신을 타인과 구별되는 독특한 사람으로 수용할 수 있고, 과거의 내러티브를 통해 과거의 멘탈모델을 객관화하고 극복하는 경험을 할 수 있다. 다음의 사건과 기억들은 그 단서가 될 수 있다.[113]

- 절정경험이 되는 사건: 인생에서 가장 높은 지점, 가장 좋았던 순간
- 침체경험이 되는 사건: 인생에 가장 낮은 지점, 가장 최악이었던 순간
- 전환점: 자신을 이해하는 것이 크게 바뀐 사건, 그때는 몰랐지만 지금 생각해 볼 때 터닝포인트가 되었다고 생각되는 사건
- 초기 기억: 가장 오래된 기억
- 어린 시절의 기억: 긍정적이든 부정적이든 당신의 선명한 기억
- 청소년기의 기억: 긍정적이든 부정적이든 당신의 선명한 기억
- 성인기의 기억: 긍정적이든 부정적이든 20대 이후 당신의 선명한 기억
- 다른 중요한 기억: 오래전이든 최근이든 떠오르는 기억

필요하다면 과거의 내러티브를 복기하는 방법으로 지금까지의 자서전을 써보자. 또는 에피소드 모음집을 만들어 보자. 글로 만들어진 과거의 해석은 언제든지 수정되

고 변형되며 다시 쓸 수 있다는 점에서 장점이 된다. 그리고 주변 사람들에게 이를 들려주고 그들의 피드백을 받아보자. 그런 뒤, 최종적으로 다음을 정리한다.

- 재능: 내가 잘하는 것(또는 잠재성)은 무엇인가?
- 가치: 내가 중요하게 생각하는 것은 무엇인가?
- 열정: 내가 좋아하는 것은 무엇인가?
- 열망: 내가 원하는 것, 이루고 싶은 것, 되고 싶은 것은 무엇인가?

두 번째는 자신의 현재를 성찰하는 것이다. 현재란 자신이 살아가고 있는 무대, 시대, 역사 그리고 함께 살아가고 있는 삶의 중요한 이해관계자들에 대한 인식이다. 우리의 자아는 독립된 개체로 존재하는 것이 아니라 늘 타자, 시대, 역사와 연루되어 살아간다. 주변의 핵심 이해관계자들의 열망과 기대, 상처와 고통에 대한 인식이 없다면 우리는 존재 이유를 발견할 수 없다. 우리는 다른 사람의 열망과 기대, 상처와 고통과 더불어 비로소 자신임을 확인할 수 있는 사회적 구성물이다. 그들의 승인을 통해 존재 의의가 발견되고, 그에 대한 자아의 책무가 드러난다. 다음의 질문에 각각 답해보자. 충분한 시간을 갖고 숨겨진 욕구와 열망을 찾아보자.

- 나의 핵심 이해관계자들은 누구인가? 나, 가족, 친구, 동료, 조직, 사회, 국가, 세계 또는 그 이상
- 이들의 피상적인 기대와 요구가 아니라 그 저변에 있는 숨은 욕구와 열망은 무엇인가?
- 이들의 상처와 고통은 무엇인가?

세 번째는 리더로서의 사명을 기술하는 것이다. 자기인식은 궁극적으로 리더로서의 역할 정체성을 발견하는 일이다. 그것은 삶의 목적과 관련되어 리더로서의 책무를

밝히는 것이다. 이는 앞의 두 단계를 통해 작업한 것들을 묶어 사명 진술문으로 전환할 수 있다. 이 진술문은 자기 고유성을 발현함과 동시 주변 이해관계자의 욕구와 열망, 상처와 고통을 해결하고 치유하기 위한 선언이다. 이 과정에서 우리는 우리가 해야 할 중요한 책무를 진술할 수 있다. 작가인 프레드릭 뷰크너 Frederick Buecner 는 이렇게 말한다. "사명은 내면에서의 기쁨과 사회의 절실한 요구가 만나는 지점에 있다." 이 작업은 바람직한 리더의 모습을 규정하며 삶의 실존적 불안을 제거한다. 용기와 신념을 불어넣는다.

- 나의 고유성을 발현하고(첫 번째 작업의 결과), 이해관계자의 욕구와 열망, 상처와 고통(두 번째 작업의 결과)을 치유하는 목적 진술문을 만든다.
- 초안이지만 시간을 두고 점차 완성도를 높인다.
- 이 진술과 관련한 자기 내러티브 또는 스토리를 작성한다.

좋은 사명 진술과 스토리는 대체로 다음과 같은 특성이 있다. 이를 기준으로 사명 진술을 발전시킨다.

- 차용한 언어가 아니라 자신의 고유한 언어로 진술되어 있다.
- 나의 고유함, 열망, 역할 등이 담겨 진실함이 전달된다.
- 세상에 의미 있는 영향을 미치게 됨으로써 자부심을 준다.
- 어떤 장애와 난관도 이겨낼 만큼 단단하고 강인하다.
- 단기간에 멈추지 않을 시간적 지속성이 있다.
- 새로운 이야기를 향해 열려 있어 지속적으로 변화하고 성장할 수 있다.
- 의미, 가치를 전달하고 사회적 함의를 가져 다른 사람의 이야기 창조에 기여한다.

마지막 단계는 정체성을 구현할 수 있는 과제를 설계하고 실행하는 단계다. 리더로서 정체성은 구체적인 행동으로 전환되어 검증될 때 비로소 생명력을 얻는다. 저항을 최소화하면서도 사명을 구현할 수 있는 작지만 의미 있는 과제를 선정하고 그 실행 플랜을 구체화한다. 실행 과정에서 역경과 시련을 무찔러야 하고, 구성원의 승인과 지지를 얻어 우호적 환경을 구축해야 한다. 이는 시도함으로써만 검증된다.

가능하면 단기적으로 승부를 볼 수 있는 과제와 기한을 설정하는 것이 바람직하다. 아울러 이 행동에 대한 주변의 피드백을 얻을 수 있도록 멘토나 코치를 두거나 중요한 이해관계자의 모니터링이 가능하도록 하는 것이 좋다. 이 시작이 변혁적인 삶, 근원적인 성숙을 촉구한다.

- 목적을 구현할 수 있는 핵심과제는 무엇인가?
- 핵심과제를 구현하기 위해 해야 하는 당장 시도할 수 있는 작은 과제는 무엇인가?
- 이 과제가 단기적으로 가시적 성취를 하려면 어떤 전략이 필요한가?
- 무엇을 어떻게 할 것인가?
- 데드라인은 언제인가?
- 예상되는 장애는 무엇이며, 어떻게 극복하고자 하는가?
- 어떤 자원(물적, 인적)이 필요하고, 어떻게 확보할 것인가?
- 목적이 구현되어가고 있다는 것은 무엇을 어떻게 측정할 것인가?
- 이후의 행동계획은 무엇인가?

우리는 우리의 이야기가 어떻게 끝날지 모른다. 다만 우리의 끝없는 탐구가 자신을 포함하여 누군가에게 희망일지 모른다는 사실을 기억하고 이를 멈추지 않는 것이다.

자기인식을 위한 일상연습

자기인식은 어느 시점에서 시작해서 어느 날 끝나는 과정이 아니다. 일상적인 습관이 되어야 한다. 어떤 비책이 따로 있지 않다. 시간과 역사라는 삶의 물적 토대 그리고 한 인간으로서 자기 가능성과 한계를 자각하면서 스스로 어떤 존재인지, 이 공동체 안에서 무엇을 어떻게 해야 하는지 쉼 없이 묻는 것이다. 이를 위해 다음을 습관화해 보자.

- 정기적으로 혼자만의 조용한 시간을 가진다. 자신이 무엇을 중시하는지, 어떤 사람인지, 어떤 사람이 되어야 하는지 생각한다.
- 일기를 써라. 매일, 매주 적당한 주기로 꾸준히 자신의 삶과 그 생각을 글로 정리한다.
- 매 순간 자신의 생각, 감정 상태에 주목한다. 자신의 고유한 성향(강점, 스타일, 정서, 의식)을 발견한다.
- 주변 사람들의 말과 행동에 주의를 기울인다. 그들이 주는 모든 정보는 당신의 거울임을 인식한다.
- 책을 읽고 새로운 사람을 만나며 없었던 새로운 관점을 배운다. 나의 잠재성, 강점을 개발하는 기회가 될 것이다.
- 살아가고 있는 시대와 역사를 읽는다. 이 시대를 사람들의 고통, 상처, 열망을 읽고 책임과 의무를 생각한다.

05

메타역량(3):
자기규제

"시작하라. 그 자체가 천재성이고 힘이고 마력이다."

- 괴테Goethe(1749~1832), 독일의 작가

리더십 개발이 도전적인 진짜 이유는 자기 정체성 관련한 해답을 얻었다 해도 여러 이유로 이를 현실화할 수 없는 문제가 있다. 즉 적절한 시간과 에너지를 투입하지 못하는 문제다. 그런 점에서 자기인식과 함께 리더십 개발의 또 다른 핵심적인 메타역량은 자기규제self-regulation력이다.

리더는 상황의 요구에 따라 자신을 효과적으로 통제하고 조절할 수 있어야 한다. 이를 위해 기존에 가지고 있었던 관점과 행동에 고착되지 않고 유연하게 바꿀 수 있어야 한다. 가치와 목적을 실현하기 위해 능동적으로 행동을 조절해 나가는 것, 이것이 자기규제 또는 자기규제의 프로세스다. '하늘은 스스로 돕는 자를 돕는다.'라고 할 때 스스로 돕는 행위가 바로 자기규제다.

자기규제 역량을 가진 사람들은 목표 달성을 위해 자기 동기를 높이고, 장애와 난관에 맞서 자신을 일으켜 세운다. 이 과정이 도전적인 것은 스스로 개발 요구와 개발 과제를 선정하고, 새로운 변화를 시도하며, 그 과정에서 발생하는 스트레스들과 싸워야 하기 때문이다. 이 장에서는 자기규제가 리더십 개발과 관련하여 어떤 의미가 있으며, 왜 중요하고, 어떻게 강화해야 하는지 방법을 살펴보자.

자기규제와 리더십

해야 하는 일들을 미루고 미루다가 결국 임박해서야 허겁지겁 그 일을 처리한다. 운동으로 살을 빼야 한다고 생각하지만 헬스장에 가는 것을 미루고 TV를 본다. 구성원의 반응이 두려운 나머지 정작 해야 할 피드백을 하지 못하고 망설인다. 계획을 세워놓고 의욕적으로 시도했지만 며칠을 가지 못하고 포기한다. 이런 일들은 자기규제의 실패를 보여준다.

자기규제는 자신이 원하는 바를 실현하기 위해 자기 행동, 즉 생각, 행위, 감정, 열망, 성과를 조정하려는 노력이다.[114] 자기규제를 잘하고 있다면 약속, 계획, 기대, 기준을 따르도록 자기 행동을 조절한다. 하지만 그렇지 못하다면 이전의 무의식적인 습관, 성향, 본능에 따라 행동하며 본래의 목표에서 탈선하거나 목표 자체를 망각한다. 자기규제는 원하는 삶을 살기 위한 도전이며, 리더십 개발의 성패를 좌우한다. 우리는 몰라서가 아니라 하지 않거나 못하기 때문에 성공하지 못한다. 어떻게 본능적 행동을 뿌리치고 자신이 원하는 바대로 행동할 수 있을까?

심리학자 히긴스Higgins에 의하면, 사람들은 자기 자신을 세 개의 관점에서 바라본다.[115] 첫 번째는 실제의 자신이 어떤 사람인지에 관한 '실제적 자기actual self', 두 번째는 어떤 사람이 되고 싶은지에 관한 '이상적 자기ideal self' 그리고 어떠한 사람이 되어야 하는지에 대한 '의무적 자기ought self'가 그것이다. 이상적 자기는 자신의 바람, 희망이 반영되어 있고, 의무적 자기는 말 그대로 책임과 의무가 포함되어 있다. 이상적 자기와 실제적 자기, 의무적 자기와 실제적 자기 사이에 간극이 발견되면 우리는 정서적인 불편함을 경험한다. 예를 들어 이상적 자기와 실제 자기 간에 차이가 생기면, 자신이 원하는 모습이 되지 못했다는 사실에서 오는 실망, 불만, 슬픔과 같은 '낙담 관련 정서dejection'를 경험하고, 의무적 자기와 실제적 자기 간의 차이가 발생하면, 해야 하는 것을 하지 못

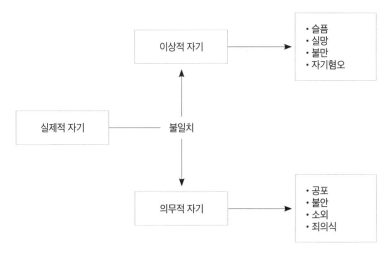

그림 17. 실제적 자기, 이상적 자기, 의무적 자기

했다는 사실에서 오는 죄의식, 두려움, 위협과 관련한 '불안 관련 정서 agitation'를 경험한다. 이런 정서적 불편함이 자기규제 행동을 촉구한다.

이상적 자기에 초점을 두고 자기 자신을 조절하는 사람들은 대체로 긍정적 결과를 얻고자 노력한다. 이를 '접근/촉진 성향promotion focus'이라고 한다. 반면 의무적 자기에 초점을 두고 접근하는 사람들은 대체로 부정적 결과를 회피하고자 노력한다. 이를 '회피/방어 성향prevention focus'이라 한다. 접근 성향의 사람들은 이익과 보상을 최대화하는 데 초점을 두고 위험을 감수해서라도 이를 성취하려 하지만, 회피 성향의 사람들은 비용이나 손실을 줄이는 데 초점을 두고 부정적 결과를 막으려 한다. 전자가 목적 성취에 전향적이라면 후자는 보수적 성향을 띤다. 그렇다고 어느 한쪽이 자기규제에 보다 더 유용한 것은 아니다. 우리는 건강한 불일치로부터 간극을 메우고자 스스로 분발할 뿐이다.

자신이 이루고자 하는 미래를 향한 강렬하며 높은 에너지와 정당한 책임을 다하지 못했다는 데서 오는 건강한 죄의식은 변화의 동기를 만들고, 변화 지속에 긍정적인 영향을 준다. 그게 어떤 것이든 자기규제를 촉구한다는 점에서, 이상적 자기와 의무적 자기 그리고 그에 대비되는 실제적 자기에 대한 객관적인 인식과 수용은 자기규제 동인을 이해하는 하나의 모델이 될 수 있다.

자기규제의 두 수준

자기규제는 두 가지 수준으로 나누어 볼 수 있다. 하나는 낮은 단계의 자기규제이고, 다른 하나는 높은 단계의 자기규제다. 낮은 단계의 자기규제는 당장의 배고픔을 견디지 못하고 마구 음식을 먹는 것처럼 자신의 불일치를 즉각적으로 없애려는 반응이다. 하지만 높은 단계의 자기규제는 배고프지만 달콤한 음식의 유혹을 뿌리치는 것처럼 장차 더 큰 이익을 얻고자 즉각적인 반응을 지연시키는 행동이다. 낮은 단계의 자기규제는 상대적으로 사려 깊은 해결책을 포기한다는 점에서 진정한 의미의 자기규제라고 할 수 없다. 많은 리더들이 눈앞의 단기성과에 매달려 전체 최적화에 실패하는 경우가 많은데, 이는 자기규제의 실패라고 할 수 있다.

높은 단계의 자기규제는 성공한다면 큰 보상이 따르지만, 그 보상이 당장 주어지지 않는다는 점에서 난도가 더 높다. 높은 자기규제력을 보이는 리더들은 성취하고자 하는 높은 기준을 설정하고, 자신의 자연스

러운 성향에 반해 이를 극복해 가는 의식적인 행동을 선택한다. 자연스
럽고 습관적인 성향을 제어하는 의지가 있고, 이 의지를 자극, 강화, 유
지할 수 있는 환경과 조건을 창조한다. 예를 들어 다이어트에 성공하기
위해 달콤한 아이스크림과 초콜릿의 유혹을 뿌리침과 동시에 이를 멀
리할 수 있는 환경을 만들고 자신을 도와주는 타인들과 교류한다.

리더십과 자기규제의 관계

자기규제는 리더십의 출현, 신뢰 구축, 리더십의 효과성 등을 측정하
는 연구에서 활용되고 있으며, 리더십 개발의 핵심 요소로 받아들여지
고 있다.[116] 리더십 개발 관점에서 자기규제는 리더의 진정한 자아, 즉
핵심가치, 신념, 감정에 부합하고자 하는 행동으로 리더와 구성원 간의
신뢰를 형성하고, 리더의 효과적인 역할 수행을 예측한다.[117] 특히 높
은 단계의 자기규제 행동을 보이는 사람들을 '셀프리더self-leader'라고 부
른다. 이들은 자신의 한계와 책임을 잘 알고 즉각적인 만족을 지연시킨
다. 높은 자존감을 보이며 사람과 상황에 일방적으로 휘둘리기보다 자
기 나름의 고유한 원칙과 기준을 따르면서 의지력과 절제력, 주도성을
발휘한다.

그 이유는 무엇보다 단단한 믿음과 신념(목적과 비전)이 행동을 제어하
고 있으며, 동시에 자신의 가능성을 깊이 신뢰하고 있기 때문이다. 그
렇게 보면 자기규제력은 삶 속에서 벌어지는 내적 갈등을 효과적으로
다루고자 하는 목적과 그에 대한 믿음, 즉 자기인식을 전제조건으로 한
다. 자기인식이 리더십 개발의 목적과 가치를 설정하는 주체화 과정이

라면, 자기규제는 이를 실현하기 위해 변수들을 통제하며 심리적 장애를 극복해 가는 행동화 과정이라고 할 수 있다. 목표를 설정하고 추구하는 것이 목표 달성의 필수요소인 것처럼, 리더십 개발 역시 목표를 설정하고 학습과 개발에 대한 내재적 동기를 유지하며 전력투구하는 일을 필요로 한다.

자기규제 프로세스

자기규제 프로세스는 1) 목표 설정, 2) 차이 탐색, 3) 차이 줄이기로 나누어 설명할 수 있다.

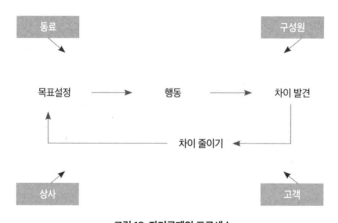

그림 18. 자기규제의 프로세스

목표 설정

리더십 개발을 위해서는 구체적인 목적과 목표를 설정해야 한다. 목표 설정 과정은 세 가지 요인의 영향을 받는다. 첫 번째는 공식적인 통제 시스템(상사, 조직의 규칙 등)에 의해 제약된다. 상사는 의도적으로 리더에게 역할을 부여하고 권한을 제한할 수 있다. 이때 상사로부터의 정보 부족, 새로운 변수는 목표 설정을 어렵게 만든다. 둘째는 상사 이외에 구성원, 동료, 고객들은 리더에게 특별한 역할 기대를 요구한다. 상사와 달리 이들은 직접 자신의 기대를 표출하지 않는다는 점에서 실체를 파악하기가 어렵다. 따라서 직접적인 것은 말할 것도 없고 간접적 단서를 읽지 않으면 이 기대는 간과되기 쉽다. 앞서 지적한 것처럼 그들의 숨은 욕구와 열망, 나아가 그 기저에 깔린 상처와 고통을 읽는 과정이 동반되어야 목표 설정이 명확해진다. 세 번째 요인은 리더 자신의 개인적인 목적, 열망으로 갖게 된 아젠다가 있다. 앞의 두 가지가 외부 압력이라면, 세 번째는 내부의 압력이다. 나는 개인적으로 이 세 번째가 능동적이고 주체적인 리더십이라는 점에서 보다 중요하다고 생각한다. 리더십 연구자 만츠[Manz]는 셀프 리더십의 본질이 주체적인 목표 설정에 있다고 지적한 바 있다.[118]

목표 설정은 이 세 가지 요구를 통합적으로 협상하는 가운데 이루어진다. 리더 자신의 아젠다만을 앞세우거나 특정 집단만을 대변하고 있다면 목표는 갈등을 일으키고 복잡성을 증대시켜 실행을 좌초하게 만든다. 리더의 개인적인 욕구를 첫 번째 동인으로 세우고, 다양하고 중요하다고 판단되는 이해관계자의 요구들을 수용할 때 강력한 목표가 설정된다. 그런 점에서 목표 설정 과정은 매우 역동적이다. 설정한 목표를 밝히고, 가용 범위 안에서 이해관계자들의 요구를 수용하며, 그들의 요구가 달라질 때마다 탄력적으로 함께 발전시켜야 하기 때문이다.

차이 탐색

리더십 개발을 위한 차이(불일치)는 두 군데에서 온다. 하나는 리더와 이해관계자들이 생각하는 성과 표준 간의 차이이고, 다른 하나는 리더와 이해관계자 사이의 리더십 효과성을 평가하는 척도에서 오는 차이다. 전자에 차이가 있다면, 리더는 이해관계자들의 숨은 욕구를 알아내야 한다. 그렇지 않으면 이해관계자들의 기대와 다른 목적과 목표를 추구하고 비용과 에너지 손실을 초래할 수 있다. 또 후자에 차이가 발생한다면 리더의 모든 노력은 수포로 돌아간다. 이 두 차이는 이해관계자의 욕구를 만족시키고, 리더의 존재 이유를 증명한다는 점에서 상호합의와 동의가 필수적이다. 리더가 이해관계자의 기대를 깊이 읽을수록, 서로가 원하는 결과를 명료히 할수록 서로 합의한 기준을 만들 수 있다.

이런 정보를 얻는 방법은 첫째, 직접 대면하여 묻는 것이다. 아무리 주변 환경이 복잡하다고 하더라도 직접 묻지 않는다면 짐작과 추측으로 오해가 커진다. 주의할 것은 사람들이 모든 것을 말로 다 표현하지 않는다는 점을 인식하고, 그 이면을 읽고자 노력해야 한다. 이해관계자가 핵심적인 대상임을 간과한다면, 이들의 요구와 기대를 읽는 일은 최고의 우선순위라고 할 수 있다. 이해관계자들을 향한 연민과 긍휼의 마음은 이 과정을 결코 일회적인 이벤트로 휘발시키지 않는다. 둘째, 각종 지표와 징후들을 감지하는 것이다. 객관적인 지표는 말할 것도 없고, 사람들이 보여주는 사소한 언행 등을 관찰하면서 보다 광범위한 방식으로 정보를 얻어야 한다. 그럴수록 리더는 이해관계자의 아젠다와 그 차이를 더욱 더 잘 파악하고 통합하는 방법을 발견할 수 있다.

차이를 탐색하는 과정에서 대표적인 두 가지 어려움이 있다. 첫째는 이해관계자들이 상호 배타적인 요구를 분출할 때다. 예를 들어 구성원들은 팀의 화합을 중시하지만, 상사는 팀의 성과를 우선할 수 있다. 이때 양자택일로 갈등을 해결한다면 한쪽에 불만을 초래하므로 리더는 양 측면을 아우르는 보다 더 큰 목적을 상기하고, 다양한 욕구들이 새로운 차원으로 통합되도록 협상을 이끌어야 한다. 모든 아젠다가 이 과정이 필요한 것은 아니지만, 이해관계가 첨예하게 대립하고, 장기적 관점에서 중대한 결과를 초래한다고 판단된다면, 시간이 걸리더라도 이 과정을 견뎌야 한다. 이때 리더가 궁극적으로 구현하고자 하는, 반드시 도달해야 하는 목적이 정당하다는 확신이 든다면, 얼마든지 상충하는 요구는 창조적 방식으로 수렴될 수 있다는 믿음을 버리지 않아야 한다.

둘째는 리더와 이해관계자들이 기대하는 결과 사이에서 차이가 발생할 때다. 리더는 자신의 행동이 원하는 바로 나타났는지 또 이 결과가 이해관계자의 욕구, 열망, 기준을 충족했는지 동시에 관찰해야 한다. 이 차이는 새로운 행동을 위한 중요한 데이터가 될 수 있다.

전통적으로 차이 탐색에 활용하는 것들은 성과평가, 동료평가 그리고 비공식적인 대화 등이지만, 이런 방법들이 때로는 자기규제의 충분한 정보가 되지 못할 수 있다. 실제 정보와 다를 수도 있고, 구체성이 떨어질 수도 있으므로 다각도의 방법으로 차이를 탐색하는 노력을 기울이지 않으면 안 된다. 예를 들어 리더는 수집한 정보를 이해관계자들에게 공개하고 그들의 의견을 청취할 수 있다. 리더의 겸허한 자기고백과 정보 노출은 더 많은 진실을 초대하는 효과가 있다.

차이 줄이기

차이를 발견한 후에는 이를 줄이기 위한 행동으로 연결해야 한다. 차이를 줄이는 일은 더 복잡하고 상당한 노력을 요한다. 또한 여러 행동을 복합적으로 선택하지 않으면 안 된다. 차이를 줄이기 위한 전략은 크게 두 가지로 나누어 볼 수 있다. 하나는 '효과성 중심 전략effective-oriented strategies'이고 다른 하나는 '자존감 유지 전략esteem-maintenance strategies'이다. 효과성 중심 전략은 차이를 직접 줄이는 것이고, 자존감 유지 전략은 차이에 대한 해석을 바꾸어 방어하는 데 목적이 있다.

효과성 중심 전략에는 다섯 가지 방법이 있다. 첫째, 차이를 발견했다면 바로 행동으로 옮기는 것이다. '보다 인간적인 리더가 되어 달라'는 구성원의 요청이 있다면 리더는 자기 행동을 즉시 바꾸어 존중하고 배려하는 언어를 사용할 수 있다. 또는 과업 지향적 행동을 줄이고 사람들에게 자신을 솔직하게 드러내고 적극적인 소통을 시작할 수 있다. 이는 주변 사람들의 요구에 즉각적으로 반응한다는 점에서 효과가 크다. 하지만 숨은 의도가 있는 가식적 행동이라면 지속하기가 어렵고, 그 결과 이해관계자들에게 더 큰 실망감을 안겨줄 수 있다. 또 표면적인 행동을 자주 바꾸는 리더들은 의도가 그렇지 않다고 해도 종종 강력한 신념과 철학이 부족한 리더로 비추어질 수 있다.

효과성 중심 전략 중 두 번째 방안은 이해관계자들의 기대를 바꿀 수 있다. '팀 플레이어로서 행동해야 한다'는 이해관계자의 요청이 있을 때, '지나치게 팀플레이에 의존할 경우, 일의 신속성이 떨어지고 태만한 행동이 발생할 수 있다'는 점을 부각하여 이해관계자의 기대를 바꿀 수 있다. 리더의 행동은 전과 다름없지만, 이해관계자의 기대가 바뀌어 차이가 줄어드는 효과가 발생한다. 이 방법은 리더의 행동이 충분히 정당하고, 이해관계자들이 오해하고 있을 때 바람직하다.

세 번째 효과성 중심 전략은 리더에 대한 이해관계자들의 평가를 바꿀 수 있다. 예를 들어 리더가 자기 행동의 결과에 대해 그 이유를 납득시키고 설득할 수 있다. 이 방법은 리더가 자기 행동에 확신이 있어서 비록 반대가 있더라도 이를 관철하고자 할 때 적절하다. 이는 이해관계자의 욕구나 관심을 저버리는 것도 아니고, 단순히 그들의 비위를 맞추기 위한 것도 아니다. 리더가 자신의 신념에 기초하여 행동의 근거를 제시하고 그 정당성을 설파하는 것이다. 다만 이 전략은 이해관계자들의 이해력을 높일 수는 있지만, 경우에 따라 리더의 행동이 옳았음을 증명하는 데는 상당한 시간이 걸린다는 단점이 있다. 일관성 있고 진정성 있는 행동으로 이를 입증하지 않으면 부정적인 결과를 초래한다.

네 번째 효과성 중심 전략은 이해관계자 자체를 바꾸는 방법이다. 리

효과성 중심의 전략	자존감 유지 전략
1. 자신의 행동을 변화시킨다. 2. 이해관계자의 기대를 바꾼다. 3. 이해관계자의 평가를 바꾼다. 4. 이해관계자 자체를 바꾼다.	1. 마음을 바꾼다. 2. 자기 기준을 낮춘다. 3. 분리하고 회피한다.

그림 19. 차이를 줄이기 위한 전략

더의 행동은 전과 다름없지만, 이해관계자의 구성을 바꾸는 것이다. 새로운 이해관계자를 설정하거나 상대적으로 중요성이 떨어지는 이해관계자들을 제거하는 것이다. 조직이 상품, 지역 등을 바꾸어 이해관계자 집단을 바꾸는 것처럼, 개인도 자신의 이해관계자를 바꾸는 것이 옳은 선택이 될 때가 있다. 자신에게 강력한 영향을 미칠 수 있는 새로운 멘토를 찾을 수 있고, 특정 집단을 포함하거나 제거할 수도 있다. 극단적으로는 자신의 직무, 포지션을 바꾸고, 다른 회사로 이직함으로써 이해관계자 자체를 완전히 바꿀 수도 있다.

효과성 중심 전략과 달리 자존감 유지 전략은 리더 스스로 자존감을 지키기 위한 것이다. 첫 번째는 리더의 마음 안에서 차이를 좁히는 방법이다. 행동도 그대로이며 성과도 달라지지 않지만, 리더는 자신의 행동이 성공적이라고 재해석하는 것이다. 이 방법은 단기적으로는 이익이 될 수도 있으나 궁극적으로는 좋은 결과를 얻기 힘들다. 흔히 말하는 방어기제가 작동한 것이기 때문이다.

두 번째 자존감 유지 전략은 기준에 부합하지 못하는 피드백을 받았을 때 자기 기대를 낮추어 차이를 줄이는 것이다. 예를 들어 반복적으로 부정적 피드백을 받은 리더는 이렇게 말한다. "될 대로 되라지.", "생긴 대로 살아야지.", "난 원래 그래." 이 방법은 실제 행동의 변화 없이 방어하기 때문에 결과적으로 더 나쁜 결과와 평판을 얻게 된다.

세 번째 자존감 유지 전략은 회피 또는 분리다. 리더는 차이가 나는 피드백의 원천을 피하거나 인지적으로 이런 피드백과 자신을 분리하여 무시하는 것이다. 이 역시 자기방어 전략의 하나이므로 좋은 결과를 얻을 수 없다.

요약하면 자존감 유지 전략은 일시적으로 리더에게 위안이 될 수 있지만, 리더의 행동 변화가 없다는 점에서 기만적 성격을 띤다. 반면 효과성 중심 전략은 이해관계자의 생각 또는 구성을 바꾸거나 솔선하여 행동을 변화시킴으로써 상대적으로 더 큰 효과가 있다. 하지만 무엇보다 중요한 것은 이해관계자의 기대를 정확히 이해하고, 거기에서 발생하는 차이가 리더로 성장하는 단서라는 점을 깨닫는 것이다. 그래야 차이를 줄이기 위한 행동이 긍정적으로 발현되고 공감과 지지를 얻는다. 이해관계자를 조작 가능한 대상으로 간주하거나 이들과 대립하는 듯한 행위는 리더십의 본래 목적을 상실한 것이며, 당연히 리더십 개발을 실패로 몰아간다. 단순히 조작적 행동으로 이해관계자의 인식을 바꾸려하기보다는 그들의 고통과 상처를 읽는 일을 우선할 때, 문제의 근원으로 가서 그 차이를 좁히는 단호하고도 혁신적 대안을 찾을 수 있다.

자기규제의 실패 요인

자기규제는 실제 어렵다. 우리는 자주 본능에 휘말리고, 현실적으로 자기관리를 위한 시간과 기회가 많지 않으며, 경직된 조직 문화 안에서 일하고 있기 때문이다. 주도적으로 결정할 기회가 박탈된 문화에서는 자기규제를 발휘할 수 있는 근육이 약화한다. 그럼에도 불구하고 리더십 개발에 주도적 책임을 진 처지에서 더 근본적인 문제가 리더 자신에게 있음을 외면하지 않아야 한다. 리더가 스스로 생각하고 판단하기를 멈추고 다른 사람의 생각에 의존한다면, 자신과의 소통이 불가능하고

기만적인 행동을 반복한다. 무엇보다 스스로 자존감을 잃게 된다. 그런 리더들은 권위나 과거의 관행에 붙들려 남을 탓하는 데 대부분의 시간을 보낸다.

왜 자기규제가 실패하는지, 어떻게 자기규제의 힘을 확보할 수 있는지 생각해보자. 이것이 자기규제의 명백한 해법은 아니지만 이를 통해 자기기만적 행동을 들여다본다면 변화의 기회를 찾을 수 있다.

자기규제 실패 요인은 세 가지 국면에서 생각해 볼 수 있다.[119] 첫 번째 국면은 목표를 설정하는 단계에서의 실패다. 목표란 자신이 의도하는 목적을 실현하고자 설정한 하위 지표다. 목표가 목적으로부터 연역되지 않았거나, 불명확하거나, 양립 불가하거나, 지나치게 높거나 낮은 경우, 자기규제는 방향을 잃고 동력을 상실한다.

두 번째는 감시monitoring 국면에서 발생한다. 이는 목적과 현재 상태 간의 차이를 탐색하는 과정인데, 면밀한 감시가 없다면 모순은 가려지고 은폐된다. 예를 들어 다이어트를 하는데 먹는 음식과 음식량을 추적하지 않으면 몸 상태를 알 수 없고, 새로운 처방을 할 수 없다. 감시의 부재나 부적절한 주의력은 자기규제를 실패로 몰고 간다.

세 번째는 실행operating 국면에서 발생한다. 현재 상태가 좌표에서 벗어났다는 것을 확인했다면 이를 수정하기 위한 행동을 시작해야 한다. 하지만 적절한 행동을 찾지 못했거나 부적절한 행동을 서둘러 하게 되면 감시가 성공적이었다 해도 원하는 결과를 얻을 수는 없다. 행동의 부재와 부적절성은 자기규제의 실패를 부른다. 이 세 국면에 걸친 자기규제의 저해요인을 좀 더 세부적으로 살펴보자.

기대 혹은 목표 갈등

목표를 설정하는 국면에서 자주 나타나는 문제의 하나는 목표들이 서로 상충할 때다. 목적과 부합하지 않고, 목표가 서로 충돌할 때 어떤 기준을 적용해야 하는지 헷갈린다. '당장 성과를 추구해야 하는가? 아니면 구성원의 행복을 추구해야 하는가?'라는 두 개의 관심 혹은 목표가 서로 대립할 때, 이를 효과적으로 통합하지 못하고 우선순위를 정하지 못한다면 자기규제는 실패한다. 목표를 서로 병합하든가, 시간상으로 우선순위를 정하든가, 아니면 새로운 차원에서 두 목표를 통합하는 방법을 모색해야 한다.

이를 가능하게 하는 기준은 목적이다. 먼저 목적으로부터 연역되지 않은 목표는 어디선가 빌려온 맹목적 목표에 불과하다. 이런 목표들은 혼선을 불러오고, 목적 달성에 직접적인 충격을 주지 못한다. 목적에 천착하여 목표들을 재검토한다면 다양한 방식의 통합과 조정 방안을 발견할 수 있다. 그래야 자기규제의 동기가 유지되고 순항한다.

감시 부족

목표에 비추어 현재 수준을 평가하고 자신의 행동을 결정할 수 있어야 하는데, 스스로를 감시하는 장치가 없다면 자기규제는 실패한다. 예를 들어 자신이 한 약속을 이행하지 못했는데도 이를 자각하지 못하는 경우다. 자신의 행동을 평가하고 성찰할 수 있는 정기적 시간, 방법, 기준을 사전계획에 포함하고, 주변인의 참여를 이끌어 감시와 조언자의 역할을 하게 해야 한다.

알아차림의 실패

알아차림은 나쁜 행동을 없앨 수 있다. 그러나 알아차리지 못한다면 나쁜 행동은 무의식적으로 반복되고 수정하기 어렵다. 알코올 중독자들은 자주 술자리를 만들고, 술과 관련한 대화를 하는 것을 좋아한다. 험담을 잘하는 리더는 사람들 앞에서 제삼자의 이야기를 습관적으로 꺼낸다. 알아차리지 못하면 이런 행동을 대상화할 수 없고 당연히 조절할 수 없다. 적어도 내적 불안과 긴장이 높을 때, 사사로운 마음에 휩싸일 때라면 집중력을 높여 자신의 행동을 주시하고, 객관화할 수 있어야 한다.

부적절한 감정

자기규제는 의지를 필요로 한다. 하지만 충동이 의지를 압도한다면 자기규제는 좌초한다. 예를 들어 목표가 불명확하고 감시가 부족한 것과 달리 목표 자체에 정신적으로 과몰입되어 있다면, 해야 한다는 부담으로 충동과 강박에 사로잡힌다. 그 때문에 불필요한 염려와 불안에 휩싸일 수 있다. 그때는 목표로부터 한 걸음 물러서 감정을 알아차리고 이 감정으로 인한 결과들을 성찰하고, 이를 효과적으로 전환할 필요가 있다. 이는 앞서 언급한 메타역량으로서 정서 민첩성의 영역에 해당한다.

심리적 관성

일단 시작한 행동은 좀처럼 멈추기 어렵다. 행동을 지속하게 하는 내적 관성이 작동하기 때문이다. 자기규제가 가능하게 하려면 행동이 일어나기 전에, 혹은 일어났더라도 바로 이 행동을 멈출 수 있어야 한다. 나쁜 습관과 같은 물리적 행동뿐만 아니라 심리적인 상태도 대부분 관성화되어 있다. 따라서 이를 바꾸는 유일한 방법은 자기 행동을 대상화하는 것이다. 무의식적으로 일어나고 있는 행동, 그 안에 도사린 생각, 감정, 일 처리 방식, 태도, 충동 등을 관찰하고 이를 알아차리며, 여기에 질문을 던져야 이 행동을 멈출 수 있다. 그렇지 않다면 관성이 언제나 승리한다.

눈덩이 효과

자기규제가 일단 무너지면 점차 더 큰 재앙으로 확대될 수 있다. 어떤 행동이 실패한다고 곧바로 재난이 오는 것은 아니지만, 그것이 연쇄적으로 발생하면 상황은 더욱더 악화된다. 예를 들면, 업무 과중으로 무심코 화를 낸 것이 상대의 반응으로 더 큰 화를 불러오고, 마침내 공격적이거나 파괴적인 행동으로 확대된다. 한 번의 사소한 실패 때문에 자포자기하게 되는 것이다.

또는 최초의 실패로부터 죄의식이 들면 이를 감추고자 자기 감시를 멈추게 된다. 자기인식 능력이 현격히 떨어지고 'All or nothing'이라는 생각을 하게 된다. 이때는 잠시 자신의 행동을 돌아보며 그것이 어떤 결과를 초래하는지 알아차려야 한다. 이 알아차림의 힘은 자신에 대한 관심, 어떤 리더가 되고자 하는지에 대한 목적과 사명이 있을 때 강화된다.

탈개인화

집단 안에 함몰되어 있으면 자기를 대상화하는 힘이 약화한다. 집단과 자신을 동일시함으로써 스스로를 감시하지 못하고, 이성적으로 평가하지 못한다. 스포츠 경기장에서 난동을 부리는 훌리건의 행동이나 집단사고에서 나타나는 구성원들의 행동들이 그 예가 된다. 그러므로 집단의 압력이 있을 때면 경계심을 가지고 자신이 무비판적으로 다른 사람의 생각에 동조하고 있지 않은지 성찰할 수 있어야 한다.

잘못된 자기조절

앞의 자기규제 요인들이 자기조절 자체의 실패라면, 잘못된 자기조절은 자기규제를 위해 선택한 행동이 실패를 부르는 경우다. 우리는 행동을 조절하고 싶어 하지만 부적절한 행동을 선택할 수도 있고, 전혀 반대가 되는 행동을 하기도 한다. 노력이 부족해서가 아니라 자기규제가 의도한 결과를 만들어 내지 못하기 때문이다. 그 원인은 대체로 세 가지다.

첫째, 상황에 대한 오판이다. 자신과 세상에 대한 잘못된 믿음, 예를 들어 지나친 낙관, 정서적인 불안은 비현실적인 목표를 세운다. 둘째, 명백히 통제 불가능한 것을 가능하다고 믿는 과신에서 온다. 성공에 대한 과도한 확신, 지나친 에고이즘은 성공 가능성이 낮음에도 불구하고 이를 멈추지 못한다. 셋째, 앞의 이유로 과도한 에너지를 쏟는 것이다. 그러면 쉬이 좌절하고 낙담을 경험한다. 예를 들어 일할 때 속도와 정확성 간의 트레이드 오프 관계를 이해하지 못하면, 무턱대고 둘 다를 높일 수 있다는 믿음을 갖게 된다. 그 결과는 불을 보듯 뻔하다.

자기 불구화 self-handicapping 전략

자기규제가 실패하면 이를 설명하기 위해 자기를 불구화시키는 전략을 사용한다. 실패로 초래된 자존감을 만회하기 위한 자기기만적 술수다. 장애를 만나 실패하게 되면, 다른 사람의 평가나 비난이 두려워진다. 이때 사람들은 이 실패의 원인을 자신에게 돌리지 않을 방법을 찾는다. 예를 들어 자신의 성과가 내려갔을 때 건강이 안 좋았기 때문이라거나 주변 사람들의 협조가 없었기 때문이라고 설명함으로써 자신의 무능을 피하려 한다. 좋은 이미지를 보존하고 싶은 바람이 문제의 원인을 외부, 다른 사람, 혹은 통제 불가의 것에 돌리는 것이다. 다른 사람의 마음을 거스르지 않으려고 불편한 이야기를 꺼내지 못하거나, 충분한 자원이 갖추기 전까지는 어떤 도전도 하지 않는 리더는 스스로에 대한 확신이 없을 뿐 아니라 자기 불구화의 함정에 빠진 것이다.

자신에게 이런 행동이 반복적으로 일어난다면, 과거의 어떤 실패 또는 능력에 대한 확신이 부족하기 때문이 아닌지 검토해야 한다. 자기 불신이 일시적이라면 다행이지만 상습적이라면 성장을 가로막는 내면의 음모가 있을 수 있다. 일반적으로 자존감이 낮은 리더들은 자기 이미지를 훼손시키지 않기 위해 실패하지 않으려고 하지만, 자기 확신을 가진 사람들 또는 결과가 나쁘더라도 다시 시작하려는 사람들은 자기 불구화 전략을 사용하지 않는다. 이런 리더들은 자신을 입증하는 것에 연연하지 않고 꾸준한 성장을 보다 중시한다. 이런 리더들은 자기를 보호하는 데 애쓰기보다 외부 피드백을 통해서 자신을 개선하고자 노력한다.

자기규제의 힘: 의지력

그렇다면 어떻게 자기규제를 현실화할까? 미리 말하지만 여기에는 명백한 답이 없다. 애석하게도 이는 모두 우리 각자의 몫일 뿐이다. 하지만 몇 가지 여기서 제시하는 지침을 자신에게 어떻게 창조적으로 적용할 수 있는지 생각해보고, 이를 통해 자신만의 해법을 찾아보자.

'해야 한다는 것'과 실제 '행하는 것' 사이에는 쉽게 건널 수 없는 도도한 강물이 흐른다. 한 연구에 의하면 해야 한다고 생각한 것을 실제 현실로 옮기는 확률은 불과 10% 미만이다.[120] 그 이유는 단 하나, 해야 한다는 동기는 있지만 실행으로 옮길 '의지'가 없기 때문이다. 대부분 리더는 대체로 높이 동기부여 된, 충분히 할 수 있다는 믿음을 가진 사람들이다. 바로 그 때문에 상당수의 리더는 과도한 확신과 낙관으로 실패를 만나지만, 그럼에도 원하는 것을 성취하려면 동기[motivation] 이상의 것, 즉 의지(volition, 절실함이 만든 결단)가 필요하다. 의지는 장애를 극복하고 비전을 실현하기 위해 그 행동을 지속하는 힘이다.

종종 외적 보상이나 자극 때문에 행동이 촉발되지만, 이것이 곧바로 변화를 지속하는 힘을 제공하는 것은 아니다. 그보다는 내적 욕구와 긴장으로 촉발되는 내재적 동기가 있어야 한다. 내재적 동기는 즐거움이자 행동 그 자체가 보상이 되어 만들어진 에너지다. 하지만 '의지'는 내재적 동기와 다르다. '목적(정체성)에 대한 신념'과 그 신념으로 인해 난관과 역경을 기꺼이 헤쳐 나가려고 하는 '에너지'의 조합이다. 외적 보상, 심지어 내적 동기인 즐거움도 이 의지를 만들어 낼 수는 없다. 의지는 열망이 부족함에도, 즐거움이 없음에도, 좌절 속에서도 절제되고 집요한 행동을 계속하게 하는 힘이다. 그것은 반드시 해야만 한다는 사명과 책무감, 그리고 절실함의 결과다. 그래서 의지만이 결과를 만들어낸다.

"기분이 좋지 않았죠. 솔직히 화가 났어요, 걱정도 많았고... 하지만 전 계속했습니다. 그게 제가 절실히 원하는 것이었으니까요."

심한 실패와 좌절 속에서도 한 리더는 내게 이렇게 말했다. 그는 동기 이상의 의지를 불태우고 있었다. 동기만 가지고 있는 리더는 종종 부정적인 피드백을 받거나 주변 사람들의 저항이 감지되거나 상사가 도와주지 않거나 자원이 부족하면, 쉽게 그 일을 그만둔다. 하지만 동기를 넘어 의지를 불태우는 리더는 정보나 외적 자극 없이도 그 일에 착수한다. 의심을 걷어내고 부정적인 정보를 배척하며 목적과 목표에 집중하여 적절한 수단을 선택한다. 혼란스럽게 만드는 주변의 방해가 있을 때, 도리어 묵묵히 의미 있는 결과를 만들고 이를 증명한다. 무엇이 이런 의지를 만드는 것일까?

목적의식과 에너지의 이중주

부르치와 고샬Bruch and Ghoshal은 수년간 리더들을 관찰하면서 보다 효과적인 리더들은 '목적의식focus'과 '에너지energy'를 창조적으로 조합하고 있음을 발견했다. 나는 개인적으로 이 '목적의식'이란 자기인식 과정을 통해 발견한 목적, 비전, 가치에 대한 믿음이라고 생각한다. 이런 믿음은 중요한 것이 무엇인지를 알고, 무엇을 지향해야 하는지를 알려준다. 이 믿음이 강렬할수록, 역경을 통해 검증된 것일수록 현실을 극복하려는 변혁적인 목표를 설정하고, 자원을 집결한다. 보다 중요한 것에 시간과 자원을 배분한다. 이메일, 미팅, 타인의 요구와 압력, 보이지 않는 번잡한 요구들로 방해받지 않는다. 진심으로 성취하고자 하는 목적과 과업을 깊이 내재화하고, 여기에 도달하기 위한 경로들을 찾아 선택하고 집중한다. 하나 혹은 두 개의 단순한 프로젝트에 온전히 몰두한다.

반면 '에너지'는 강도 높은 전념, 몰입을 가능하게 하는 활력이다. 에너지가 높은 리더들은 제한된 데드라인을 맞추어야 할 때, 업무가 지나치게 가중되어 있을 때조차도 거뜬히 결과를 만들어 낸다. 에너지는 자신을 무력화시키는 부정적인 생각을 멀리하고 자신을 의식적으로 일으켜 세우는 심리적 자산이다.[121] 이런 사람들은 삶에 대한 긍정과 낙관, 자신감, 희망과 유머, 회복탄력성을 보여준다. 이는 자기 자신과 타인, 나아가 세상에 대한 사랑과 수용에서 온 것이다. 이런 에너지는 삶의 열정, 전념, 몰입을 가져온다. 따라서 목적의식과 에너지의 조합은 원하는 목적을 실현하는 강력한 무기, 의지력을 발생시킨다.

목적의식과 에너지를 메트릭스로 하면 네 개의 패턴이 생겨난다. 먼저 에너지도 없고, 목적의식도 없는 경우가 있다. 이때 리더들은 '미루기'로 고통받는다. 연구에 의하면 이런 리더는 30% 정도다. 이들은 주

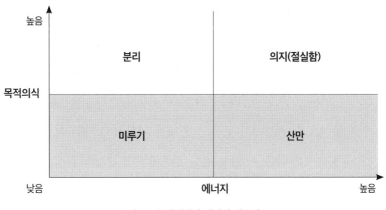

그림 20. 목적의식과 에너지 메트릭스

어진 과업, 보고서, 미팅, 전화 등 일상 업무들은 무리 없이 수행하지만, 정작 중요한 일이 무엇인지 모르기도 하거니와 일에 착수하여 전략을 수립하고, 적시에 의미 있는 결과를 만들어 내지 못한다. 새롭고 도전적인 일에 대한 자신감의 부족, 실패에 대한 두려움, 안전함을 잃을지 모른다는 염려에 휩싸여 자신을 방어한다. 심리학자 마틴 셀리그만 Martin Seligman이 말하는 '학습된 무기력'을 경험한다. 새로운 목표를 세웠다 해도 통제할 수 없다는 느낌에 사로잡혀 아예 시작조차 하지 못한다.

다음은 목적의식은 높지만, 에너지 수준이 낮은 경우다. 목적에 대한 믿음은 있지만, 내적 자원이 고갈되어 있다는 점에서 목적과 에너지 간의 '분리'가 발생한다. 자신의 생각과 행동 사이의 소외와 디커플링이 존재한다. 이 영역에 있는 리더들은 대략 20% 정도다. 해야 하는 일의 당위성은 알지만 강한 의구심을 가지고 있어서 고식적으로 일을 처리하거나 진득하게 일에 집중하여 결과를 만들어 내지 못한다. 해야 할 중요한 일을 피하고 방어한다. 문제를 발굴하고 변혁을 꾀하기 위한 모험을 감수하지 않고, 도리어 지금 별문제 없다고 생각한다. 종종 불확실성으로 인한 불안, 혼란, 분노, 좌절, 소외감으로 고통받는다. 하지만 이를 노골적으로 드러내지 못하고 문제를 외부화하거나, 자신의 게으름과 의지 부족을 탓한다. 어떤 일을 공표하지만 감정을 깊이 개입시키지 않고 최소한의 행동을 하기 때문에 상황을 악화시킨다. 이런 리더들은 예상하지 못한 일들이 쳐들어오면 쉽게 압도당하는 나머지 자기 불신으로 고통받는다.

다음으로 에너지는 높지만, 목적의식이 낮은 '산만'한 상태에 있을 수 있다. 이런 리더들은 대략 40% 이상이다. 이들은 압력을 받으면 강박적으로 무엇이든 해내려고 한다. 계속해서 도전하고 주어진 과업의 폭주 속에서 늘 분주하다. 성찰하려면 멈추어야 하지만 그럴 여력이 없다. 새로운 요구에 따라 적절히 시간과 자원을 배분해야 함에도 당장 눈앞에 닥친 일에 매여 근시안적으로 몰입한다. 다양한 프로젝트에 참여하고 최선을 다하려 하지만, 금방 관심을 잃고 다시 새롭게 쳐들어오는 일에 허둥지둥 매달리길 반복한다. 정작 중요한 목적과 과업에 대한 인식이 부족하다. 이런 행동은 위기상황에서 비롯된다고 생각할 수 있지만, 꼭 그렇지는 않다. 자기 정체성에 대한 확신, 사명과 책무감이 부족하면 안정적인 상황에서도 타인의 눈을 지나치게 의식하고, 많은 일을 혼자서 움켜쥐려 한다. 불안감에 압도되었기 때문이다. 심지어 이런 일을 장려하는 회사의 분위기도 한몫하기 때문에 이를 벗어나는 것은 쉽지 않다.

마지막으로 높은 에너지를 가지고 있으면서 강력한 목적의식을 보이는 경우다. 이들은 높은 '의지력'을 가진, 절실함에 추동된 리더들이다. 이들은 대략 10% 정도다. 자신의 목적, 비전, 가치에 대한 단단한 믿음을 갖고 있으며, 목표 설정과 구현 방안을 통해 크고 작은 결과들을 만들어 낸다. 이런 리더는 자기인식력과 자기규제력이 동시에 뛰어나다. 이루고자 하는 목적과 사명이 지속적으로 에너지를 보급하면서 선순환을 이룬다. 역경이 있더라도 좌절하지 않고 유연하게 지혜로운 방안을 찾아낸다. 어떻게 시간과 자원을 활용해야 하는지 잘 알고 있으며 용기 있고 과감한 결정을 내린다.

"회사는 정말 어려운 상황이었어요. 제 결정으로 100명 이상의 사람들이 직장을 잃게 되었죠. 며칠을 고뇌하지 않을 수 없었습니다. 그리고 결국 결정을 내렸습니다. 고객들에게 그리고 다음 세대의 사람들에게 가장 떳떳한 일이 무엇인가를 알았거든요."

구조조정 과정에서 결단을 내려야만 했던 한 기업의 리더가 말했다. 목적에 대한 천착은 무엇이 옳은 결정인지, 어떻게 결정을 내리는 것이 바람직한지 고뇌하게 한다. 때로 모든 이해관계자의 욕구를 충족시키지는 못하지만, 손쉬운 해법이나 타협에 만족하지 않고 창조적이고 지혜로운 선택을 계속해서 모색한다. 이런 리더들은 의미 있고 가치 있는 것에 사로잡혀 있다. 위기 속에서, 혹은 위기가 지나갔다 해도 목적을 겨냥하고 용기 있는 결정을 내린다. 심지어 큰 성취를 이루었다 해도

함부로 샴페인을 터뜨리지 않는다. 각각의 성취가 목적으로 가는 이정표임을 잘 알고 있기 때문이다. 이들은 중요한 것에 집중함으로써 시간을 효과적으로 관리한다. 늘 미래와 현재를 연결하고 있기 때문에 불필요한 이메일, 전화, 방문을 거절하기도 하고, 바쁠 때 도리어 속도를 늦추기도 한다.

이런 리더들은 상사, 동료들이 요구하는 것에 끌려다니지 않고, 자신과 조직이 겨냥하는 최종 목적에 비추어 가장 중요한 첫 번째 과업에 집중한다는 점에서 앞선 리더들과 가장 큰 차이가 있다. 목적의식과 에너지가 만들어내는 집요함, 예리함으로 환경을 통제하고, 난관과 장애를 뚫는다. 자신이 할 수 있는 일의 범위 안에서 통제력을 가짐으로써 선택지를 넓히고, 자신은 물론 상사와 외부의 기대를 효과적으로 관리한다.

나는 어떤 리더인가? 나는 높은 에너지와 함께 명료한 목적의식을 가지고 있는가? 혹 이를 떨어뜨리는 요인들에 휩싸여 있지는 않은가? 이 같은 질문에 답하려면 먼저 '나를 충동하고, 자부심과 긍지, 열정을 불러일으키는 목적(리더 정체성)'을 품어야 한다. 이것이 의지력의 원천이다. 삶의 활력인 에너지는 이 목적의식에서 비롯되어 자원과 시간을 끌어온다. '왜Why'에 대한 물음이 '무엇what'과 '어떻게How'의 해법을 찾는다. 다음의 항목들은 목적의식과 에너지 상태를 점검하는 데 도움이 되는 것들이다.

목적의식

• 왜 리더가 되고자 하는지를 설명할 수 있다.

- 리더십을 개발하고 발현하고자 하는 분명한 이유와 목적이 있다.
- 나의 목적과 목표는 나의 행동을 촉진하고 고무한다.
- 나의 목표는 목적에 따라 변화해야 할 과제와 달성 수준을 밝히고 있다.
- 나의 목표는 시간과 자원을 어디에 어떻게 집중시켜야 하는지를 알려준다.
- 나의 목표는 목적으로 인해 단단하고 동시에 유연하다.

에너지

- 나는 개발 과제 또는 하고자 하는 일에 높은 열정을 가지고 있다.
- 나는 개발 과제 또는 하고자 하는 일에 높은 흥미를 느끼고 있다.
- 나는 개발 과제 또는 하고자 하는 일을 시간이 걸리더라도 반드시 완수할 자신이 있다.
- 나는 개발 과제 또는 하고자 하는 일을 하는 가운데 만나는 역경과 난관을 잘 이겨낼 자신이 있다.
- 나는 개발 과제 또는 하고자 하는 일을 완수하기 위한 남다른 전략적 가지고 있다. 또는 그런 선택을 할 수 있다.
- 나는 개발 과제 또는 하고자 하는 일이 결국 잘 될 거라는 믿음을 가지고 있다.

자기규제력 높이기

절실함을 창출하기, 숙고

우리 삶은 대체로 어설픈 생각과 치밀하지 못한 행동의 연속으로 이루어져 있다. 생각은 빈약하고 행동은 무분별하다. 바쁘다는 수렁에 쉬이 빠져든다. 생각의 부재는 빈번한 지행격차knowing-doing gap를 유발하고 자기규제를 무너뜨린다. 조금만 어렵고 힘들면 중도 하차하고 아예 시도조차 하지 않는다. 여기에 '앎'과 '삶'의 지독한 소외가 있다. 종종 이 문제를 의지박약이나 게으름 때문이라고 진단하는 것은 정확한 해법이 아니다. 누구도 지행격차를 피할 순 없지만, 이 차를 좁혀가는 동안에만 성장한다는 점을 주목해야 한다.

지행격차가 발생하는 이유는 두 가지 측면에서 생각해 볼 수 있다. 첫째는 자신의 앎이다. 앎이 지적 유희에 머물러 있다면, 앎은 삶과 분리된다. 앎이 머리에만 머물러 영글지 않았다면 이 괴리는 피할 수 없다. 둘째는 아리스토텔레스가 그의 책 『니코마코스 윤리학』에서 언급한 '프로네시스^{phronesis}', 즉 실천적 지혜의 빈곤에 그 원인이 있다. 아리스토텔레스는 "정의로운 행위, 현명하고 합리적 대안을 찾는 실천적 지혜(프로네시스)는 분명한 목적으로서 행위의 좌표를 설정할 수 있는 도덕적 미덕(아르떼)과 결합할 때 비로소 가능하다"고 보았다. 그런 지혜는 앎을 자기 삶의 구체적 상황으로 뿌리내려 창조적으로 적용한다. 변수를 통제하며 가장 절제되고 유연한 방식으로 현실을 돌파하는 창조적인 대안을 찾는다.

무엇이 이를 가능하게 할까? 그것은 숙고다. 숙고가 없다면 목표, 계획, 전략은 지혜롭지 못하다. 인내, 여유, 유연성이 사라진다. 자신이 옳다고 믿는 것 혹은 알고 있는 것을 삶으로 가져오고 싶다면, 어쩔 수 없는 현실을 탓하며 투덜이가 되거나 상황이 바뀌기만을 기다리기 전에, 자신의 앎이 올바르고 강건한지, 현실의 난관을 돌파할 수 있는 치열함이 있는지를 물어야 한다. 숙고의 치열함만이 절실함을 만든다. 절실함은 의지력을 불러온다. 늑장을 퇴치하고 불안과 두려움을 없애며 장애와 난관을 넘는다.

목적의식과 에너지의 결합인 의지력은, 숙고의 과정을 통해 비로소 실천적 행위를 잉태한다. '목적'을 숙고하면, 목적은 또렷하고 강렬해진다. 그런 목적은 단호하고 심원한 행동과 연결된다. 추사 김정희 선생은 말한다. "만권의 책을 읽으면 절로 글과 그림이 된다."라고. 한나 아렌트는 말한다. "생각의 무능은 말과 행동의 무능을 낳는다."라고. 다이어트에 실패하는 것은 비법을 몰라서가 아니다. 숙고하지 않은 행동이 현실의 난관 앞에서 고꾸라지기 때문이다. 행동하지 않을 수 없는, 강렬한 끌림의 원천인 목적에 대한 숙고 그리고 이를 현실화하기 위한 에너지가 있어야 한다. 오르페우스Orpheus는 산천초목을 감동하게 하는 가장 아름다운 리라 연주를 통해 세이렌Seiren의 유혹을 잠재웠다. 목적이 자신에게 깊은 의미와 영감을 주고 자부심을 불러일으키고, 행동을 촉발할 때까지 왜 내가 그 행동을 해야 하는지 숙고해야 한다.

생각의 저수지

생각의 저수지란 숙고의 결과로 생각에 물을 가득 채운다는 은유다. 생각을 높게, 깊게, 넓게 할 때 자기규제력의 근육이 강화된다. 이때 생각의 높이는 드높은 목적과 사명에서, 생각의 넓이는 폭넓은 관점과 삶 전체를 아우르는 조망력에서, 생각의 깊이는 욕구, 열망, 과거의 상처에 대한 연민과 사랑에서 만들어진다. 높고, 넓고, 깊은 생각들은 기법과 요령과 술수로서의 행동과 근본적으로 차별화된다. 기법과 요령과 술수로서의 행동은 의지력을 동반하지 않은 기회주의적 선택인 데 반해, 생각의 저수지에서 나온 행동은 의지력의 소산이다. 전자가 새로운 변수에 취약하다면, 후자는 자연스러운 것이라서 탄력적이고 지속적이다. 조직 구성원으로서, 직업인으로서, 리더로서 그리고 한 개인으로서 자기 삶의 숙고와 성찰은 목적, 비전, 가치를 향한 행동의 절박감과 절실함을 창출한다. 하지만 생각의 저수지에 물이 가득 차지 않았다면 불완전한 믿음이 온갖 변명과 구실을 찾고 행동을 가로막는다. 행동한다 해도 현실의 덫에 걸려 좌초한다. 행동은 계속해서 불발한다.

나는 현실에서 수많은 리더들의 고통과 비탄을 듣는다. 대부분은 빈약한 생각의 저수지에서 비롯된 경우가 대부분이다. "너무 어려워요.", "그냥 답을 주시면 안 되나요?"와 같은 것들이다. 스스로 생각하는 힘이 사라졌다는 고백이다. 칸트는 계몽의 모토를 "감히 알려 함Sapere Aude" 이라고 말한다. 타인의 도움 없이는 자신의 지성을 사용할 수 없는 상태가 미성숙이다. 스스로 감히 알려 하는 것은 미성숙에서 벗어나는 길이다. 스스로 생각하길 포기하는 미성숙은 결단이 없는 게으름, 용기를 발현하지 못하는 비겁함 때문이다. 권위에 대한 복종을 선택한 사람들은 스스로 미성숙을 택한 것이다. 왜일까? 위험하지 않고 힘들일 필요가 없기 때문이다. 그 대가는 참혹하다. 자기 생각과 이해력이 사라지고, 타인의 생각으로 생각하는 인간이 된다. 진득하게 생각의 저수지에 물을 채워보자. 벼락 치듯 생각이 차오를 수도 있고, 지루한 시간을 견뎌야 할지도 모른다. 그러나 실로 성장을 원하고 해야 할 것이 있다면 생각은 멈추지 않는다.

- 새롭게 시작하려는 행동은 얼마나 절실한가?

- 지금 해야만 하는 절박감이 느껴지는가? 적어도 그런 데드라인이 필요한 가?

- 이 행동은 내면의 욕구로부터 길어 올린 것인가?

- 이 행동을 해야 하는 정당하고 분명한 이유가 있는가?

- 이 행동으로 얻게 되는 결과는 주변 사람들에게 의미 있는 가치를 전달하는 가? 나에게 그런 책임감이 느껴지는가?

- 나는 충분한 숙고의 과정을 통해 이 행동을 시작하기로 했는가?

자기기만에 맞서기

의지가 만들어지는 또 하나의 계기는 자신의 위선, 모순, 결함을 인정하는 것이다. 누구나 자신을 진솔하게 마주하면 내면의 추하고 곪은 부위가 드러난다. 이것을 바라볼 자신이 없으면 재빨리 잘난 장점과 재능을 찾아 이를 덮어버린다. 그게 생존의 기술이다! 하지만 바로 그 때문에 우리는 불쑥불쑥 자신의 이중성, 불완전성을 용인하고 새로운 행동을 시도하지 못한다. 계속해서 금연이 실패하고 있음에도 불구하고 자신을 잘 통제하고 있다고 여기거나, 동료의 성공이 실력이 아니라 무자비한 야망에서 비롯된 것이라고 비하하거나, 당연히 해야 하는 행동을 놓고도 다른 변명을 늘어놓는 이유다.

자기기만은 자기편향에 의한 비합리적 처사다. 자기 행동에 모순이 발견되었다면 서둘러 정당화하기보다 이를 직시할 수 있어야 한다. 자기 행동의 비용 효과성, 즉 새로운 행동에 따른 비용과 그로 인한 이익을 산술적으로 계산해 보는 것이다. 자신을 기만하는 과정에서 드는 비용이 그로 인한 이익보다 훨씬 크다면, 우리는 자기규제 행동을 시작할 수 있다. 그러므로 이 과정에서 약간의 상상력을 동원해 볼 수 있다. 첫째, 자기기만으로 초래될 불행한 미래를 구체적으로 그려본다. 목적하는 행동을 하지 못할 때 어떤 불행을 초래하는지, 얼마나 많은 사람을 실망에 빠뜨리는지, 그 결과가 얼마나 비참한지를 상상하는 것이다. 실제로 목적과 목표의 포기가 존재감의 상실이라는 상상력이 동원된다면 행동의 동기는 더욱 강화될 수 있다. 두 번째는 자기기만을 극복했을 때 얻게 되는 보상과 이익을 상상하는 것이다. 실제적인 보상과 이익이 크고 매력적일수록, 그것이 자부심을 부여하고 자기다움을 실현하는 것이라는 믿음을 가질수록 기만적 행위가 무모한 것임을 발견할 수 있다.

자기기만은 자신의 모자람, 부족함, 추함, 어리석음을 감추려는 동기에서 비롯된다. 자연스러운 반응이지만 사태를 해결하는 이성적이고 합리적인 행동이 아니다. 게다가 리더로서의 사명과 목적에 대한 책무를 방기하는 것이다. 나의 모순은 나의 일부이며 나의 삶 그 자체임을 인정하며 새로운 약속을 할 수 있어야 한다.

조망력을 넓히기

조망력은 근시안에서 벗어나 더 넓은 시야를 갖는 것이다. 현재 상황으로부터 거리를 두고 전후 맥락을 바라보며 현재 상태를 조명하는 힘이다. 조망력을 가지면 지금 더욱더 중요한 것이 무엇인지를 알게 된다. 즉각적인 자극과 충동, 유혹에서 벗어난다. 예를 들어 시한부 삶을 사는 사람들에게 오늘은 절체절명의 중요한 순간이다. 그것은 죽음이 라는 사건이 삶 전체를 조망하는 안목을 주기 때문이다. 실제 연구에 의하면, 미래의 시간을 조망하는 사람들은 남은 시간을 지각하여 경력 개발과 직무 태도에 보다 긍정적인 행동을 보인다. 목적과 비전이 절박 성을 만들고 행동의 효능감을 높이기 때문이다.

조망력은 회계사의 눈에서 빠져나와 탐험가의 눈을 견지하는 일이 다. 미래 목적지를 열망하는 일은 '지금 여기'와 '먼 미래'의 관계를 연결 한다. 강박에서 벗어나고 분노, 좌절 같은 감정적 스트레스를 줄인다. 조망력을 가지면 일의 방식과 절차를 바꾸고, 관계를 새롭게 설정하고, 일의 의미를 재발견하며 동기를 부여한다.

자기규제가 실패하고 있다는 생각이 들면 삶 전체를 조망해 보자. 활 동에 대한 강박과 의무감으로 당면 과제에 과몰입되어 있지 않은지, 중 요한 일과 그렇지 못한 일의 구분이 사라진 것은 아닌지 점검한다. 한 걸음 물러나 마음속의 높은 테라스에 올라서서 지금 여기까지의 여정 을 돌아보고, 앞으로 가야 할 미래를 전망하면서 어떤 선택을 해야 하는 지 물어야 한다.

스윗스팟 찾기

목적을 실현하기 위한 목표가 설정되었다면 이를 현실화할 수 있는 구체적인 지도, 즉 목적에 영감을 불어넣고 목적으로 가는 경로와 거점 을 밝힌 플랜이 있어야 한다. 그래야 목적과 의도가 생명을 갖기 시작한다. 플랜이 구체적일수록 타깃이 보이고, 타깃이 있다면 더욱더 높은 동기와 의지를 불태울 수 있다.

구체적 플랜을 세우려면 제일 먼저 생각해야 할 것은 목표행동이다. 목표행동을 설정할 때는 '가짜 바람'과 '진짜 바람'을 구분할 필요가 있다. 가짜 바람은 생각이 영글지 않아 누군가의 생각이 쳐들어와서 갖게 된 바람이다. 이를테면 남에게 좋게 보이기 위한 행동, 남처럼 되고 싶은 행동, 누군가의 요구나 강요에서 비롯된 행동이 목표로 전환된 것이다. 이런 목표행동은 남의 시선과 기대를 충족시키려는 데서 비롯되었기 때문에 노력이 아니라 요행을 기다린다. 외재적 보상extrinsic reward에 좌우된다. 조금만 상황이 달라져도 금방 좌절하고, 쉬이 포기한다.

반면, 진짜 바람에 의한 목표가 있다. 이는 삶의 각성 체험을 거쳐 만들어진 목적을 겨냥한 목표를 말한다. 이런 목표는 소유의식과 내재적 보상intrinsic reward을 느끼게 하며 강력한 의지, 절제력을 발현하게 만든다. 시작하는 용기를 줄 뿐 아니라 난관과 유혹을 뿌리칠 수 있는 힘을 제공한다. 이런 목표는 '스윗스팟sweet spot'이 된다.

스윗스팟에 해당하는 목표행동을 찾으려면 다음 네 가지 질문이 필요하다.

- 이 목표행동은 내가 간절히 원하는 것인가?
- 이 목표행동은 나의 성장에 결정적 도움을 주는가?
- 이 목표행동은 나의 이해관계자들의 문제를 해결하는가?
- 이 개발목표는 가시적인 결과물이 있는가?

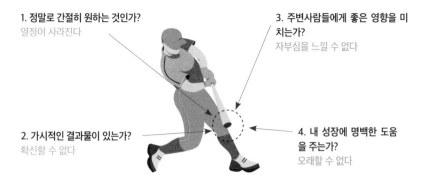

1. 정말로 간절히 원하는 것인가?
열정이 사라진다

3. 주변사람들에게 좋은 영향을 미치는가?
자부심을 느낄 수 없다

2. 가시적인 결과물이 있는가?
확신할 수 없다

4. 내 성장에 명백한 도움을 주는가?
오래할 수 없다

그림 21. 스윗스팟의 네 가지 조건

만일 여기에 자신 있게 '예'라고 할 수 없다면 진심으로 원하는 목표행동이 아니다. 간절히 원하는 것이 아니라면 열정은 사라진다. 자신의 성장에 충격을 주지 못한다면 지속할 수 없다. 이해관계자들에게 도움을 주지 못한다면 자부심을 느낄 수 없고 그들의 자원을 끌어올 수 없다. 가시적 결과물이 없다면 확신할 수 없고 다시 동기부여 되지 못한다. 그러므로 개발목표를 세울 때는 앞의 네 가지 기준에 부합하는 행동을 발굴해야 한다.

만일 개발목표가 이 네 가지 조건에 부합하지 못한다면 어떨까? 시작하지 않는 것만 못하다. 자신에 대한 실망과 패배감을 안겨줄 것이 뻔하다. 그럴 경우 다음과 같이 목표행동을 수정하여 스윗스팟이 되도록해야 한다.

• '해야만 하는 일'이라면 '하고 싶은 일'과 엮어라.
• 자신의 정체성(비전, 미션, 가치)과 부합하도록 만들어라.

- 그 행동을 하는 데 도움이 되는, 당신이 좋아하는 사람, 집단을 포함해라

- 그 행동을 더 쉽게 또는 더 재미있게 할 수 있는 방안 또는 그런 일부터 계획하라.

- 행동을 잘게 나누어 그 행동을 가능하게 하는 조건부터 만드는 일을 계획하라.

- 얻을 수 있는 보상(인정, 이득 등)을 확대하라.

그래도 안 되면, 그 행동을 버리고 보다 절실한 목표가 생길 때까지 성찰과 숙고의 과정을 거쳐야 한다. 아직 실행에 옮길 만큼 영근 생각이 아니기 때문이다.

데드라인 만들기

데드라인^{dead-line}을 그대로 직역하면 '사선死線'이다. 죽음은 우리 삶에 마감이 있음을 알려주는 명백한 사건이다. 삶은 원하는 것을 모두 이루기에는 충분하지 않다. 우리는 가장 중요한 행동을 선택하고 삶의 책무를 완수하지 않으면 안 된다. 매듭이 없고 끝이 없다면 삶은 공허하고 무력하며 불완전하다. 그러면 책임도 의미도 절박감도 사라진다. 끝없는 연속과 계속이 있을 뿐이다. 행동을 지연시키고 고지식한 일을 반복하고 늑장을 피운다. 끝이 있고 매듭이 있어야 결과를 만들고, 결론을 지으며, 새로운 도약을 시도할 수 있다. 더 이상 미룰 수 없는, 하지 않으면 안 되는 매듭을 짓고, 다시 시작해야 하는 당위의 명령으로서 데드라인을 만들자.

그림 22. 데드라인 만들기

데드라인을 만들려면 먼저, 개발목표에 도달하기 위해 요구되는 활동들을 작은 단위 과업으로 쪼갠다. 너무 큰 과업은 여러 변수를 통제해야 하고 그 결과, 자신감과 길을 잃을 가능성이 크다. 그러므로 1~3주 안에 완료할 수 있도록 작은 단위로 과업을 나누고, 각 과업별로 기한과 얻어야 할 결과물을 명확히 한다. 이렇게 설정한 데드라인은 몇 가지 이점이 있다. 첫째, 복잡한 일들을 단순화하면서 일에 대한 집중력을 높인다. 둘째, 단위 과업별로 결과물을 얻게 되면서 성취에 대한 자신감을 얻는다. 마지막으로 다음 과업이 무엇인지를 발견하여 그 행동을 지속, 강화, 발전시키는 방법을 찾는다.

스윗스팟에 해당하는 목표행동이 행동을 유인한다면, 데드라인은 행동을 강제한다. 오르페우스의 아름다운 리라 연주가 스윗스팟 행동이라면, 스스로 돛에 자기 몸을 결박한 오디세우스의 전략은 데드라인 만들기다.

장애에 대비하기

모든 플랜은 유혹에 약하고, 장애 앞에서 굴복할 가능성이 있다. 그러므로 구체적인 플랜을 세웠다면 미래의 장애를 예상해야 한다. 현실은 우리의 플랜대로 작동하지 않는다. 장애와 난관은 애초에 플랜이 담을 수 없는 필연이며 우연이다. 지나친 낙관은 망상을 만들고 자기규제를 좌절시킨다. 장애를 예견하지 못한다면 당혹감을 느끼고 혼돈에 빠진다.

개발목표와 데드라인을 정했다면, 실행을 분산시키는 수많은 유혹과 잡음을 상상하고 대비해야 한다. 상상할 수 있는 장애, 유혹을 나열해보자. 그리고 대안을 세워보자. 예를 들어 실행하고자 하는 바를 공개적으로 선언하거나, 명료한 데드라인을 정하고 관련자들과 미팅을 하거나, 주변 이해관계자들로 하여금 모니터링을 하게 함으로써 이탈을 막을 수 있다. 이와 병행하여 자신의 사고 프로세스를 꾸준히 훈련해보자. 의심이 들 때마다 '이것이 장차 어떤 결과를 초래하게 될까?'라고 묻고, 원래의 목적을 상기하며 그 중요성과 가치를 재확인한다.

재지 말고 일단 시작하기

자기규제를 위해서는 동기, 바람, 선택, 숙고가 필요하다. 하지만 이것만으로 원하는 목적을 달성할 수는 없다. 강을 건너기 위해서는 몰입과 전념이 동원되어야 한다. 루비콘강을 건너기로 했다면 이제 다리를 불태워야 한다. 행동은 가차 없이 냉정하게 진행되어야 한다.

홈런을 치려고 하기보다 안타를 치는 전략을 세운다. 때에 따라 번트를 대야 할지도 모른다. 출루해야 득점 기회가 있다. 성공은 획기적인 전략과 담대한 행동을 통해 단박에 구현되지 않는다. 오히려 꾸준한 작은 행동들을 반복한 결과다. 워싱턴 대학의 새라스바티^{Sarasvathy} 교수는 기업가들의 사고방식을 연구하면서 그들에게는 공통된 추론 과정이 있음을 밝혔다.[123] 하나는 인과적 추론casual reasoning이고, 다른 하나는 유효적 추론effectual reasoning이다. 그녀는 오늘날과 같은 불확실성을 다룰 때는 전자보다는 후자가 보다 적절하다는 것을 발견했다. 인과적 추론은 목표를 설정하고 이를 달성하기 위한 최적 수단과 방법을 모색하는 것으로 대부분 학교 교육을 통해 배워온 전통적인 문제해결 방식이다. 이것은 통제된 환경 안에서는 효과적일 수 있으나 다양한 변수가 출현하는 환경에서는 제힘을 발휘하지 못한다. 한번 세운 계획을 상황과 관계없이 곧이곧대로 추진한다는 것은 난센스기 때문이다.

반면, 유효적 추론은 인과적 절차 대신, 직관적으로 현재 가지고 있는 자원을 활용하여 일단 시작하고 현실의 피드백을 받아 다음 행동을 찾아내는 전략이다. 이 전략을 사용하는 리더들은 상상력과 열망으로 행동을 시작하고, 그 뒤에 현실의 정보와 자원을 끌어와 새로운 목표와 전략을 찾아낸다. 그 결과, 초기 계획과는 다른 새로운 목표와 경로로 혁신적 대안을 만든다. 칭기즈칸이 비옥한 대지를 찾아 정복해 가는 과정이 인과적 추론이었다면, 콜럼버스가 대양을 횡단하며 어느 날 미지의 땅을 발견한 것은 유효적 추론의 결과였다.

유효적 추론은 행동하는 동안 만나게 되는 두려움은 물론 예기치 못한 변수들을 다루는 데 유용하다. 이를 반영하려면 다음과 같은 행동이 필요하다. 1) 행동을 통해 얻고자 하는 목적을 항상 염두에 두어야 한다. 그러면 직관과 통찰을 얻어낼 수 있고 현실의 두려움도 몰아낼 수 있다. 2) 무엇을 알고 있는지, 무엇을 가졌는지 확인한다. 3) 행동을 제약하는 것들에 구속되기보다 통제의 범위를 정하고 할 수 있는 행동에 집중한다. 이때의 행동은 가능한 한 쉽게 성공할 수 있어야 한다. 다이어트를 결심했다면 금식을 결정하기보다 관련된 과학적 정보를 모아 다이어트에 대한 이해를 하는 것이 보다 더 적절한 첫 번째 행동이다. 이런 행동은 시작하면 무력감, 냉소, 의심을 걷어낸다. 마지막으로 4) 그 행동의 결과로부터 새로운 정보를 수집한다. 그러면 전략을 바꿀 수도 있고 원래의 목표와 계획을 변경시킬 수도 있다. 계획이 달라지는 것에 대해 불안해하기보다 유연한 방안을 찾아가는 과정을 즐긴다.

우리는 일상이라는 감옥의 죄수다. 원하는 것을 제쳐 두고 일상에 파묻혀 있기 심상이다. 밖을 향한 꿈이 없다면 창문은 새로운 가능성을 보여주는 창구가 아니다. 꽉 쪼이는 코르셋은 더없이 불편하지만 우리는 그냥 갑갑함을 견딘다. 습관을 깰 수 없다면 새로운 기회는 나타나지 않는다. 습관은 습관을 부른다. 그것은 몰입을 위한 첫 번째 행동을

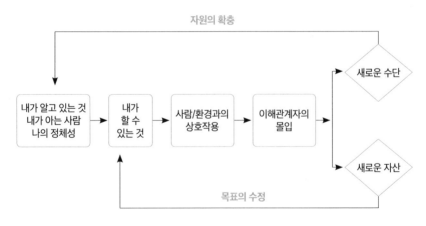

그림 23. 유효적 추론

시도조차 하지 못하게 만든다.

그러므로 일단 시작하는 것이 중요하다. 완벽한 플랜이란 애초에 없다. 그것은 환상이다. 시작하면 새로운 자원과 피드백이 온다. 그때 우리는 목표를 수정하고 새로운 자원을 확충할 수 있으며 예기치 못한 새로운 길을 찾을 수 있다. 이른바 '애자일(Agile)'하게 행동하는 것이다. 성공에 대한 과도한 기대나 실패에 대한 우려에 휩싸이기보다 모험과 혁신을 지속하는 배움의 여정을 즐겨야 한다. 특히나 오늘날과 같이 예측성이 사라진 세상에서 새로운 변화와 혁신을 이룬 사람들의 사고방식은 일단 시작하는 사람들이었다. 그들이 쉼 없는 시행착오를 통해 다시 시작할 수 있었던 것은 리더로서의 사명과 목적에 대한 간절한 염원이었다.

나는 인과적 추론가인가? 유효적 추론가인가? 다음 진술문에 대해 평소 자신의 생각과 유사한 정도를 점수로 부여해보자. 둘 다 중요하지만 행동을 망설이고 있다면, 어떻게 유효적 추론 방식을 채택할 것인지 고민해보자.

항상 그렇다=5 그렇다=4 그저 그렇다=3 그렇지 않다=2 전혀 그렇지 않다=1

- -

1. 궁극적인 최종 기회를 찾아 최상의 이득을 제공한다고 판단되는 것을 선택한다. (   )

2. 감당할 수 있는 손실 범위 안에서 자원을 활용한다. (   )

3. 최상의 자원과 역량을 발휘할 수 있는 전략을 개발한다.　　(　)

4. 계속해서 발생하는 변수들을 기회로 바라보면서 최초의 계획을 진화시켜

　　간다.　　　　　　　　　　　　　　　　　　　　　　(　)

5. 사업 전략과 플랜을 수립한다.　　　　　　　　　(　)

6. 얻고자 하는 결과가 최초에 기획했던 것과 상당히 달라질 수 있다고 기대

　　한다.　　　　　　　　　　　　　　　　　　　　　　(　)

7. 원래의 목표에 부합하기 위해 그 절차를 효과적으로 통제한다.　(　)

8. 유연성이나 적응성을 가로막는 행동들을 가능하면 피하려고 한다.

　　　　　　　　　　　　　　　　　　　　　　　　(　)

9. 연구조사를 통해 타깃을 정하고 경쟁요인을 분석한다.　　(　)

10. 현실 가능한 대안을 찾을 때까지 가능한 대안들을 검토하고 실험한다.

　　　　　　　　　　　　　　　　　　　　　　　　(　)

홀수 번호의 합(인과적 추론)＿＿＿＿＿＿＿＿＿

짝수 번호의 합(유효적 추론) ＿＿＿＿＿＿＿＿＿

🔍 행동을 가능하게 하는 것

행동한다는 것은 스스로가 문제의 주인임을 받아들이는 것이다. 물론 어떤 문제는 우리가 실제 문제의 주인이 아니기도 하다. 그러나 참여자로 있는 한, 누구도 문제로부터 자신을 온전히 분리하는 것은 불가능하다. 시스템적 사고나 복잡성을 고려하지 않더라도 모든 문제 상황은, 알고 보면 모든 참여자들의 일거수일투족이 암묵적으로, 명시적으로 상호 영향을 미쳐 발화된 것이다. 그러니 자신이 문제 밖에 있다는 변명은 온당하지 않다. 게다가 문제를 눈감고 침묵하길 택한다면 자신의 나약함에 그 원인이 있음을 인정해야 한다. 그런 개인들이 모여 합을 이룬 것을 일컬어 '현실 또는 상황'이라 부른다. 현실은 우리가 가진 생각과 태도의 반영이다.

그럼 주인 의식은 어디서 오나? 누군가가 나를 주인으로 대해 주어야 주인 의식을 가질 수 있다고 생각한다면 그건 노예 의식을 가진 것이다. 주인이 된다는 것은 스스로 자기 존재를 인정하고 수용하는 일이며, 스스로 생각하는 힘을 가졌다는 것을 뜻한다. 생각한다는 것은 의문을 품고 질문을 던지고 성찰하기를 반복하며 생각의 저수지를 갖는 것이다. 다른 사람의 생각이 나를 압도하도록 방치하는 것이 아니라 스스로 생각의 생성자가 되는 것이다. 그래야 우리 정신은 권능을 부여받고 참된 자유를 얻는다. 질문과 성찰이 혁명의 위험성이 있다는 이유로 아테네는 소크라테스를 사형에 처했다. 생각이 현실을 변화시키고 전복할 수 있기 때문이다.

생각을 지속하면 체념이 있을 수 없다. 현실에 굴복하지 않는다. 더 중요하고 가치 있는 것, 보다 옳고 바람직한 것을 찾고, 그것과 현실이 주는 긴장으로 삶의 에너지를 얻고 대안을 만든다. 생각이 자라면 더 많은 생각이 모여 고유한 생각의 저수지를 이룬다. 그것이 넘칠 때 자기 대본의 고유한 인생이 탄생한다. 삶의 목적, 비전, 가치라는 플롯에 수많은 사건이 질서를 이루며 공명을 만들어 낸다. 그런 삶이 타인을 감화시킬 때 리더십이 발생하고, 그런 생각이 다수의 생각으로 자란다. 수많은 역사의 예가 보여주듯 최초의 한 생각이 모두의 생각이 될 때쯤, 도도한 혁명과 변화가 일어났다.

한나 아렌트는 말한다. '사유의 부재는 실제로 인간 문제에 영향을 미치는 강력한 요인이다.'라고. 구질구질하게 남과 상황을 탓하는 것은 자기 존엄을 무너뜨리는 일이다. 상대에게 더 큰 힘을 주는 일이다. 혼자 할 수 없다면 친구를 만들고, 먼저 할 수 없다면 두 번째가 되어볼 일이다.

META-COMPETENCY OF LEADERSHIP

4부

리더십 개발의
실천

01

역량개발
플랜 만들기

"앞을 보며 점과 점을 연결할 수는 없다. 뒤돌아볼 때만 가능하다. 그러니
당신은 미래에 언젠가 점들이 연결될 거라고 믿어야 한다. 무언가를 믿어
야 한다."

- 스티브 잡스Steve Jobs(1955~2011), 애플의 창업자

이 장에서는 리더십 개발을 위한 계획 수립 방법을 알아보자. 실천적인 내용이므로 직접 몸으로 옮겨갈 때만 이 장의 지침이 의미가 있음을 기억하자. 리더십 개발 계획을 세우려면 다음과 같은 질문을 먼저 떠올려 볼 필요가 있다.

- 현재의 자리에 오기까지 어떤 경험을 축적해왔나?
- 각각의 경험들은 나에게 어떤 역량을 키워주었나?
- 보다 결정적인 성장과 개발의 경험들은 무엇이었나?
- 이런 경험을 좀 더 체계화한다면 무엇을 어떻게 할 수 있나?

계획 수립에 왕도가 있는 것은 아니므로 실제 경험을 바탕으로 개발 계획을 수립한다면 보다 현실적이고 창의적인 방법을 설계할 수 있다. 아무리 좋은 방법과 절차가 있다고 해도 그것을 기계적으로 적용한다면 흉내만 내다가 그칠 가능성이 농후하다. 그러므로 자신의 체험 속 노하우들을 최대한 정리해보고 그를 되살리되, 보다 창의적으로 방법을 적용해야 한다.

리더십 개발 계획 수립

개발을 위해 해야 할 일들은 무궁무진하다. 하지만 제일 먼저 해야 할 일은 개발을 위한 큰 집을 짓는 것이다. 설계도가 명확해야 적절한 자원과 방법을 끌어올 수 있고, 실행 과정에서 유연성을 확보할 수 있다. 어떻게 큰 그림을 그릴까? 혼자서 하는 고독한 과정일 필요는 없다.

선배, 멘토, 전문가들과 논의할 수 있다면 그들을 자원으로 끌어당겨 함께 설계해 보자.

자기 주도적인 리더십 개발을 위한 전체 프로세스는 다음과 같다. 이것은 개발을 위한 하나의 지도map이지 실제 지형을 반영한 것은 아니다. 각 단계를 자신의 상황에 맞게 적용하는 지혜를 발휘해야 한다.

1단계: 리더 정체성 개발

리더 정체성career identity을 구체화하는 일이다. 앞서 지적한 것처럼 이는 리더십 개발의 중심이자 시작이다. 이를 간과한다면 표층의 리더십 개발에 머물러 낭패를 경험하고 모든 개발 활동은 공염불이 된다. 그러므로 시간이 걸리더라도 꾸준히 리더로서의 자기 정체성을 명료히 해야 한다. 리더 정체성이란 1) 궁극적으로 얻고자 하는 최종결과이며, 존재 이유로서의 목적Purpose과 2) 그 목적에 도달하기 위해 성취해야 하는 거점으로서의 비전vision, 3) 이를 위해 일관되게 지켜가야 하는 원칙으로서의 가치value를 명료히 하는 것을 말한다.

'목적'은 리더의 존재 이유이자 궁극적으로 실현하려는 최종결과와 이를 구현하기 위한 사명을 뜻한다. '비전'은 1~3년 또는 5-10년 뒤에 리더로서 이루고자 하는 어떤 전문성, 경력, 성취물, 평판 등이다. 에베레스트산을 등정한다고 할 때, 목적이 정상이라면, 비전은 목적을 공략하기 위한 베이스캠프와 같다. 간혹 목적 없이 비전만을 가질 수가 있는데 그런 경우는 남들의 비전을 모방한 근거 없는 야망이다. 이런 비전은 달성한다고 해도 목적지가 없으므로 다음 비전을 알 수도 없고 의미도 전달하지 못한다. 성장이 멈추거나 다시 다른 사람의 비전을 카피하며 주변을 기웃거리는 신세를 면치 못한다. 비전은 목적으로부터 연역될 때 비로소 개시된다. 비전은 목적을 달성하고자 하는 의지를 담는다. 담대하고, 정당하며 성장의 이유를 제공한다. 그리고 '가치'는 목적과 비전이 탈선하지 않고 앞으로 나아가게 하는 가이드라인의 역할을 한다. 좋은 목적과 비전이 있다고 해도 옳지 않은 방법으로 달성된다면, 리더가 이룬 성취는 정당화될 수 없고 물거품이 되고 만다. 가치가 명료할 때 목적으로 가는 비전이 일관성을 갖고 원칙이 지켜진다. 우리 사회 많은 리더의 타락은 가치의 부재, 목적의 망각에서 비롯된 것이다.

목적, 비전, 가치가 선명하다면 맹목적이거나 표층 수준의 잔꾀로 리더십을 배우는 일을 경계할 수 있다. 그러므로 역량개발 플랜을 수립할 때는 리더 정체성을 다시 점검해야 한다. 다음 질문들에 대해 글로 적어보고 이를 구현하기 위한 행동으로서 사명을 적어보자. 비록 가설적이지만 자신의 궁극적 좌표가 무엇인지 깊이 생각해 보자. 앞선 3부 4장의 '자기인식과 정체성 개발' 부분을 재검토해 보자.

목적과 관련한 질문

- 이 일을 하는 이유, 목적이 있다면 무엇인가? 그것은 충분히 자부심, 긍지를 주는가?
- 이 일을 통해 궁극적으로 얻고자 하는 최종결과가 있다면 무엇인가? 어떤 결과를 얻고자 하는가?

- 장차 다른 사람들에게 어떻게 기억되길 원하는가?
- 이 일을 통해 주변, 사회에 어떤 기여를 하고 싶은가?

비전과 관련한 질문

- 장차 5년 뒤, 10년 뒤 어떤 모습이길 원하는가?
- 무엇을 성취하며, 주변 사람들로부터 어떤 평가를 받고 싶은가?
- 구체적으로 어떤 전문가, 어떤 리더가 되길 원하는가?
- 무엇을 성취하길 원하는가? 정말로 이루고 싶은 것은 무엇인가?
- 이 각각은 나의 최종목적, 결과에 직접적으로 충격을 주는 것인가?

가치와 관련한 질문

- 반드시 사수해야 한다고 생각하는 삶의 가치가 있다면 무엇인가?
- 일을 할 때의 원칙과 기준은 무엇인가?
- 의사결정의 기준이 되는 것은 무엇인가?
- 갈등, 충돌을 다룰 때 어디에 근거하여 해결점을 찾는가?
- 흔들림 없이 일관성 있게 행동하기 위해 필요한 것은 무엇인가?

예를 들면 앞선 질문의 결과는 다음과 같이 표현할 수 있다.

- **목적(사명) 선언:** "나는 나와 함께하는 동료, 조직, 고객들에게 나의 전문성과
  진정성을 바탕으로 독창적인 경험을 선사함으로써 그들의 삶이 현재보다
  더 진보하도록 하는 데 기여한다."

- 비전 진술: "나는 지금부터 5년 뒤 ○○분야 최고전문가로서 최소한 12명의 사업 파트너를 갖게 되고 그들에게 가장 진실한 파트너로 기억될 것이다."
- 가치 진술: 도전 – "언제 어디서나 새로운 미래의 가능성을 찾아 도전한다."
  사랑 – "함께하는 모든 사람들의 가치를 찾아 인정하고 빛나게 한다."
  나눔 – "내가 가진 것을 기꺼이 나눔으로써 서로의 파이를 키운다."

리더 정체성은 단박에 완성되는 작업은 아니므로 우선 가설을 만든다. 그리고 리더십 개발 과정에서 하나씩 검증하면서 이를 발전시킨다. 이 과정이 리더 정체성이 구축되는 자연스러운 과정이라는 점에서 불안감을 느낄 필요는 없다. 그렇다고 이 일을 무턱대고 미루는 것은 능사가 아니다. 오히려 실행 과정에서 더 단단하고 선명해지며, 이를 적극적으로 진화시킬 수 있는 체험을 할 수 있다. 핵심은 이 일을 통해 자신을 개발하는 데 있어 길을 잃지 않는 것이며, 이해관계자의 지지를 얻는 것이다.

2단계: 요구역량과 현 수준 파악

2단계에서 해야 할 일은 두 가지다. 핵심역량을 규명하고, 현재 자신과의 불일치를 규명하는 것이다.

먼저 핵심역량을 규명한다. 리더 정체성이 밝혀지면 여기에 직접적인 충격을 주는 '핵심역량Core Competency'이 무엇인지를 규명할 수 있다. 핵심역량이란 목적(사명), 비전, 가치 실현에 결정적인 역할을 하는 역량을 의미한다. 또한 이는 다른 사람들과 비교되지 않는 대체 불가의 고유성을 가진 나만의 예리한 역량을 의미한다. 이런 역량은 목적과 비전, 가치로부터 비롯된 것이므로 블루오션을 찾아가게 한다.

핵심역량 이외에 '기본역량(Basic Competency)'을 생각할 수 있다. 기본역량은 핵심역량 개발에 앞서 개발하지 않으면 안 되는 역량을 말한다. 혹 이런 역량이 갖추어져 있지 않다면 그것이 무엇인지를 규명한다. 기본역량은 핵심역량처럼 반드시 차별화된다기보다는 같은 업을 수행하는 사람들과의 공통 역량으로 볼 수 있다. 예를 들어 핵심역량이 "가장 완벽한 통·번역 기술'이라고 한다면 이때 기본역량은 '읽기, 쓰기, 말하기' 같은 역량이 될 것이다. 무림의 고수들이 모여 최고의 고수를 찾는 경연을 한다면, 이 경연에 참여할 수 있는 조건은 기본역량을 갖추는 것이고, 무림의 고수들과 싸워 이기려면 비장의 무기로서 핵심역량을 가져야 한다.

핵심역량 규명에는 다음과 같은 질문을 사용할 수 있다.

- 나의 목적(사명)/비전/가치를 구현할 때, 가장 결정적인 역량 4~5가지가 있다면 무엇인가?
- 우리 회사의 목적(사명)/비전/가치 구현에 요구되는 결정적인 역량 4~5가지가 있다면 무엇인가? (회사가 정의한 핵심역량이 있다면 이를 참조한다)
- 앞서 꼽은 각각의 역량에서 접점이 있거나 통합되는 역량이 있다면 무엇인가? 이를 바탕으로 최종적으로 4~5개의 핵심역량을 규명한다면 각각 무엇인가?
- 도출된 역량은 누구도 대체할 수 없는 고유성, 독창성, 차별성이 있는가? 그

렇지 않다면 어떻게 좀 더 예리하게 역량을 정의할 수 있는가? 예를 들어 '세일즈 역량'은 차별성이 없지만, '혁신적인 가치 제안 역량'으로 표현하면 더 예리하게 된다. 이 과정을 통해 역량을 창조적이고 독창적으로 정의할수록 무적상태가 될 수 있음을 주목한다.

이처럼 핵심역량이 규명되었다면 다음으로 해야 하는 일은 이 역량의 현재 수준을 진단하는 것이다. 객관적인 잣대와 지표가 있다면 이를 활용한다. 그렇지 않다면 주관적으로 수준을 평가한다. 중요한 것은 정확한 진단이 아니라, 뒤이은 개발 활동을 통해 이 사실을 재점검하는 것이다. 다음 표와 같은 편의적 도구를 사용할 수 있다. 이 과정에서 각각의 역량 중에서 구체적으로 무엇이 높고 낮은지 상세히 규명한다. 그래야 구체적인 개발목표를 세울 수 있다.

역량명	매우 낮음	낮음	보통	높음	매우 높음	상세내용
역량 1		■				
역량 2			■			
역량 3				■		
역량 4			■			

※ 예시) 상세내용: 역량 1의 A스킬은 최고 전문가 수준이지만 B스킬, C스킬은 고객과의 접점에서 설득력 있게 전달되지 않음

표 3. 역량 평가

3단계: 개발목표 개발 및 수립

요구되는 핵심역량과의 차이를 확인했다면, 개발목표를 수립한다.

이때 개발목표는 핵심역량 강화를 위해 일정 시간 안에 성취하고자 하는 활동과 도달 수준을 밝힌 것이다. 목적과 비전은 상대적으로 먼 미래이지만, 목표는 단기간에 결과를 확인할 수 있도록 설정한 거점이다. 그래야 목적과 비전은 공허하지 않고 현재로 와서 체험된다.

개발목표 설정에는 세 가지 활동이 필요하다. 1) 핵심역량들이 주변 이해관계자 또는 자신의 기대와 어떤 격차를 보이는지 확인하고, 이를 메우기 위한 개발 활동들이 어떤 것들인지 나열한다. 2) 이 개발 활동 중 우선순위가 높은 것을 3~4개 선정한다. 3) 각 활동에 대한 결과지표를 개발한다. 이를 자세히 살펴보자.

먼저, 1) 개발 활동을 나열한다. 차이를 탐색하는 과정에서 드러난 약점, 강화하고자 하는 역량들과 역량 강화에 필요한 개발 활동이 무엇인지 브레인스토밍한다. 이때 개발 활동은 기존 지식, 사고, 행동패턴 등에서 변화와 성장을 가져와 이해관계자나 자신의 요구 수준에 부합할 수 있는 활동을 말한다. 시간과 자원의 제약을 고려하지 않고 요구되는 모든 활동의 목록을 만든다. 직접적인 것도 있고 간접적으로 영향을 미치는 것도 포함한다. 가능한 한 다양한 목록이 만들어져야 중요 활동을 간과하지 않을 수 있고 또 적절히 통합하는 방법을 찾을 수 있다.

2) 개발 활동의 우선순위를 선정한다. 모든 활동들을 한꺼번에 할 수 없기 때문에 나열된 개발 활동 중에서 우선순위가 높은 활동을 3-4개 정도로 압축한다. 시급성과 중요성, 즉 절실함을 고려한다. 리더 개인 또는 조직 차원에서 절실한 요구가 있는 활동을 우선순위에 두어야 한다. 이런 활동이 앞서 언급한 스윗스팟 활동이다. 그런 활동을 찾아야

실행 가능성이 높아지고 유효한 효과를 얻을 수 있다. 다음 질문을 통해 나열된 활동들 중 스윗스팟 활동을 찾아보자.

각각의 활동을 10점 만점으로 평가하고, 합이 36점이 될 때, 스윗스팟 행동이라고 할 수 있다. 만일 여기에 미치지 못한다면 앞의 조건이 충족될 때까지 각 활동들의 표현을 계속해서 바꾸어야 한다. 예를 들어 '커뮤니케이션 역량을 강화하기'가 위 조건을 충족하지 못한다면 '구성원들에게 희망과 용기를 줄 수 있는 나만의 고유한 화법 개발하기'라고 바꾼다. 3부 5장 '자기규제력 높이기' 중 '스윗스팟 찾기'를 참조한다.

마지막으로 3) 결과지표를 설정한다. 스윗스팟에 해당하는 개발 활동이 규명되었다면 각 활동의 목표 수준을 설정한다. 목표 수준은 활동이 끝났을 때 얻게 될 가시적인 결과물, 상태를 의미한다. 이것이 없다면 활동은 모호해지고 길을 잃는다. 추상적이고 모호한 표현을 피하고 구체적이고 측정 가능한 지표를 개발한다.

목표 수준(지표)을 개발하기 위한 질문

• 언제까지 달성되어야 하는가?

• 어느 수준에 도달해야 하는가?

• 어떤 방법으로 도달해야 하는가?

• 달성했다는 구체적인 증거, 결과는 무엇인가?

• 이를 어떻게 측정할 것인가?

예를 들어 '다이어트를 한다'라는 활동이 정해지면, 목표는 '매일 과일과 채소를 3접시 섭취하고 월, 수, 금요일에 30분씩 운동하여 12월 31까지 8kg을 감량한다.'라고 정한다. 그래야 목표 달성을 위해 일상적으로 하는 활동을 알 수 있고, 진척 과정을 추적하고 평가할 수 있다.

4단계: 역량개발 경험의 설계 및 실행

각 활동들의 목표가 정해졌다면 이 활동들을 어떻게 달성할 것인가에 대해서는 적절한 개발 경험development experience을 모색할 필요가 있다. 미국의 리더십 개발 전문 연구기관인 CCL의 연구에 의하면 역량개발에 실제로 도움이 되는 개발 경험은 '도전적 경험', '지적 네트워크', '성찰 활동' 세 가지로 나타난다.[125] 각각의 개발 경험들을 고려하면서 어떤 체험이 이루어져야 하는지, 현실에 비추어 가장 적절한 대안이 무엇인지 함께 창안할 필요가 있다.

먼저 도전적 경험Heat experience이란 보다 확실한 성장 체험을 할 수 있

그림 24. 역량개발의 세 가지 경험

는 과제 수행을 말한다. 대부분 현재의 일에서, 또 그 일을 확장하는 가운데서 얼마든지 찾을 수 있다. 좋은 도전적 경험은 다음의 조건들을 충족한다. 다섯 가지 중 세 개 이상이 충족되어야 도전적 과업이라고 할 수 있다.

- 새롭다. (자극이 많다.)

- 결과가 명확하다. (동기를 높이고 성취감을 준다.)

- 성공은 물론 실패의 기회가 있다. (실패의 경험이 더 큰 성장 체험을 제공한다.)

- 중요하다. (사람들이 다 주목하는 과업이다. 그럴수록 의미 있는 경험이 된다.)

- 매우 불안전하다. (기존의 방식을 벗어난 새로운 실험을 촉구한다.)

두 번째는 다양한 지적 네트워크를 구축Colliding perspective하는 것이다. 사람들은 이질적 관점들을 통합하는 체험을 통해 탁월한 성장 경험을 한다. 대부분의 역량개발은 다양한 지적 네트워크를 통한다는 점에 주목하자. 더군다나 불확실성과 복잡성을 가진 미래는 좋은 지적 네트워크를 가진 사람들이 주도할 가능성이 크다. 지적 네트워크가 유의미한 개발 경험이 되려면 다음 조건을 충족해야 한다. 이 중 세 가지 이상을 충족할 때 좋은 경험이 될 수 있다.

- 동료 간 교류가 일어난다. (리더와 구성원 간, 구성원들 간, 다른 구성원들 간)
- 정례적인 학습 세션이 있다. (주별, 월별 등)
- 잘 모르는 새로운 사람과의 만남이 이루어진다. (타 부서, 타 회사 등)
- 다양한 영역의 사람들과 교류가 가능하다. (전혀 다른 전문 영역을 가진 사람들)
- 지지와 조언을 주는 비공식적 멘토와 교류가 가능하다. (직속 상사와 별개로 조직 내외의 멘토 그룹)

세 번째는 성찰 활동Reflection이다. 학습과 성장이 일어나는 결정적인 경험은 성찰이다. 자신의 일상을 되돌아보고 점검하며 교훈을 찾는 세션은 내적 성숙과 혁명이 일어나는 순간이라고 할 수 있다. 특히나 성찰은 환경을 스캐닝하고 전략을 발굴함은 물론 창의적이고 혁신적인 행동을 찾아내 미래 리더로 성장하는 데 절대적인 활동이다. 다음과 같은 세션을 설계하고 성찰 활동을 시도한다.

- 실수, 실패가 있을 때 적극적으로 성찰 세션을 열고 교훈을 찾는다. (가장 많은 배움이 일어나는 순간이다.)

- 주기적으로 책을 읽고, 다이어리를 쓴다. (중요한 경험과 인사이트를 기록하다 보면 남다른 배움이 일어난다.)
- 다른 사람들, 멘토, 동료, 전문가들과 함께 경험을 나누는 정례화된 성찰 세션을 연다. (주, 월 단위 등 적절한 시점을 정한다.)

5단계: 성장을 점검하고 촉진하기

마지막은 이 활동들이 잘 일어나고 있는지 점검하고, 평가하며, 적절한 피드백을 주는 과정이다. 이때는 잘잘못을 가리기보다는 그간의 경험을 공유하고, 그 경험을 자산으로 삼아 성장하는 것이 목적이 되어야한다. 평가 자체에 목적을 둔다면 부작용이 크다. 그보다는 잘하고 있는 것은 격려하고, 장애가 있다면 극복할 수 있는 대안을 찾고, 지속해서 성장하기 위해 남은 과제가 무엇인지를 밝혀야 한다. 개발 활동을 점검하는 시점을 정하고, 다음 질문을 통해 이를 점검한다.

- 무슨 일이 일어났는가? 잘된 것은 무엇이고, 그렇지 않은 것은 무엇인가?
- 얻은 주요한 경험과 인사이트는 무엇인가?
- 새롭게 도전하거나 시도해야 할 활동은 무엇인가?
- 바꾸거나 개선해야 할 계획은 무엇인가? (확인하고 적극적으로 개선한다.)

역량개발 활동은 일회적 사건이 아니다. 어떤 역량도 한순간에 축적할 수 없다. 앞선 단계들이 반복적으로 선순환되어야 의미 있게 역량 축적이 일어난다. 이 과정을 정리하면, 명료한 리더 정체성이 역량개발

그림 25. 리더십 개발 활동

의 이유와 동기를 마련한다. 정체성이 만들어지면 이를 구현하기 위한 핵심역량과 수준을 진단할 수 있다. 이 진단은 성장의 갭을 만들고, 한 층 더 높은 동기를 제공한다. 다음으로 이 갭을 메우기 위한 역량개발 프로젝트를 작동시킬 수 있다. 다양한 개발 경험은 별도의 시간과 큰 비용을 지불해야 하는 것은 아니다. 공식적인 교육 훈련에만 의존하는 것은 착오다. 일상의 도전적 경험, 지적 네트워크의 설계, 성찰 활동을 통해 얼마든지 가능하다. 그리고 진척 과정을 점검하면서 피드백 활동이 뒤따라야 한다.

<실천하기>

역량개발 플래닝을 세우며 다음의 질문에 따라 자신을 점검해 보자.

- 내가 지금의 자리에 오기까지의 결정적 개발 경험들과 그 안에서의 성장 원리를 정리해보자. 이를 개발 활동에 재적용한다면 무엇을 어떻게 해야 하는가?
- 역량개발과 관련하여 진심으로 열망하는 것은 무엇인가? 두려워하거나 걱정하는 것은 무엇인가?
- 기존에 하고 있었던 개발 활동들을 점검해보자. 잘되고 있는 것과 그렇지 않은 것은 무엇인가? 무엇을 개선할 필요가 있는가?
- 역량개발 플래닝을 하는 과정에서 자신에게서 발견한 것은 무엇인가?
- 지속적인 역량개발 플래닝을 위해 내가 더 고려해야 하는 것은 무엇인가?

리더 정체성 찾기

<목적 찾기>

1. 내 업(業)은 궁극적으로 누구를 위한 일인가? 누구와 함께 누구에게 어떤 영향을 미치려 하는가? (내 업의 핵심이해관계자 집단을 정의해 보자.)

2. 나는 일을 통해 다음에 대해 각각 어떤 기여를 하고 싶은가?
   - 가족
   - 동료
   - 조직
   - 고객
   - 사회공동체

.3 나는 어떤 전문성, 재능을 갖고 있는가? 나의 고유한 장점은 무엇인가? (이는 위의 대상 집단에 대해 내가 제공하거나 영향을 미칠 수 있는 원천이다.)

4. 나는 구체적으로 어떤 일을 통해 나의 대상 집단에 기여할 수 있는가? 어떤 일이 내 존재를 가치 있고 의미 있게 만드는가? (제공하는 것, 창조하는 것, 베푸는 것, 이바지하는 것, 가르치는 것 등)

5. 위의 질문들에 대한 답을 기초로 하여 나의 목적(미션) 선언문을 완성해보자.

6. 완성이 되면 다음 사항을 검토해보자.
   - 이 선언문이 나에게 자부심을 갖게 하는가?
   - 상투적인 문구보다 나에게 의미 있는 문구, 단어가 선정되었는가? 아니라면 어떻게 바꾸면 좋겠는가?
   - 중요한 이해관계자, 고객이 포함되어 있는가?

- 장애와 난관을 이길 만큼 강인한가?

- 지속적인 성장과 변화를 촉구하는가?

- 이 업을 수행하는 한 지속할 만한 것인가?

<비전 찾기>

1. '3년 뒤, 5년 뒤 나의 오늘'에 대해 일기를 써보라. 언제, 어디서, 어떤 일을 하며 하루를 보내게 되는가?

   - 나는 어떤 모습이 되어 있는가?

   - 나는 무엇을 성취했는가?

   - 주변 사람들은 나에 대해 어떤 평가를 하고 있는가?

   - 나는 어떻게 얼마큼 성장했는가?

   - 경제적으로, 사회적으로 무엇을 누리고 있는가?

2. 이상을 기초로 하여 비전진술문을 작성해보자. 작성한 뒤 다음을 점검해보자. (비전진술문은 하나의 슬로건으로 표현될 수 있지만 가능한 한 구체적인 미래의 모습을 묘사한다.)

3. 비전진술문을 작성하면 다음의 조건이 충족되었는지 점검해보자.

   - 특정한 시점이 드러나 있는가?

   - 눈으로 보는 것처럼 구체적이고 생생하게 묘사되었는가?

   - 평범함이 아니라 탁월함의 수준으로 표현되었는가?

   - 내 직업적 열망, 욕구가 반영되었는가? 흥분된 감정을 유발하는가?

<가치 찾기>

1. 내가 나의 직업적 목적과 비전을 추구하는 데 있어 반드시 지켜가야 할 중요한 원칙은 무엇인가? 생각나는 대로 나열해 보자. 최소 7개 이상을 적어보자.

2. 7개의 가치들을 다음의 기준에 따라 평가하고 최종적으로 3개 정도를 남겨보자.

- 사회적 통념이나 기대(조직, 종교, 정치 등)를 맹목적으로 수용한 것은 아닌가?

- 내 삶을 잘 대변하는가? (내가 살아온 삶, 내가 중요하게 생각하는 것 등)

- 지금 당장은 아니지만 꼭 추구하고 싶은 것인가?

- 어떤 유혹(큰돈, 압력 등) 앞에서도 포기하지 않을 것인가?

3. 3개의 핵심가치를 선정하고 그것이 각각 구체적으로 무엇을 어떻게 하는 것인지 설명해보자.

역량개발 플랜 수립하기

<핵심역량 규명하기>

1. 핵심역량Core competencies: 리더로서의 목적, 비전, 가치에 직접적으로 영향을 줄 수 있는 나만의 고유한 차별적 역량이 있다면 무엇인가? 4~5개로 정리해보자. 이 역량들이 독창적일 수록 리더십을 창조적으로, 경쟁력 있게 만든다는 것을 기억하자. 남의 것을 모방하기보다 자신의 목적(사명)과 비전이 가르쳐주는, 핵심적인 것을 찾아보자.

2. 정의했다면 왜 그것들이 중요한 것인지 설명해 보자.

3. 기본역량Basic Competencies: 핵심역량을 쌓는 데 기본적으로 갖추지 않으면 안 되는 역량이 있다면 무엇인가? 현재 보유하고 있지 못한 역량을 정리해보자.

<개발계획 수립하기>

1. 앞의 역량들을 구축하기 위해 앞으로 6개월간 또는 1년간 해야 하는 개발 활동은 무엇인가? 3~4개 이내로 정리해보자.

2. 이 활동들을 하기 위한 구체적인 행동계획을 세워보자. 언제, 어디서, 어떻게 할 것이며, 이것이 달성되었다는 것을 어떻게 확인할 수 있는지 목표 수준을 정해보자. 그리고 이를 실행할 구체적인 자원, 사람, 세부 활동이 있다면 무엇인지 다

음 항목에 따라 구체화해보자.

❶ 역량명: 커리어 목적과 비전 실현에 획기적으로 기여할 수 있는 역량을 기술하라.

❷ 성장목표(지표): 이 역량을 강화하기 위한 활동을 선정하고, 활동의 달성지표를 설정한다. (가시적 결과, 기대치, 척도 등 측정 가능한 핵심지표를 찾아 기록한다.)

❸ 세부 활동: 역량개발을 위한 활동으로 도전적 과업, 지적 네트워크, 성찰활동을 기록한다. (새로운 프로젝트, 새로운 직무, 대내외 전문가 네트워킹, 독서, 일기 등 가장 적합한 활동을 찾아본다.)

❹ 기간: 언제부터 언제까지 완수할 것인지, 현실적이면서 긴장감을 주는 데드라인을 설정한다. 필요시 중간 점검 일자를 기록한다.

❺ 필요 자원: 역량개발 활동에 필요한 책, 과정, 코스, 웹 교육, 동호회, 역할모델 등을 기록한다.

❻ 피드백을 줄 사람: 피드백을 제공해 줄 수 있는 사람으로 멘토, 코치가 될 만한 사람을 찾는다.

3. 개발 과정에서 예상되는 장애 요인을 찾아보자.

❶ 역량개발 활동을 수행하는 데 있어 느껴지는 염려와 두려움이 있다면 무엇인가? 외부적인 제약보다 내 안에서 벌어지는 걱정거리가 무엇인지 생각해 보자. 왜 이런 감정을 느껴지는가? 이 감정의 결과, 현재 어떤 행동이 일어나고 있는가?

❷ 이 감정을 함께 공유하고 조언을 받을 사람은 누구인가? 어떤 지원과 도움을 받을 수 있는가?

도전적 과업에서
배우기

"시도했는가? 실패했는가? 다시 시도하라. 다시 실패하라. 더 나은 실패를 하라."

- 사무엘 베케트(1906~1989), 프랑스 소설가, 극작가

리더십 개발의 핵심 경험은 안전지대를 벗어나는 도전적 경험이다. 도전적 경험 없이 리더십 개발은 일어나지 않는다. 이 장에서는 도전적 과업이 갖는 의미와 함께 구체적인 리더십 개발 방법을 찾아보자.

역량개발의 경험

리더의 성장에 대해 오랫동안 연구한 맥콜과 그의 동료들은 다양한 경영자들과의 인터뷰와 서베이를 통해 성장 경험이 되는 66개의 사건을 분류하고, 이를 다섯 가지의 범주로 나누었다. 그리고 각각의 경험들이 역량개발에 미치는 영향력을 분석했다.[126]

· 도전적인 과업(Challenging Assignments): 새롭고 복잡하며 많은 요구가 있기 때문에 기존의 역량을 확장하지 않으면 안 되는 과업

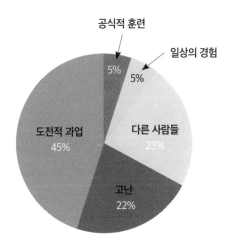

그림 26. 리더십 개발의 주요 경험

- **다른 사람들(Other People):** 긍정적이든 부정적이든 롤모델이 되는 사람의 존재
- **시련(Hardships):** 어떤 장애와 난관, 실패 등 상실과 좌절감, 고독감을 유발하는 사건
- **교육 훈련(Coursework):** 공식적인 교육 훈련이나 학업 성취 등 체계적인 지식 습득 경험
- **삶의 경험(Personal Life Experiences):** 가정, 학교, 사회 안에서 일어나는 모든 경험들

이 중 역량개발에 가장 큰 영향을 미치는 것은 도전적 과업이다. 도전적 과업은 별도의 훈련 없이도 일상 속에서 역량을 강화할 수 있는 가장 좋은 방법이자, 실제로 성과를 견인하는 일거양득의 대안이다. 최고의 회사들은 구성원을 키우는 방법으로 바로 이 일상의 경험을 활용한다.

구성원이 역량을 확장할 수 있는 도전적 과업들은 다섯 가지 유형으로 나누어 볼 수 있다.

❶ 책임의 범위가 확장되는 과업
❷ 변화를 창안하는 과업
❸ 직무 순환
❹ 이해관계자들의 몰입을 이끌어야 하는 과업
❺ 다른 문화권 속에서 일하는 과업

이 다섯 가지의 도전적 과업은 이전의 안전지대를 벗어나 다양한 사

건들을 통해 새로운 것을 심화, 확장하는 경험을 제공한다. 예를 들어 과업의 범위가 커진 리더는 다른 사람의 동기부여를 돕고, 몰입을 이끌어야 하는 문제로 인해 새로운 책임감을 개발한다. 또 직무 순환을 하게 되면 다른 기능과 영역에서 새로운 지식을 배워야 할 뿐 아니라, 부서 간 관점을 통합할 수 있는 안목을 갖는다. 새로운 변화를 일으켜야 하는 과업을 맡게 된다면, 즉 새로운 시장을 개척하거나 새로운 기술을 도입해야 할 때, 다양한 사람들과 신뢰를 구축하는 방법을 배우게 된다. 만일 다른 나라에 파견되어 일하게 된다면 그 나라의 문화는 물론 거기서 성과를 낳을 수 있는 새로운 방법들을 창안할 수 있다. 다음 표는 도전적 과업의 유형과 예들을 정리한 것이다.

유형	정의	예시
책임의 범위가 확장되는 과제	• 과업이 이전과는 다르거나 확장되어서 더 많은 책임을 요구함 • 이를 통해 의사결정권, 영향력이 커지고, 동시에 성공 또는 실패의 가능성이 큰 과업	• 새롭게 승진하여 이전에 동료였던 구성원에 대해 리더 역할 하기 • 다양한 부서의 사람들과, 과중한 업무를 소화해야 하는 책임을 맡기
변화를 창안해야 하는 과제	• 불명료한 상황 속에서 사업상으로 또는 정치적, 사회적으로 새로운 결정을 내리고 행동해야 하는 과업	• 새로운 기술을 활용해 새로운 상품, 서비스를 런칭하기 • 다른 지역, 나라에 공장을 세우기 • 이전의 리더들이 남겨놓은 문제를 해결하기 위해 대대적 혁신을 하기 • 저성과 사업을 안정시키거나 구조 조정하기
직무 순환	• 이전에 없었던 새로운 지식과 전문성이 요구되는 과업 • 이전의 효과적이었던 행동, 일 처리 방식, 숨은 가정들을 바꾸어만 하는 과업	• 새로운 부서, 회사를 세우기 • 라인매니저에서 스태프 역할로 전환하기 • 공공 분야에서 일하다 민간 영역에서 일하기 • 관리 업무에서 실무를 수행하기 • 본부에서 일하다가 지사에서 일하기 • 영리 분야에서 비영리 분야로 옮기기

이해관계자의 몰입을 이끌어야 하는 과제	• 공식적인 지위와 권력이 없지만 다양한 사람들에게 리더십을 발휘해야 하는 과업 • 상충하는 관점들을 통합해야 하는 과업	• 잠재고객, 투자자, 정부관료들과 협상하기 • 서로 다른 부서의 상충하는 이해를 조정하고, 협력을 이끌기
다른 문화권에서 일하는 과제	• 가치, 동기, 언어, 삶의 스타일, 문화적 관습, 심지어 신념 등이 확연히 다른 사람들과 함께 일하는 과업	• 자국에 있으면서 글로벌 업무를 수행하기 • 정치적, 법적, 경제적 상황이 다른 나라의 사람들과 일하면서 사업 목적을 달성하기

표 4. 도전적 과업의 유형

도전적 과제의 수행 프로세스

역량개발 방안으로 도전적 과업을 수행하려면 다음의 절차를 따른다.

1단계: 확장할 역량을 확인한다.

2단계: 경험 수준을 높이기 위한 전략을 개발한다.

3단계: 도전적 과제로서의 개발 경험을 설계한다.

4단계: 경험으로부터 개발을 강화한다.

5단계: 개발 경험을 평가한다.

1단계: 확장할 역량 확인

먼저 새롭게 개발해야 하거나 확장할 역량이 무엇인가를 확인한다. 이때 고려해야 할 것은 리더 자신의 욕구와 관심, 커리어 비전, 회사의 전략적 요구 그리고 주변 사람들의 기대와 문제 등이다. 대립하고 충돌하는 것을 충분히 조정할 수 있다면 문제 없지만, 그렇지 않다면 우선은 리더가 선호하는 역량을 먼저 시작하자. 자신의 욕구보다 더 큰 동기를 만드는 것은 없다. 하지만 동시에 전략적으로 우선순위가 높은, 간과해서는 안 되는 요구 역량을 빠뜨리지 않아야 한다. 그래야 리더로서의 책무를 다할 수 있다. 다음 질문을 활용하자.

- 나는 어떤 목적, 비전, 성장 목표를 가졌는가? 이를 위해 어떤 역량을 강화하고자 하는가?
- 우리 조직의 미래 전략은 무엇인가? 이를 위해 요구되는 역량은 무엇인가?
- 장래 포지션은 무엇이며, 이 포지션이 요구하는 역량은 무엇인가?
- 내 주변의 중요한 이해관계자들의 기대와 상처로 인한 요구는 무엇인가?

2단계: 경험 수준을 높이는 전략 개발

역량개발이 한 시점에서 확연하게 가시적으로 드러나는 것은 아니지만 개발 경험이 실제적인 결과를 얻으려면 고려해야 하는 세 가지 차원이 있다. 다시 말해 도전적 과제를 수행함으로써 어떤 효과를 기대하는지, 그에 부합하기 위해 무엇을 고려해야 하는지 검토하는 것이다.

- **숙련도(Mastery):** 경험을 통해 축적한 역량들은 기존의 지식과 기술, 리더십 역량을 심화해야 한다.
- **다기능성(Versatility):** 경험을 통해 개발된 역량은 기존의 지식/기술 레퍼토리보다 더 확장되어 있어야 한다.
- **전이 가능성(Transfer):** 개발된 역량은 다른 장면에서 활용될 수 있어야 하고, 조직 내 다른 사람들에게 전이될 수 있어야 한다.

따라서 도전적 과업은 숙련도를 증가시킬 수 있도록 일련의 경험이 어느 정도 지속해서 제공되어야 하고, 다기능성을 증가시킬 수 있도록 내용적으로 다변화해야 하며, 전이 가능성을 높일 수 있도록 경험들이 통합되어 있어야 한다. 먼저 숙련도를 증가시키는 경험들은 아무리 강도가 센 것이라도 해도 한 번의 경험으로는 불가능하다. 그러므로 지속적인 개발 경험에 자신을 노출해야 한다. 그러려면 먼저 교육받고 education, 체험하며 exposure, 실제 업무를 수행 experience 하는 절차를 고려한다. 이때 굳이 비중을 둔다면 교육 10%, 체험 20%, 실제 경험 70%로 시간과 에너지를 배당한다.

다기능성은 새롭고 불확실한 미래의 상황을 다룰 때 중요한 역량의 결과물이다. 기존의 지식과 기술을 확장하거나 새로운 지식과 기술을 학습할 수 있어야 한다. 이를 위해 다양한 영역에서 다양한 과업을 수행해야 한다. 예를 들어 직급이 높은 사람들과 일하기(수직적), 조직 내 다양한 부서의 사람들과 일하기(수평적), 외부 인사들과 일하기(이해관계자), 다양한 지역의 사람들과 일하기(지리적), 다양한 세대, 다양한 나라, 소수자 등과 일하기(인적 구성) 등을 설계해 볼 수 있다.

세 번째 전이 가능성을 높이려면 개발 경험들이 학습의 결과물로 잘 통합되어야 한다. 그렇지 않다면 경험으로부터 얻은 역량들이 개인적 수준에서 머물러 조직 성과에 영향을 주지 못한다. 경험의 전이 가능성을 높이는 데는 주변의 지지와 독려가 결정적인 역할을 하지만, 주도적인 리더십 개발을 하는 리더라면 자신의 배움이 다른 사람들에게 전이되도록 책임감을 느껴야 한다. 개발 경험에 참여하는 동안, 자기 경험을 다른 사람과 공유하고 토론하는 시간을 가진다면, 개선된 행동에 대해 주변 사람들의 칭찬과 격려를 들을 수 있고, 이를 구체적인 결과물로 만들어 낼 수 있다. 그럴수록 전이의 욕구와 계기가 마련될 수 있다. 예를 들어 다른 사람들에게 가르치는 기회를 갖는다든지, 새로운 업무에 적용하여 검증한다든지, 학습 결과물을 정리하는 보고서나 연구물을 만드는 것 등이다. 이런 활동은 경험에서 얻은 교훈을 조직 자산과 성과로 축적하는 효과가 있을 뿐 아니라 리더에게 높은 성취감도 제공한다. 이 단계에서 고려해야 할 것들은 다음과 같다.

- 역량의 포트폴리오를 계속해서 확장하려면 어떤 과제를 수행해야 하는가?
- 숙련도를 높이려면 어떤 경험들을 일관되게 수행해야 하는가? 각각 얼마의 시간을 소요해야 하는가?
- 다기능성을 높이려면 어떤 영역의 어떤 사람들과 일해야 하는가? 각각을 통해 어떤 지식과 기술을 습득할 수 있는가?
- 전이 가능성을 높이려면 언제, 어떤 방식으로 결과를 만들고 공유해야 하는가?

3단계: 도전적 과업의 설계

공식적인 트레이닝이 아니라 도전적 경험이 더 큰 성장의 기회를 제공한다. 따라서 적절한 개발 경험을 매칭할 수만 있다면 어떤 투자보다도 효과성이 크다. 1, 2단계에서 개발하거나 확장할 역량을 확인하고 전략이 모색되었다면, 도전적 과제를 매칭한다. 도전적 과제의 설계는 앞의 표 4 〈도전적 과업의 유형〉을 고려하여 조직 내 과업들과 연결한다. 이는 다음 세 가지 방식으로 할 수 있다.

- **새로운 도전적 과업을 창안하기** - 현재는 없지만, 미래의 전략적 요구에 맞고, 자신의 성장 욕구에 부합하는 새로운 유형의 도전적 과업을 창안한다. 새로운 시장개척, 부서 간의 협업 프로젝트, 새로운 고객 개발, 새로운 특별 프로젝트 등을 생각해 볼 수 있다
- **기존 과업들을 변화시키기** - 기존에 하는 과업들에 변화를 줄 수 있다. 예를 들어 기대 목표를 높이거나 결과물을 달리하거나, 새로운 방법을 동원하여 일하거나(새로운 자원의 활용, 새로운 절차 개발), 새로운 사람들과 함께 일하거나, 액션 러닝 프로젝트를 수행한다.
- **조직 외부 활동에 참여하기** - 조직 외부 활동에 참여할 수 있다. 새로운 외부 네트워크를 개발하게 하거나 자원봉사자로 활동하거나, 새로운 커뮤니티의 구성원으로 가입하여 활동한다.

4단계: 경험을 통한 학습을 강화하기

이 단계는 도전적 과업의 수행 전, 중, 후에 걸쳐 개발 경험이 학습으로 전환되도록 하는 것이다. 과업 수행의 과정을 관찰하고 적절한 자원과 지원을 확보한다. 도전적 과업의 수행 전, 중, 후에 걸쳐 적절한 피드백 세션을 설계하고 주변 사람들로부터 피드백 정보를 수집한다. 이를 위해 리더는 자신을 감시하고, 결과를 정리하며, 이에 대한 주변인들의 평가에 귀를 기울여야 한다.

경험 전 해야 할 일

- 새롭게 배워야 할 스킬과 역량들을 나열한다.

- 각 경험에서 얻을 수 있는 이득이 무엇인지 확인한다.

- 경험의 기대 수준에 대해 이해관계자들과 잠정 합의한다.

- 혹여 있을 수 있는 불안, 염려, 두려움의 요소를 확인하고, 스스로 자신감을 부여한다.

- 도와줄 사람들, 필요한 자원들의 현황을 확인하고, 대안을 마련한다.

- 이를 위해 같이 생각해 볼 수 있는 질문들은 다음과 같다.

  ❶ 도전적 과업과 유사한 과거의 경험은 어떤 것이 있었나? (성공 및 실패의 경험들이 궁극적으로 중요한 역량으로 축적된다.)

  ❷ 기대하는 수준은 어떤 것인가? (숙련도, 다기능성, 전이 가능성을 확인한다.)

  ❸ 두려움, 염려가 있다면 무엇인가? (부인하거나 억압하지 않고 수용할 때 보다 자유로워진다.)

  ❹ 필요한 자원들이 있다면 무엇인가? (확보해야 할 것, 그렇지 않은 것을 명확히 하고, 주변의 도움을 구한다)

경험 중에 해야 할 일

- 관찰한 결과, 주변인으로부터 수집한 정보를 정리한다.

- 적절한 거점을 정하고 경험을 공유하는 세션을 마련한다.

- 다음과 같은 질문을 활용하여 성찰한다.

  ❶ 무슨 일이 있었는가?

  ❷ 무엇을 배웠는가? 무엇이 달라졌는가?

❸ 어떤, 누구의 도움이 필요한가?

❹ 새롭게 시작하거나 변화시켜야 하는 것은 무엇인가?

경험 후에 해야 할 일

성공 혹은 실패의 경험들이 있지만 이것이 사라지지 않고 중요한 자산이 되도록 하려면 경험이 끝났을 때 스스로 성찰의 기회를 갖는 일은 필수적이다.

- 그간의 관찰 결과, 수집한 정보를 모아 정리한다.

- 성찰 세션을 준비하고 중요한 교훈, 결과물을 정리하며 개선점을 찾는다.

- 이 과정에서 다음과 같은 질문으로 성찰한다.

❶ 결과물은 무엇인가?

❷ 무엇을 배웠는가?

❸ 기대한 목표가 달성되었는가?

❹ 잘된 것과 그렇지 못한 것은 무엇인가?

❺ 다시 무엇을 어떻게 해 보고 싶은가?

5단계: 개발 경험의 종합평가

도전적 과업이 일단락되었다면 이후의 도전적 과업을 재설계하기 위해 구체적으로 어떤 변화를 일으켰는지 평가한다. 이 평가에 사용할 수 있는 핵심 질문은 2단계에서 고려했던, 숙련도, 다기능성, 전이 가능성의 세 수준에 관한 질문이다.

숙련도: 이 경험은 나의 역량을 얼마나 새롭게 또는 깊게 하였는가?

다기능성: 이 경험은 나의 역량에 새로운 기술, 관점을 얼마나 확장시켰는가?

전이 가능성: 이 경험으로 축적된 나의 기술과 역량은 어떤 직무에 어떤 방식으로 적용할 수 있는가?

이 질문을 토대로 도전적 과업의 경험을 종합 평가한다. 의미 있는 진전과 성취에 대해 스스로 격려와 칭찬을 한다. 도전적 과업의 부여 목적은 개발에 있다는 것을 주목하고, 이 과정에서 무엇을 배우고 느꼈는지를 정리한다.

👀 도전적 과업 설계 워크시트

1. 사전 준비

과업의 상세 내용	이 과업의 상세 활동은 무엇인가? 각각은 언제부터 언제까지 수행하게 되는가?
과업의 의미	이 과업 수행이 구성원, 조직에 주는 의미는 무엇인가?
최종 기대사항	이 과업을 통해 최종적으로 얻고자 하는 것은 무엇인가? (조직 측면/개인 측면)

	숙련도를 높이기 위한 방안	다기능성을 높이기 위한 방안	전이 가능성을 높이기 위한 방안
개발 전략			

2. 전, 중, 후

개발 전 활동	다음의 논의를 통해 발견한 것은 무엇인가? ❶ 도전적 과업과 유사한 과거의 경험은 어떤 것이 있었나? ❷ 기대하는 수준은 어떤 것인가? ❸ 두려움, 염려가 있다면 무엇인가? ❹ 필요한 자원들이 있다면 무엇인가?
개발 중 활동(1)	다음의 논의를 통해 발견한 것은 무엇인가? ❶ 무슨 일이 있었는가? ❷ 무엇을 배웠는가? 무엇이 달라졌는가? ❸ 어떤, 누구의 도움이 필요한가? ❹ 새롭게 시작하거나 변화시켜야 하는 것은 무엇인가?
개발 중 활동(2)	

개발 중 활동(3)	
개발 후 활동	다음 논의를 통해 발견한 것은 무엇인가? ❶ 결과물은 무엇인가? ❷ 무엇을 배웠는가? ❸ 기대한 목표가 달성되었는가? ❹ 잘된 것과 그렇지 못한 것은 무엇인가? ❺ 다시 무엇을 어떻게 해 보고 싶은가?

3. 평가

달성도 평가	숙련도 평가 (/5)	다기능성 평가 (/5)	전이 가능성 평가 (/5)
종합평가 (리더 의견)	구체적 결과물	주요 개발 경험	추후 대안
(구성원 의견)			
특이 사항			

👀 일상의 사건으로부터 배우기

　많은 리더는 과업 이외의 일상 경험에서 리더십을 배운다는 것을 종종 간과한다. 하지만 그렇지 않다. 우리 삶은 일과 분리된 것이 아니다. 일상의 모든 경험 역시 리더십에 대한 관점과 통찰을 제공하는 데 결정적 역할을 한다. 일과 전혀 관련 없는 역할과 책임을 수행할지라도 말이다. 이는 보다 효과적인 지도자가 되는 데 있어 창의적이고 풍부한 자원이 된다.

　예를 들어 종교, 클럽활동을 비롯한 각종 커뮤니티 참여 등은 언뜻 일과 무관해 보이지만, 세 가지 측면에서 리더십 개발에 주요한 기능을 한다. 첫째는 일상의 경험들은 리더로서의 심리적 자산을 강화한다. 심리적 자산이란 희망, 자신감, 탄력성, 낙관을 말한다. 개인적인 삶에서 벌어지는 크고 작은 사건들은 고통과 슬픔, 영광과 기쁨의 다채로운 감정들을 경험하는 원천이다. 이런 감정들을 체험하는 일은 알게 모르게 삶에 대한 태도와 관점, 가치관에 누적되어 영향을 미칠 뿐 아니라 한 개인의 심리적 성숙도에 영향을 미친다. 퇴사 후 새로운 사업을 시작한 어느 리더는 개인적으로 파산한 뒤, 큰 좌절과 고통을 경험했다. 그때 자신의 곁을 지켜주었던 가족들과 친구들에 대한 고마움을 표현하며 이렇게 말했다.

　"제가 살며 언제 그런 시련을 겪을 수 있었겠습니까? 아빠로서 남편으로서 이렇게 무너져 내릴 수 있다는 것을 아이들에게 들킨 것이죠. 하지만 그렇게 나락으로 떨어졌을 때 가족들은 내게 무거운 짐을 내려놓으라고 말하며 용기를 주었습니다. '굳이 내가 안 그런 척할 필요가 없구나'라는 것도 알게 되었고, 그런 생각이 더 자신감을 키워주었습니다. 그런 과정이 없었다면 저는 더 단단한 믿음도, 또 한없이 겸손해야 한다는 것도 배우지 못했을 겁니다."

　두말할 나위 없이 이런 경험은 리더의 삶에 영향을 미친다. 일을 떠나 수행하게 되는, 의도했든 그렇지 않든 어떤 개인적인 책임과 역할은 그 일을 수행하는 동안 자신이 얼마나 강한 사람인지, 자신감이 있는지, 고난을 헤쳐 나갈 힘이 있는지를 묻고 시험한다.

둘째는 가족이나 친구, 동료들과의 관계에서 제공되는 수많은 피드백이 우리를 자극하고 고무한다는 점이다. 한 임원은 재택근무 중 온라인 회의를 하는 모습이 아내에게 자연스럽게 노출되면서 이전에 받을 수 없는 피드백을 받았다고 말했다.

"여보, 당신 동료들에게 면봉을 사 주어야겠어?

"뭐라고? 면봉?"

"응. 직원들 귀에서 피가 날 거야. 당신 혼자 이야기를 다 하고 있잖아."

이처럼 친구나 가족관계 또는 커뮤니티 멤버들로부터 받는 피드백은 자신의 새로운 얼굴을 바라볼 수 있는 기회를 제공한다.

셋째는 일상의 많은 경험이 실제로 리더십 스킬을 개발하는 학습 장면이 된다는 점이다. 우리는 일을 떠난 역할 속에서 오히려 창의적인 리더십과 매니지먼트 스킬을 개발한다. 특별한 직위나 권한이 없지만 다양한 사람들의 이해관계를 조정해야 하고, 그들의 동기를 높여야 하는 일에서 리더가 가진 스킬을 검증하고 개발하는 체험을 할 수 있다. 조직적 지원과 시스템, 제도가 부재한 상황에서 리더십을 발현하는 일은 리더십의 새로운 근육을 강화하는 좋은 시험대가 된다. 이 각각을 활용해 볼 포인트를 생각해보자.

심리적 자산을 높이기

일을 벗어난 어떤 활동을 상상해보자. 일이 아닌 공간은 이전의 내 인식과 관점의 제약을 벗어난다. 화초를 가꾸고 독서를 하고 스포츠 활동을 하고 음악회에 가거나 영화를 보거나 사람들과 잡담을 한다. 또 많은 사람은 피난처를 찾아 혼자 있으려고도 한다. 대체로 많은 직장인은 일을 벗어난 곳에서는 안전함, 편안함, 자유를 느끼고, 결과에 대한 강박에서 벗어난다. 좀 더 느린 템포로 적절한 에너지를 투입할 수 있다. 좋아하는 시간과 공간에서 하는 일이므로 큰 스트레스가 없다. 이런 시공간은 우리에게 많은 변화의 기회를 제공할 수 있다. 일을 대입하여 성찰하는 기회를 제공하고 이전과 다른 각도에서 사안을 보는 힘을 길러준다.

보다 자신감, 열정을 불러일으키는, 다시 말해 심리적 자산을 강화하는 활동들을 찾아보자. 예를 들어 커뮤니티 멤버들 앞에서 자신을 표현하거나 어려운 상대와 효과적으로 협상하거나 비공식적인 활동을 기획하고, 의미 있는 결과를 만들었던 경험들이 해당할 수 있다.

- 일로부터 벗어나 안전감, 편안함, 즐거움을 주는 활동들의 목록을 만들어 보자. 어떤 활동이 자신에게 보다 활력과 즐거움을 제공하는가?
- 이런 활동들이 어떤 면에서 이런 활력과 즐거움을 제공하는가?
- 일을 떠나 자신감을 갖고 성공했던 것들의 경험 목록을 만들어 보자. 이 경험을 어떻게 바꾸어 볼 수 있겠는가?

지지자 그룹

어려운 일을 성공시키려면 아이디어를 제공하고 새로운 방법을 가르쳐주며, 피드백을 줄 수 있는 지지적 네트워크가 있어야 하고, 그들로부터 도움을 받아야 한다. 하지만 과업 외에도 이런 네트워크가 있는지 검토해 볼 필요가 있다. 경우에 따라 가족도 좋은 지지 그룹이지만 그 외의 네트워크를 확인해 보자. 가까운 친구, 이웃, 커뮤니티 멤버, 스승, 멘토 등은 지지자 그룹이 될 수 있다. 이런 네트워크가 나의 성장에 도움이 되도록 다음 질문을 해 보자.

- 가족, 친구 또는 내가 중요하게 생각하는, 학습과 성장에 도움이 되는 사람들의 목록을 만들어 보자. 이들 중 누가 나의 생각, 플랜, 실행 등에 도움을 줄 수 있는가?
- 누가 내가 하는 일과 유사한 경험을 했는가?

- 누가 나에게 의미 있는 피드백을 진솔하게 줄 수 있을까?

- 누가 좌절했을 때 나를 일으켜 세워줄 수 있는가?

학습 기회 만들기

일을 떠나서도 얼마든지 풍부한 학습 기회가 있다. 이런 학습 기회는 계획하지 않았음에도 언제든 찾아올 수 있다. 뜻밖의 사건, 만남, 시련, 행운들이 있지만, 가장 강력한 학습 경험은 시련과 같은 부정적 사건이다. 부정적 사건은 리더의 근본적인 가정과 믿음을 흔든다. 이때 자책하거나 비난하는 것은 도움이 되지 않는다. 우리는 누구나 통제할 수 없는 운명적 사건과 만난다. 그것이 우리 삶의 중요한 속성이다. 이런 사건에서 배울 수 있다면 우리는 이전과 다른 자신을 만날 수 있을 뿐 아니라 의식의 도약을 경험할 수 있다.

- 일을 떠나서 내 생각을 자극하는 학습 경험은 무엇인가?

- 이런 경험들은 내게 어떤 리더십 개발 경험을 제공하는가?

- 일과 무관하지만 이런 역량을 개발하는 데 도움이 되는 것은 어떤 일들인가?

- 나는 이런 일들을 내 일과 관련하여 유용한 경험으로 전환할 수 있는가?

우리가 인위적으로 이런 사건을 선택할 수 있는 것은 아니지만, 이로부터 배우려는 마음을 가지는 것이 중요하다. 다음의 표는 리더십 개발과 관련하여 우리가 만나는 삶의 경험을 표로 만든 것이다.[127]

일상의 주요경험	리더십개발 포인트
부모되기	대인관계 능력 코칭/개발 개인차의 존중

결혼생활/가정생활	개인차의 존중 문화적 차이 존중 긍정적인 지속적인 관계 유지 협력/협상 경청 갈등관리 다양한 과업을 동시에 다루기 우선순위를 정하기
비영리활동	홍보/마케팅 세일링 비전/사명/가치/개발 프로젝트 관리
사회적참여	제안 및 플랜 개발 반대 및 저항의 극복
커뮤니티 참여	다른 맥락에서의 프로젝트 관리 협력/조정 타인들의 피드백 다른 사람을 개발하기 다른 사람들을 동기부여시키기 팀을 이끌기
해외여행	불확실한 정보를 다루기 다른 문화, 사람들을 다루기 모호성을 다루기
영적경험	새로운관점/통찰
운동/스포츠	자기절제 및 통제 목표설정 및 관리 실패관리 인내력

일을 떠난 활동에서도 리더십 개발이 가능하다는 것을 이해하려면 일상을 학습으로 바라보아야 한다. 그런 사람들은 언제든지 삶의 경험들을 성찰하며 자신을 한 인간으로 성숙시켜 간다. 그런 사람들이 일에서도 유능함을 보인다.

03
관계에서 배우기

"만나는 사람 모두에게서 무엇인가를 배울 수 있는 사람이 가장 현명한 사람이다."

- 탈무드

우리 삶은 수많은 사람과의 관계로 이루어져 있다. 누군가에게 찬사를 받기도, 비난을 받기도 한다. 그들과 함께 울고 웃기를 반복한다. 그렇게 우리는 보이지 않는 수많은 사람의 영향을 받으며 오늘에 이르렀다. 학습과 개발의 과정에서 우리가 깨달아야 하는 사실은 바로 이것이다. 타인을 통해 성장하고 배운다는 것이다. 전통적인 리더십 개발은 한 개인의 역량 강화에 초점을 두었지만 human capital, 학습과 개발은 홀로 행하는 고독한 전투가 아니다. 수많은 사람과의 관계 안에서 지식과 정보가 창발하는 과정이다. 그러므로 삶에 큰 영향을 미치는 사람들의 존재를 발견하고 긍정적인 관계를 설정할 수 있다면, 삶의 수많은 난제를 해결할 수 있는 중요한 배움을 획득한다. 리더십 개발 프로그램에 참여하면 가장 강력하고 지속해서 얻게 되는 결과물 중 하나가 바로 참가자들 사이에서 형성된 관계. 이른바 사회적 자산 social capital 은 리더십 개발의 핵심 요소 중 하나다.

네트워킹에 대한 오해도 존재한다.[128] 첫째, 네트워킹은 기회주의적이라는 믿음이다. 원하는 것을 얻기 위해 실리적으로 다른 사람을 이용하는 행위라는 인식이 깔려 있고, 그것은 부정한 결과를 초래한다는 것이다. 둘째, 네트워크에는 진정성이 없다는 것이다. 특히 내향적이거나 자존감이 낮은 사람들은 그렇지 않은 사람들에 비해 상당한 정도의 연기를 해야 하는 상황에 놓이고, 그 과정에서 진실을 나누지 못한다고 지적한다. 셋째, 네트워킹을 할 시간이 없다는 생각이다. 직장인들에게 있어서 이는 다른 일보다 높은 우선순위에 들어가지 못한다. 상당한 시간과 에너지를 쏟아야 하는데, 그럴 만큼의 여력이 없다고 생각하는 데서 오는 오해다. 넷째, 네트워크는 많을수록 좋다는 인식이다. 물론 많다면 상당한 정도의 정보와 자원들을 얻을 수 있지만 동시에 그만큼의 시간과 에너지를 뺏겨야 한다. 비용 효과성 측면에서 생각하면 많다고 좋은 것은 아니다.

조금만 달리 생각해보면 네트워크에 대한 오해에서 쉽게 벗어날 수 있다. 냉정하게 말해 우리는 다른 사람들을 통해서만 용기를 얻고 배울 뿐이다. 우리의 존재 자체는 누군가가 준 용기와 희망의 산물이다. 그렇다면 부적절한 오해에 휩싸여 있을 것이 아니라 이를 어떻게 선용할 것인가를 고민해야 한다.

리더십 맥락에서 네트워킹은 관계의 수를 확장하는 수단이라는 점에서 유용하다.[129] 크기, 강도, 관계의 패턴뿐만 아니라 관계 안에 내재하고 있는 자원들은 사회적 자산을 강화한다. 나아가 네트워킹 역량은 리더의 적극성, 개방성과 같은 행동을 촉진하고, 협상, 협력, 갈등관리 등의 역량을 강화한다. 리더십 개발을 위해 먼저 네트워크의 간단한 핵심 속성을 알아보자.

네트워크 속성 이해하기

도전적으로 역량을 개발하기 위해서는 보다 신선하고 파격적인 정보와 지식이 필요하다. 이런 정보와 지식은 대체로 사람, 즉 전통적인 관계를 넘어선 새로운 네트워크에서 온다. 네트워킹이란 상호 호혜의 원칙에 따라 자원을 주고받을 수 있는 사회적 연결을 창안하고 관리하는 행위다.[130] 새로운 네트워크는 이전에 없던 관점을 제공하고, 새로운 지식과 기술, 사업적 기회를 발굴하는 데 기여한다. 미래 사회의 복잡성과 불확실성을 감안한다면 네트워크를 확대하는 것은 역량개발에 필수적이다. 네트워크로부터 개발 경험을 얻으려면 먼저 네트워크의 속성을 이해해야 한다.

작은 세상의 법칙

1967년 하버드 대학의 스탠리 밀그램은 캔자스주 위치타와 네브래스카주 오마하에 사는 사람들을 무작위로 선정하여 매사추세츠주 샤론과 보스턴에 있는 두 명의 목표 인물에게 편지를 전달하라고 했다.[131] 만일 편지를 받은 사람이 이 목표 인물을 알고 있다면 직접, 그렇지 않다면 다른 사람에게 보내어 이를 전달할 수 있게 했다. 연구 결과 총 160통의 편지 중에 42통이 목표 인물에게 성공적으로 전달되었고, 편지가 거쳐 간 사람 수의 중앙값은 5.5명이었다. 즉 6명만을 거치면 누구나 전혀 모르는 사람과 연결할 수 있는 좁은 세상small world을 입증한 실험이었다. 이것이 바로 '6단계 분리6 degree of separation의 법칙'이라는 개념의 태동이다. 지금 한국 사회는 어떨까? 불과 3단계 정도이고, 지금과 같은 초연결사회를 생각하면 우리는 1~2단계만 거치면 거의 모든 사람과 연결된다. 게다가 복잡계 네트워크 분야의 최고 권위자인 바라바시Barabasi 교수는 자신의 연구를 통해 개인의 성공은 그가 만들어 낸 성과와 네트워크의 조합이라는 것을 증명했다.[132]

약한 연결의 힘

1973년 그라노바터Granovetter는 네트워크 효과에 관해 연구를 수행했다. 그는 보스턴 서부 근교인 뉴턴에서 특정 기간에 직장을 옮긴 사람들을 조사하여 일자리를 얻게 된 경로를 살펴보았다.[133] 그는 282명의 전문직, 기술직, 관리직 근로자들의 구직 연구에서 이들의 반 이상이 공식적 채용이 아니라 '그냥 아는 사람'들을 통해 취업하였음을 발견했다. 친구나 가족과 같은 강한 관계strong tie가 아니라 그저 아는 정도의 지인weak tie이 중요한 매개가 된 것이다. 이 연구를 통해 그는 '약한 연결의 힘the strength of weak tie'이라는 명제를 제시했다.

구조적 공백과 등위성

1992년 버트Burt는 개인이 가지고 있는 네트워크의 크기나 강도가 아니라 접촉하고 있는 다양성이 승진에 유리하다는 것을 발견했다.[134] 유리하다는 것은 '구조적 공백structural hole'을 어느 정도 포함하고 있는가를 말하는 것으로, 서로 연결되지 않은 두 행위자를 연결하는 네트워크 내의 위치를 말한다. 구조적 공백 위치에 있는 사람들은 중복되지 않은 정보를 얻을 수 있고, 정보의 흐름을 통제할 수 있고, 두 개의 노드를 각각 연결할 수 있는 전략적 위치에 놓이게 된다. 또한 버트는 사람들이 자신과 다른 역할을 수행하는 사람들이 아닌 비슷한 역할을 수행하는 사람들과 자신을 비교함으로써 태도와 행동에 영향을 받고 유사해진다고 보고하였고, 이를 '구조적 등위성Structural Equivalence'이라고 불렀다. 이들은 폐쇄된 네트워크를 만들고 상호 규범의 위반자에 대해 제재를 가

그림 27. 구조적 공백

할 가능성이 있음도 밝혔다.

　네트워킹을 통한 리더십 개발을 생각한다면 네트워크의 기본 속성에 따라 다음과 같은 사실을 이해할 필요가 있다.

- 우리는 매우 작은 세상에 살고 있으므로 네트워크를 누가 어떻게 활용하느냐에 따라 상상할 수 없는 놀라운 기회를 얻어낼 수 있다.
- 네트워크가 만들어지면 네트워크 내의 사람들은 서로의 생각과 경험을 주고받으며 서로 닮아간다.
- 네트워크에는 위치가 존재한다. 네트워크의 중심(허브)에 있는 사람들은 눈에 잘 띄고 더 많은 정보를 갖게 되므로 보다 많은 자원에 쉽게 접근한다. 이들은 의사결정과 영향력을 행사하는 데 많은 영향을 미친다. 그러나 중심성이 너무 높으면 여러 사람으로부터 서로 다른 기대와 역할을 부여받기 때문에 높은 스트레스를 경험할 수 있다.
- 강한 연결은 깊고 잦은 정보의 교류를 촉진하지만 동시에 더 많은 기대로

갈등이 유발될 수 있다(친한 사이일수록 서로를 돌보는 데 많은 시간을 써야 하고 동시에 갈등이 높다).

- 약한 연결은 다양한 네트워크로의 확대뿐 아니라 정서적으로 관여되는 정도가 낮기 때문에 실리적 이득을 취하는 데 용이하지만, 질 높은 정보의 교류가 없을 가능성도 있다.

- 오늘날 정보기술의 발달로 사회적 관계가 폭발적으로 증가하고 있는 현실을 고려할 때 약한 연결의 힘은 엄청나다. 신사적이고 공정한 거래가 가능하다면 강한 연결보다 약한 연결에서 막대한 이득을 얻을 수 있다.

- 구조적 공백을 유지하는 사람들은 여러 이점을 누릴 수 있다. 중복되지 않은 신선한 정보를 획득할 수 있고, 서로 다른 집단의 자원들을 최상으로 활용할 수 있다(브로커의 역할을 한다면 양측으로부터 정보를 얻을 뿐 아니라 양자의 관계를 어느 정도 통제할 수 있다). 그러나 이들 역시 계속해서 이런 지위를 유지하는 것이 바람직한지, 공백을 없애는 것이 바람직한지를 선택해야 한다(시너지를 얻고자 한다면 구조적 공백을 없애야 한다).

- 외부 인사와 연결되어 있다면 외부로부터 신선하고 유용한 아이디어를 가져올 가능성이 크다. 이때 단순히 외부인을 알고 있느냐가 아니라 얼마나 다양한 사람들을 알고 있느냐(네트워크의 범위)도 매우 중요한 문제다. 한두 사람과 집중적인 관계를 가지고 있다면 다양한 사람들과 관계를 형성하는 경우보다 새로운 정보와 자원에의 접근이 제한될 수밖에 없다. 핵심은 관계의 수가 아니라 관계의 범위다.

네트워크 현상 분석

다음 진단을 통해 핵심인재의 네트워크를 분석해 보자. '대체로 그렇다'라고 동의하는 항목에 모두 표시한다.

1. 나는 내 직무 이외에 다양한 다른 분야의 사람들과도 잘 알고 지낸다.

2. 내가 만나는 사람들은 성별, 나이, 업무 등에서 매우 다양하다.

3. 사람들은 내 분야에서 전문적인 도움이 필요할 때 나를 찾아온다.

4. 사람들은 나의 품성이나 행동에 대해 긍정적이며 매력적으로 평가한다.

5. 나는 의식적으로 새로운 모임, 사람들과 접촉하고 이들과 관계를 유지한다.

6. 나는 남녀, 나이, 친분 정도에 관계없이 쉽게 인간적인 관계를 형성한다.

7. 내가 만나는 사람들은 대체로 지식과 경험이 많은 사람들이어서 배울 게 많다.

8. 내는 필요할 때 지적 도움을 줄 수 있는 훌륭한 스승(멘토)이 있다.

9. 내가 필요할 때 언제든 내 주변 사람들에게 개인적 도움을 받을 수 있다.

10. 가족 이외에 어렵거나 힘들 때 기꺼이 나를 도와줄 수 있는 사람들이 있다.

11. 나는 설령 손해를 보더라도 기꺼이 다른 사람을 먼저 돕는다.

12. 나는 주변 사람들에게 내 지식과 노하우를 매우 개방적으로 공유한다.

논의와 해석

이 진단에 대한 해석은 다음과 같다. 점검한 문항과 그렇지 않은 문항을 확인해보자. 이것이 현재 또는 장래의 역량개발, 리더십 개발에 어떤 영향을 미치게 되는지 생각해 보자. 다음 각각의 범주는 네트워크를 유지, 강화하는 데 검토해야 할 영역을 포함하고 있다. 어떤 영역이 강점이고, 어떤 보완점이 필요한지 검토해보자.

- **다양성**: 업무 내외에 걸쳐 다양한 종류의 사람들과 네트워크를 유지하고 있다. (문항 1, 2)
- **중심성**: 전문성과 매력을 바탕으로 네트워크 내에 중심 역할을 하고 있다. (문항 3, 4)
- **개방성**: 새로운 사람들과 적극적으로 접촉함으로써 새로운 정보를 얻고 있다. (문항 5, 6)
- **지적 네트워크**: 원하는 지식과 정보를 얻을 수 있는 사람들이 있다. (문항 7, 8)
- **정서적 네트워크**: 필요시 정서적 지원과 도움을 얻을 수 있다. (문항 9, 10)
- **유지전략**: 네트워크를 지속하기 위한 노력을 하고 있다. (문항 11, 12)

다음으로 개인 혹은 조직 차원에서 네트워크 구축과 관련하여 경험하는 현실적인 어려움이 무엇인지, 이를 어떻게 극복할 수 있는지 생각해보자. 네트워크를 강화하기 위해 필요한 노력이 무엇인지 생각해보자. 이 중 당장 시도해 볼 수 있는 것과 장기적으로 고려할 것은 무엇인지 확인해보자.

네트워크 구축 전략
네트워크로부터 배움을 지속하려면 크게 세 가지 전략을 고려할 수

그림 28. 네트워크 구축 전략

있다. 첫 번째는 네트워크의 유인 전략이다. 다양한 사람들을 끌어들일 수 있는 방안을 갖추었는지 점검하고 이를 강화하는 것이다. 두 번째는 네트워크 강화 전략이다. 현재 유지하고 있는 네트워크를 잘 유지하면서 네트워크로부터의 신뢰를 강화하는 것이다. 세 번째는 네트워크 확대 전략이다. 기존의 네트워크에 약점이 있는지 확인하고 이를 보완할 수 있는 방안을 찾는 것이다.

네트워크 유인 전략

네트워크에서 다른 사람들을 유인할 수 있다면 이것만큼 확실하고 강력한 네트워크 활용 전략은 없다. 사람들을 찾아오게 만든다면 네트워크를 강화, 유지하는 일은 저절로 가능하다. 종종 유인 전략을 간과

한 채 강화, 확대 전략에만 의존하는 경우가 있는데 이것은 한계가 있다. 유인 요소 없이 네트워크를 강화하고 확대하는 것은 관계 안에서 약자의 위치에 놓이는 것이므로 계속해서 다른 사람에게 의존해야 한다. 그러면 학연, 혈연, 지연과 같은 전통적인 네트워크 방식을 따르고 부정적인 평판이 만들어진다.

유인 전략은 한마디로 네트워크 내에서 매력적인 교환 상대가 되는 것이다. 매력적인 교환 상대는 네트워크 내에서 다른 사람의 관심과 표적이 된다. 따라서 먼저 차별적인 탁월한 전문역량을 구축해야 한다. 그래야 네트워크에서 선명성을 높이고 교환의 일 순위가 되며, 점차 네트워크 허브로서 기능할 수 있다(맛집 랭킹도 같은 메커니즘이라고 할 수 있다).

유인 전략의 두 번째는 고유한 브랜드를 만드는 것이다. 일관되고 진정성 있는 이미지를 사람들의 기억 속에 각인시키는 것이다. 즉 좋은 평판을 확보하는 것이다. 무엇보다 브랜드의 핵심은 전문성이지만 이와 함께 그 개인이 추구하는 가치의 일관성, 개성과 고유성이 드러난 에지(edge)가 보태져야 한다. 그렇다고 브랜드를 인위적으로 만들 수 있는 것은 아니다. 브랜드는 개인의 정체성이 주변 사람들에게 의미 있게 체험되어 그 결과로 만들어지는 것임을 잊지 않아야 한다.

다음을 검토하고 그 방안을 찾아보자.

- 보유한 역량은 차별적이고 고유한가? 차별성을 강화하려면 무엇을 어떻게 해야 하는가?

- 보유한 역량은 탁월한가? 탁월성을 높이기 위해 어떻게 역량개발을 해야 하는가? (이 질문은 고유한 차별적 역량을 규명하고, 이를 계속해서 개발하는 활동이므로 쉼 없는 과제라고 할 수 있다.)
- 고유한 개성(장점, 재능), 스타일이 드러나 있는가?
- 고유한 장점/미덕/재능이라고 할 만한 것은 무엇이고 이것은 어떻게 표현되고 있는가? 표현방식을 높이려면 어떻게 해야 하는가? (장점/미덕/재능을 확인하고 이를 강화할 수 있는 전략을 수립한다.)
- 고유한 개성과 스타일(복장, 일하는 방식, 성격 등)이 있다면 무엇인지, 이것은 어떤 장면에서 어떻게 연출되는 것이 바람직한가? (브랜드 구축에 강점이 될 수 있는 요소를 함께 찾아보고 개발 방안을 모색한다.)
- 추구하는 가치가 선명하고, 일관성 있게 실천되는가? (좋은 성품, 인품이 만들어지는 것은 표방하는 가치가 일관되게 드러나는 것이므로 문제해결, 의사결정 과정에서 일관성을 유지하는 것이 중요하다.)
- 개성과 가치가 브랜드로 부각되기 위해 더 적극적으로 표현을 해야 하는 것이 있다면 무엇이고, 어떤 결과물을 만들어야 하는가? (언제까지 어떤 가시적 결과를 만들어 대외적으로 표현하면 좋은지 방안을 설계한다. Ex. ○○포럼에서 프레젠테이션하기, 회의 주재하기, ○○프로젝트를 추진하고 증명하기, 기획서, 도서를 출간하기 등)

네트워크 강화 전략

네트워크 강화 전략은 기존 네트워크를 단단히 하기 위한 전략이다. 첫 번째는 타인들에게 선의를 베푸는 것이다. 관계에서 좋은 리더십을 발현하는 사람들은 타인들에게 긍정적인 영향력을 미치고 그들로부터 깊은 신뢰를 얻는다. 리더십을 발휘한다는 말은 다른 사람들을 돕고 지원하는 것을 의미한다. 기본적으로 네트워크는 '주고받음give & take'으로 이루어져 있다. 이것이 다른 사람들을 감동하게 하는 이유는 동등한 주고받음이 아니라, 받은 것에 비해 더 많은 것을 주기 때문이다. 다시 말해 희생, 봉사, 베풂, 지원, 기여, 헌신이 이 전략의 핵심이다. 이 방식에 회의를 품고 있다면 자신의 정체성이 불완전한 것은 아닌지 의심해야 한다.

강화 전략의 두 번째는 네트워크의 균형을 유지하는 것이다. 이는 강한 연대strong tie와 약한 연대weak tie 간의 균형을 의미한다. 약한 연대 중 특별히 노력을 기울이지 않아도 되는 것도 있지만, 주의를 기울여 강한 연대로 발전시켜야 하는 네트워크도 있다. 그러므로 연결의 비용 효과성을 고려하여 효과적인 인풋 방안을 고민해야 한다. 가치에 비해 과도한 비용이 든다면 인풋을 조절하고 관계의 다음 국면을 기다려야 한다. 또 현재는 약한 연대이지만 새로운 정보와 지식을 취득하는 데 전략적으로 유리하다면 어느 순간 인풋을 확대해야 한다.

네트워크 강화를 위해 다음의 체크리스트를 활용해 보자. 다음의 질문들은 네트워크 신뢰 확보에 있어 중요한 행동들이다. 초기에 충분한 인풋이 없다면 네트워크가 보상을 줄 일은 없다. 이 모든 것에 계산을 앞세우지 않는 것이 중요하다. 리더 스스로 자신의 정체성에 부합한다면 비용 효과성을 뛰어넘는 선택이 있어야 한다.

• 이해득실을 고려하지 않고 다른 사람의 성장을 돕고 있는가?

- 자발적인 기여, 봉사를 하고 있는가?

- 타인의 도움 요청에 빠르게 도움을 제공하는가?

- 다른 사람의 배신이 있을 때, 원칙에 따라 용서하는가?

네트워크 확대 전략

마지막 확대 전략은 새로운 네트워크를 지속해서 탐색, 발굴하는 것이다. 네트워크 확대 전략 역시 두 가지 전략을 고려해야 한다. 첫 번째는 지적 네트워크를 확대하는 것이다. 지적 네트워크란 자신의 경력 비전을 구현하고, 역량개발을 강화하기 위한 일종의 멘토 그룹이다. 경력비전 구현에 공백이 있거나 반드시 충족되어야 하는 네트워크가 있다면 이를 확인하고 메울 수 있는 네트워크를 찾는다. 새로운 네트워크를 찾으려면 조직 안팎에서 다양한 외부 인사와 접촉할 수 있는 기회를 만들어야 한다. 다음 활동에 대해 검토해보자.

- 공식적/비공식적인 모임에 참여하기

- 외부 콘퍼런스/전시회/박람회 등에 참여하기

- 외부 교육/세미나/학회 등에 참여하기

- 동호회, 학습커뮤니티 등에 참여하기

- 중요한 사이트 등에 접속하여 정기적으로 정보를 얻기

- SNS 등을 통해 다양한 사람들과 교류하기

- 기타

이때 각각의 네트워크의 비용 효과성을 판단하는 것이 중요하다. 판단의 핵심은 네트워크를 통해 새로운 멘토를 찾고, 커리어 비전과 사명을 구현하고, 역량을 개발하는 기회가 제공되는가 하는 것이다.

네트워크를 확대하기 위한 두 번째는 정서적 네트워크를 확대하는 일이다. 정서적 네트워크란 지적 네트워크와 달리 어려움과 곤경에 처했을 때 심리적 지원과 위로를 받을 수 있는 사람들의 관계망이다. 소위 말하는 '절친' 네트워크라고 할 수 있다. 허심탄회하게 속마음을 터놓고, 공감과 위로를 받을 수 있는 존재가 없다면 우리는 쉬이 좌절하고 고독감을 벗어나지 못한다. 삶의 풍요와 행복을 위해서는 이 같은 정서적 네트워크의 중요성을 잘 이해하고 이런 관계망을 구축해야 한다. 가족, 친구, 동료 그리고 긴밀한 관계를 형성한 멘토들이 해당한다. 중요한 것은 내가 먼저 그런 역할을 하지 않고 이들을 포섭할 수는 없다는 것이다.

다음의 체크리스트를 활용하여 정서적 네트워크를 점검하고 그 방안을 모색해 보자.

- 조직 내외에 다양한 멘토들이 있는가(경력 이사회가 구축되어 있는가)?
- 멘토를 만날 수 있는 다양한 외부 경험들에 노출되어 있는가?
- 외부 네트워크 접속을 방해하는 요인들은 무엇이며, 어떻게 제거할 것인가?
- 정서적 네트워크가 잘 구축되어 있으며, 이들과의 관계는 안녕한가?
- 내가 누군가에게 위로와 용기의 대상이 되어 있는가?

우물 안 개구리처럼 기존의 동일한 네트워크에 스스로가 갇혀 있지는 않은지 점검하고, 보다 대담하고 열린 마음으로 다양한 대내외 네트워크와 연결해보자. 미래 사회의 경쟁력은 한마디로 커넥션connection에 있음을 기억하자.

가장 손쉽게 성장과 배움의 기회를 가질 수 있는 네트워크는 바로 상사다. 직장 내 상사는 매우 각별한 존재다. 그는 앞서 나와 유사한 경험을 한 사람이고, 내 길을 가는 데 있어 중요한 경험과 지식을 가졌다. '스승'이고 '멘토'가 아닐 이유가 없다.

혹자는 상사가 스승은 아니라고 말할지 모르겠다. 맞다. 상사가 스승은 아닐 수 있지만 좋은 상사는 스승의 역할을 대신한다. 무엇보다 훌륭한 구성원은 상사에게서 배움으로써 상사를 스승으로 만든다. 그 이유는 배움의 열정으로 가득 차 있기 때문이다. 설령 상사가 모든 것을 갖춘 사람은 아닐지라도 상사에게 배우는 사람들은 상사의 경험과 통찰을 성장의 자양분으로 삼는다. 상사는 조직 위계와 역학상 중요한 전략적 위치에 있기 때문에 한 개인의 성장에 지대한 영향을 미치는 존재다. 상사를 학습 자원으로 삼는 일은 현실적 난제를 해결하는 데 결정적이다. 설령 그가 내 마음에 들지 않는다 하더라도 말이다.

우선 상사와 불편한 관계에 있다면 상사를 보다 현실적으로 바라볼 필요가 있다. 상사는 우리와 마찬가지로 결코 완벽한 사람이 아니다. 하지만 상사가 거기에서 그 일을 하는 합당한 이유와 능력이 있음을 인정해야 한다. 상사가 가진 고유한 경험과 재능, 역량과 지식은 마땅히 배울 가치가 있다. 동시에 상사가 부족한 부분을 갖고 있다면 다시 그로부터 배울 수 있으므로 건강한 대안을 찾는 것이 보다 성숙한 행동이다. 우리가 상사로부터 배워야 하는 이유는 다음과 같다.

첫째, 나의 역할 기대를 충족시킬 수 있다. 나의 역할과 책임을 성공적으로 수행하려면 상사의 기대와 욕구를 이해해야 하고, 그로부터 피드백을 받아야 한다. 상사가 요구하는 기준, 기술, 규범을 이해함으로써 나에게 주어진 책임과 역할을 다할 수 있다. 그 과정에서 실제적인 기술을 축적한다.

둘째, 나의 현재 및 미래의 자아개념을 정립하는 데 있어 상사의 피드백은 중요하다. 조직 내 나의 자아개념에 영향을 미치는 존재는 많지만, 조직의 사명과 비전의 심볼인 상사는 결정적인 영향을 미친다. 상사는 내가 누구인지, 어떤 사명을 완수해야 하는지, 조직에 요구되는 인재가 어떤 모습인지를 다양한 방식으로 전달한다. 그렇지 않다는 생각이 든다면 이른바 '반면교사'로 여겨 바람직한 인재로 성장하는 방법을 터득해야 한다.

상사는 내 성장의 보조자

성장과 개발의 주체는 상사가 아니다. 상사에 대한 지나친 의존을 버리고, 나의 커리어에 주체적인 책임을 가져야 한다. 그럴 때 비로소 상사가 나의 성장과 개발의 자원임을 알 수 있고 효과적인 전략을 마련할 수 있다.

- 나의 성장과 개발의 책임이 나에게 있다고 믿고 있는가? 상사나 회사에 지나치게 의존하고 있지는 않은가?
- 내가 해야 할 것과 상사 혹은 회사에게 바라는 것을 잘 구분하고 있는가?

성장목표와 정체성

성장과 개발의 주체가 나에게 있는 것이라면 다음으로 내가 해야 하는 일은 내가 무엇을 원하고, 성취하고자 하는가를 명확히 하는 일이다. 이것이 명료할 때 상사와의 관계를 창조적으로 설정할 수 있고, 무엇을 어떻게 배워야 하는지 알 수 있다. 만일 그렇지 않다면 열등감 때문에, 승진의 욕구 때문에, 단지 윗사람이기 때문에 굴욕적 관계를 형성하고 배움의 기회를 얻지 못한다.

성장 좌표(사명, 비전, 가치)를 설정하고 요구하는 역량을 정의한다. 그리고 상사가 가진 전문성, 경험, 자원을 활용한다. 상사는 오히려 이런 구성원들을 인정하고 육성하려는 욕구가 있다.

- 나의 성장목표, 나아가 사명, 비전, 가치 등을 명료히 하고 이를 상사와 공유한다.
- 이를 위해 요구되는 핵심역량을 밝히고 상사의 조언을 듣는다.
- 상사의 경험과 지식 중에 나의 핵심역량과 관련된 부분을 찾아 정리하고, 이를 적극적으로 구한다.
- 역량개발 활동 중에 언제 어떤 방식으로 상사와 코칭 세션을 가져야 하는지 상사와 함께 역량개발 플랜을 수립하고 도움을 구한다.

열정 불태우기

내가 겸허하게 배우기로 마음을 먹어도 어떤 경우 상사가 쉽게 마음을 열지 않을 수도 있다. 내가 할 수 있는 일은 배움에 대한 열정과 간절함을 보이는 것이다. 하고 있는 일에 진심을 다하고 고뇌하며 호기심, 헌신, 충정을 보여야 한다. 상사의 마음의 문을 여는 것은 오로지 내가 보여주는 배움의 열정뿐이다.

일반적으로 상사와의 유대는 세 단계로 발전한다. 처음 만난 상사는 당연히 낯설고 서먹하다. 이 단계는 통상적이고 일반적인 사회규범에 따라 관계가 유지된다. 상사는 나에 대해 별 개입 없이 사회적 규범이 정한 범위에서 공정한 거래를 한다. 내가 10의 에너지를 쏟아 배우고자 하면 상사 역시 10의 에너지로 베풀어 준다. 만일 10의 에너지에서 5의 에너지를 철회한다면 상사도 5의 에너지를 철회한다. 이 단계가 지속되면 관계는 더 이상 성장의 파트너로 발전하지 못한다. 다음 단계로 나아가려면 상사가 기대하는 것 이상으로 배움의 열정을 보여야 한다.

두 번째 단계는 이전보다 익숙하고 친밀한 단계이다. 이 단계로 발전하려면 자신 뿐 아니라 상사의 고충과 고민을 함께하려고 해야 한다. 그래야 친밀도가 높아지고 더 많은 책임과 역할을 공유하며 신뢰가 쌓인다. 나는 상사에 대한 존경심이, 상사는 나에 대한 신뢰가 싹터야 한다. 그러면 관계는 사회적인 통념과 공식적인 역할 범위를 벗어나 보다 질적인 관계로 변모한다. 이때 나나 상사는 덜 이기적이고 서로의 공동선, 목적에 관심을 기울인다.

더 나아가면 상사와의 관계는 파트너십으로 발전한다. 서로는 신뢰와 존경심을 바탕으로 책임과 의무를 다하고, 발전적인 학습 공동체가 된다. 서로의 성장을 자극하고, 얼마든지 창의적이고 혁신적인 영역으로 관계를 확장하면서 깊은 영향을 주고받는다. 상사와 나는 두 사람 사이의 관계를 넘어 조직의 목적과 사명, 비전을 향해 함께 힘을 모은다.

이런 세 개의 단계로 발전하려면 정당한 이유와 목적을 가지고 일관성과 진심을 보일 수 있어야 한다. 다음은 나의 배움의 열정을 점검하는 질문이다.

- 내 배움의 열정은 뜨거운가? 상사의 마음에 감동을 불러일으키는가? (그렇지 않다면 다시 나의 사명, 비전, 성장 목표를 재수립하라.)
- 상사는 내게 어떤 존재인가? 함께 사명과 비전을 구현하는 파트너로서 인정하고 존중하는가? 혹 서로 공식적인 역할에 충실한 것은 아닌가?
- 갈등 관계에 있지는 않은가? 그렇다면 이를 뛰어넘어 배우려는 의지를 보일 수 있는가? 구성원으로서의 성숙한 행동을 어떤 방식으로 드러낼 수 있는가?
- 상사의 쓴소리를 겸허히 받을 용의가 있는가?
- 상사가 옳지 않다고 생각될 때 지혜롭게 해결할 의지가 있는가?
- 어떤 상황에서도 성실함을 보이고, 신의를 쌓기 위해 노력할 수 있는가?
- 상사가 부여한 도전적 과제를 기꺼이 수용하고 배움의 기회로 삼고자 하는가?

묻고 배우기

성장의 파트너십은 서로 묻고 배우는 일을 반복한다. 배움은 나의 주체적인 문제의식에서 시작된다. 스스로 배우고 성장하고자 하지 않는데 의문이 생겨날 리 없고 묻는 일이 있을 수 없다. 의문 없는 배움은 죽은 것이다. 일리노이대 심리학과의 브라이언 로스 교수는 최고의 학습효과는 '자기해설학습self-explaining' 전략에 있음을 밝힌 바 있다. '이것이 무슨 의미이고 왜 중요하지?'라고 질문하며 스스로 답을 찾아갈 때 그렇지 않은 사람보다 약 3배 이상 많은 것을 학습한다. 그러므로 의문은 단지 질문하는 것을 넘어서서 상사와 함께 새로운 지적 지평을 열기 위한 모험의 시작이다. 의문을 부끄러워하지 않고 물어야 상사와의 배움이 시작된다. 질문은 생각을 부르고, 생각은 쌓여 변화를 만든다.

- 하고 있는 일을 주의 깊게 관찰하고, 성찰한다.
- 상사가 부여한 프로젝트의 의미를 묻고, 어떤 학습 포인트가 있는지를 확인한다.
- 도전적 프로젝트를 부여받았다면 시작 전, 중, 후에 걸쳐 질문을 만들고 함께 토론하여 결과를 정리한다.
- 먼저 스스로 해답을 찾고 그다음 상사와 토론한다.
- 다시 질문을 만들고, 질문에 질문을 보태어 새로운 질문을 만든다.

상사를 견인하기

상사와의 성장 네트워크가 만들어지고, 그를 통해 나의 역량이 축적되어 간다면, 내게 중요한 과업이 남는다. 상사의 도움에 보답하는 것이다. 혹 상사와 갈등이 있고, 상사에 대해 좌절감을 경험하고 있다면, 이를 중요한 도전과제로 삼아야 한다. 우리는 나쁜, 악의적인, 무례한 상사와의 경험을 얼마든지 성장을 위한 시련으로 삼을 수 있다. 그런 경우라면 깊은 성찰을 시작해 보자. 그리고 상사가 보다 훌륭한 판단을 할 수 있도록 도와보자. 그것이 내가 상사를 견인하는 일이다. 이를 '리버스 멘토링reverse mentoring'이라고 부른다.

내가 배우고 발견한 것, 내가 더 출중하게 쌓아 올린 것들은 상사를 돕고 상사를 자극할 수 있다. 어떤 면에서 상사는 나의 이런 모습을 기대하고 있을지 모른다. 이것이 바로 상사로부터의 배움이 절정에 이르는 순간이다. 나의 충정과 전문성은 상사의 나에 대한 의존도를 높인다. 이때 리버스 멘토링은 지극히 자연스럽다. 내가 찾은 새로운 길을 보여주고, 상사의 경륜과 노하우가 더욱 빛을 발할 수 있도록 새로운 역할을 안내하자. 이런 네트워크는 수많은 다른 사람들에게 귀감이 되면서 조직적 파워를 키우는 관계의 표상이 될 것이다.

- 상사에게 배운 것들이 무엇인지 정리한다.
- 상사와 함께 새롭게 개척할 길이 무엇인지 확인한다.
- 상사의 경험과 노하우가 빛날 새로운 역할들이 무엇인지 모색하고 안내한다.
- 상사에게 감사의 마음을 전하고 보답하라.

상황의 논리와
주체의 논리

1.

우리가 사는 세계는 우리의 사유, 그 사유가 뱉어내는 언어에 의해 제약되어 있다. 우리는 우리의 생각, 정확히는 우리의 언어 밖으로 나갈 수 없다. 우리의 생각은 누군가의 견해, 주장, 질문, 반박으로부터 빌려온 것이므로 우리는 타인들이 뱉은 언어의 그물에 갇혀 있다.

"다 그렇고 그런 거지."
"남들도 그래."
"그 사람이 그러던데?"

우리는 서로의 생각을 나르고 언어를 카피하며 같은 세계를 공유한다. (지독한 복제… 그것은 아마도 소외와 분리 불안이 만든, 어딘가에 끊임없이 귀속되려는 인간 질병 중의 하나인지 모른다.) 제대로 아는 것이 아니고, 제대로 무엇을 배운 것도 아니다. 심지어 자기도 모르는 말을 하고, 마치 자신의 것인 양 또는 모두가 그렇게 생각하는 양 또는 그것이 진리인 양 자신의 믿음을 정당화한다. 이런 믿음을 '통념'이라 한다. 과학적 사실이라는 것도 알고 보면 인간의 오감에 의해 만들어진, 우주인이라면 달랐을지 모를 거대한 미신의 하나다. 그런 통념으로 소란을 만들고 그 통념에 기대어 현실을 재단하면, 세상은 내게 뒤틀린 현실을 비추고 관점을 좁힌다. 궤변에 농락당한다.

나는 리더십 훈련을 하면서 통념에 갇혀 이미 답을 내린 사람들을 자주 만난다. 그러면 이 통념에 의문을 제기하는 데 주력한다. 절대 벗어날 수는 없지만, 우리가 그 통념의 노예임을, 통념 안에서 허황한 변명을 일삼고 있음을, 그래서 아직 더 도달해야 할 심연이 있음을 발견하길 기대하면서 말이다. 리더십은 길을 정해 놓고 질주하는 일이 아니다. 이를 리더십으로 오해하는 사람이 많다. 리더십은 전대미문의 바다를 향해 하나의 다리를 놓는 일이다. 위험과 불확실성을 피하려고 안전한 섬을 찾아 숨어드는 일이 아니다. 불가능한 꿈을 향한, 실패가 뻔한 그 일에 뛰어들어 몰락하길 자초해야 리더십 개발이 가능하다.

"새로운 소란을 일으키는 사람이 아니라 새로운 가치를 창출하는 사람을 중심으로 세계는 돈다. 소리 없이 그렇게 돈다"[136]

2.

어떤 사람들은 여전히 현실론을 앞세워 이 같은 노력이 이상적이라고 비난할지 모른다. 하지만 리더십의 핵심은 이상을 위해 현실의 난관을 어떻게 극복할 것인가에 관한 이야기일 뿐이다. 그것은 상황의 논리를 부인하지 않지만, 근본적으로 상황의 논리를 뛰어넘는, 미래를 향한 집요하고도 강력한 주체의 논리가 작동한다. 거기에는 합리적이고 과학적인 추론만이 있는 것은 아니다. 때로 현실과 대립하고 현실을 전복하는 이야기가 숨겨져 있다. 주체의 논리는 자기 정체성에 대한 자각, 즉 자신이 누구인지, 누구여야 하는지에 대한 확고한 인식에서 사명을 정립하고, 장차 이루어야 할 가능성을 향해 몸을 던지는 행위다. 이 도전은 도덕적 의무감의 실현이자 목적을 현재화하려는 강력한 충동에서 비롯된다. 합리적 계산보다 해결해야 할 과제에 대한 열망 또는 그 책임과 의무로 인해 불확실성과 혼돈을 두려워하지 않는 용기, 신념을 요구한다.

주체의 논리는 '의지'와 '인간애'로 지탱된다. 의지란 사명에 대한 신념에서, 인간애란 타인들의 고통에 대한 긍휼감에서 나온다. 이 두 가지가 헌신을 이끌고 난관과 장애를 넘는다. 우리는 그런 사람들을 '리더'라 부르고, 그런 행위를 '리더십'이라 말한다. 우리는 지금, 주체의 논리로 이상을 꿈꿨던 사람들이 만든 세상을 살고 있다. 현실은 이상의 터전이며, 이상으로 가기 위해 철저히 해부해야 할 대상이지 현재를 정당화하는 변명거리일 수 없다. 만일 현실이 제약과 한계를 가진 모순과 부조리로 가득 차 있다면, 그래서 견딜 수 없을 만큼 냉혹하고 좌절적인 것이라면, 더더욱 그로부터 이상을 품고 그런 현실을 넘어서고자 분투하길 선택해야 한다. 변화는 간절한 바람과 믿음에 의해서만 움직이는, 주체의 논리로 작동한다. 그들은 미래를 보고 담대한 실험을 시작한다.

"나는 기사입니다. 만일 신을 기쁘게 할 수 있다면 나는 기사로서 죽을 것입니다."

비현실적인 이상주의자라고 비난받는 돈키호테는 바로 이 주체의 논리를 따랐다. 이 책은 주체의 논리를 가진 리더들에게 주고 싶은 무기다. 리더십이 피상적인 지식과 기술이 아니라 자기 정체성을 수립하는 문제이자 이를 현실화하려는 부단한 노력이며, 한 개인으로서 성숙의 과정이라는 점이다.

주석

1   Arvey, McGue. (2006). The determinants of leadership role occupancy: Genetic and personality factors. Leadership Quarterly, Vol. 17, 1-20.

2   Arvey, R. D., Zhang, Z., Avolio, B. J., & Krueger, R. (2007). Understanding the developmental and genetic determinants of leadership among females. Journal of Applied Psychology, 92, 693-706.

3   Wen-Dong Li, Nan Wang, Richard D. Arvey, Richie Soong, Seang Mei, Saw, & Zhaoli Song.(2015). A mixed blessing?: Dual mediating mechanisms in the relationship between dopamine transporter gene DAT1 and leadership role occupancy. The Leadership Quarterly, 26, 671-686.

4   Hannah, S. T., Balthazard, P. A., Waldman, D. A., Jennings, P. L., & Thatcher, R. W. (2013). The psychological and neurological bases of leader self-complexity and effects on adaptive decision-making.Journal of Applied Psychology, 98(3), 393-411.

5   리사 펠드먼 배럿(최호영 역) (2107). 감정은 어떻게 만들어지는가? 생각연구소, 320

6   다음 두 자료를 참조할 것. Avolio. B. J., & Luthans. F. (2005). The High Impact Leader: Authentic, Resilient Leadership That Gets Results and Sustains Growth. McGraw-Hill. ; McCall, M. W., Jr., Lombardo, M. M., & Morrison, A. M. (1988). The lessons of experience: How successful executives develop on the job. Lexington, MA: Lexington Book.

7   Bennis, W. (1999). Managing People Is Like Herding Cats. Executive Excellence Publishing. 163.

8   Kirkpatick, S.A., & Locke,E. A. (1991). Leadership: do traits matter?. Academy of Management Perspectives, 5(2), 48-60.

9   Zaccaro, S. J., Kemp, C., & Bader, P. (2004). 'Leader traits and attributes', The nature of leadership, 101-124.

10   Gentry, B., Deal, J., Stawiski, S., & Ruderman, M. (2012). Are Leaders Born or Made? Perspectives from the Executive Suite [White paper]. Greensboro, NC: Center for Creative Leadership.

11 Hannah, S. T., & Avolio, B. J. (2010). Ready or not: How do we accelerate the developmental readiness of leaders? Journal of Organizational Behavior, 31, 1181-1187.

12 위 논문 Hannah, S. T., & Avolio, B. J. (2010). 7

13 Hannah, S. T., Avolio, B. J., Luthans, F., & Harms, P. D. (2008). Leadership efficacy: review and future directions. The Leadership Quarterly, 19, 669-692

14 VandeWalle, D., Cron, W. L., & Slocum, J. W. Jr. (2001). The role of goal orientation following performance feedback. Journal of Applied Psychology, 86(4), 629-640

15 Dweck, C. S., & Leggett, E. L. (1988). A social-cognitive approach to motivation and personality. Psychological Review, 95(2), 256-273.

16 다음의 논문들을 참조할 것. DeShon, R., & Gillespie, J. Z. (2005). A motivated action theory account of goal orientation. Journal of Applied Psychology, 90, 1096 -1127.; Dweck, C. S. (1986). Motivational processes affecting learning. American Psychologist, 41, 1040 -1048.; Dweck, C. S., & Leggett, E. L. (1988). A social-cognitive approach to motivation and personality. Psychological Review, 95, 256 -273.

17 다음의 논문들을 참조할 것. Godshalk, V. M., & Sosik, J. J. (2003). Aiming for career success: the role of learning goal orientation in mentoring relationships. Journal of Vocational Behavior, 63, 417-437.; Dragoni, L., Tesluk, P. E., & Russell, J. E. A. (2009). Understanding managerial development: Integrating developmental assignments, learning orientation, and 40 access to developmental opportunities in predicting managerial competencies. Academy of Management Journal, 52(4), 713-742.

18 Elliott, E. S., & Dweck, C. S. (1988). Goals: An approach to motivation and achievement. Journal of Personality and Social Psychology, 54, 5-12

19 다음의 연구자료에서 응용하였음. Button, S. B., Mathieu, J. E.., & Zajac, D. M. (1996). Goal orientation in organizational research: A conceptual and empirical foundation. Organizational Behavior and Human Decision Processes, 67(1), 26-48.

20 리더십 개발에 대한 흥미와 목표는 다음의 두 논문으로부터 수정한 것임. Ryan, R. M., Connell, J. P. (1989). Perceived locus of causality and internalization: Examining reasons for acting in two domains. Journal of Personality and Social Psychology, 57, 749-761.; Chan KY., Drasgow, F. (2001). Toward a theory of individual differences and leadership: understanding the motivation to lead. Journal of applied psychology,

86(3), 481-498.

21 Schraw, G., & Dennison, R. S. (1994). Assessing metacognitive awareness. Contemporary Educational Psychology, 19(4), 460-475.

22 Black, H., Soto, L., & Spurlin, S. (2016). Thinking about thinking about leadership: Metacognitive ability and leader developmental readiness. New Directions for Student Leadership, 149, 85-95.

23 다음의 연구자료에서 응용하였음. Schraw, G., & Dennison, R. S. (1994). Assessing metacognitive awareness. Contemporary Educational Psychology, 19(4), 460-475.

24 Lievens, F., Harris, M. M., Van Keer, E., & Bisqueret, C. (2003). Predicting cross-cultural training performance: The validity of personality, cognitive ability, and dimensions measured by an assessment center and a behavior description interview. Journal of Applied Psychology, 88(3), 476-489.

25 Goldberg, L. R., Johnson, J. A., Eber, H. W., Hogan, R., Ashton, M. C., Cloninger, C. R. & Gough, H.G. (2006). The International Personality Item Pool and the Future of Public-Domain Personality Measures. Journal of Research in Personality, 40, 84-96.

26 David V. Day, D. V., & Sin, H. (2011). Longitudinal tests of an integrative model of leader development: Charting and understanding developmental trajectories. The Leadership Quarterly, 22(3), 545-560.

27 다음의 두 논문을 참조할 것. Kuhn, D. (2000). Metacognitive development. Current Directions in Psychological Science, 9(5), 178-181.; Zimmerman, M. A. (1995). Psychological empowerment: Issues and illustrations. American Journal of Community Psychology, 23(5), 581-599.

28 위 논문 Day, D. V. and Sin, H. (2011).

29 Kegan, R. (1982). The Evolving Self: Problem and Process in Human Development. Cambridge, MA: Harvard University Press,

30 Kegan, R. (1994). In over our heads. Cambridge, MA: Harvard University Press,

31 Schwandt. S. R. (2005). When Managers Become Philosophers: Integrating Learning with Sensemaking. Academy of Management Learning & Education, 4(2), 176-192.

32 위 책. Kegan (1994) p.32 인용 "We cannot be responsible for, in control of, or reflect upon that which is subject"

33 Kegan, R., & Lahey, L. L. (2009). Immunity to change: How to overcome it and

unlock the potential in yourself and your organization. Boston, MA: Harvard Business Press. (오지현 옮김. 2020. 변화면역. 정혜)

34 McCauley, C. D., Drath, W. H., Palus, C. J., O'Connor, P. M. G., & Baker, B. A. (2006). The use of constructive-developmental theory to advance the understanding of leadership. The Leadership Quarterly, 17(6), 634-653.

35 다음의 논문을 기초로 하여 일부 수정하였음. Coke, T. P. (2020). Accelerating Leadership and Professional Development for Adults: Developing a New Measure for Assessing Kegan's Constructive Developmental Orders. A thesis submitted in partial fulfillment of the requirements for the degree of Master of Arts in Communication. The University of Arkansas.

36 Adult Development Research Group (2001). Toward a new pluralism in ABE/ESOL classrooms: Teaching to multiple "cultures of mind" 19. Cambridge, MA: National Center for the Study of Adult Learning and Literacy.

37 Kuhnert, K. W., & Lewis, P. (1987). Transactional and transformational leadership: A constructive-developmental analysis. The Academy of Management Review, 12(4), 648-657.

38 다음의 자료들을 참조할 것. Day, D. V., Fleenor, J. W., Atwater, L. E., Sturm, R. E. & McKee, R. A. (2014). Advances in leader and leadership development: A review of 25 years of research and theory. The Leadership Quarterly, 25(1), 63-82.; McCauley, C. & Wakefield, M. (2006). Talent management in the 21st century: Help your company find, develop, and keep its strongest workers. Journal for Quality & Participation, 29(4), 4-7.

    1) 주체-객체 인터뷰(SOI: Subject-Object Interview)는 Kegan과 Lahey가 개발한 방법론으로 구성적 발달 이론에 따라 사람들의 의미구축 시스템을 확인하기 위해 데이터를 모으는 기법이다. 이 기법은 특정 주제에 대한 이해도나 동기 수준이 아니라 그들이 어떻게 세상을 바라보는지에 대한 인지구조를 측정한다.

39 Eigel, K. M. (1998). Leadership effectiveness: A constructive developmental view and investigation. Unpublished doctoral dissertation, University of Georgia, Athens.

40 Eigel, K. M. and Kuhnert, K. W. (2005). Authentic development: Leadership development level and executive effectiveness. Monographs in Leadership and Management, 3, 357-385.

41 Strang, S.E. and Kuhnert, K.W. 2009. Personality and leadership developmental levels as predictors of leader performance. The Leadership Quarterly, 20(3), 421-433.

42 Bartone, P. T., Snook, S. A., Forsythe, G. B., Lewis, P. & Bullis, R. C. (2007). Psychosocial development and leader performance of military officer cadets. The Leadership Quarterly, 18(5), 490-504.

43 Eigel. K. M., & Kuhnert. K. W. (2005). Authentic Leadership Theory and Practice: Origins, Effects and Development Monographs in Leadership and Management, 3, 357-385.

44 Harris, L. S., & Kuhnert, K. W. (2008). Looking through the lens of leadership: A constructive developmental approach. Leadership & Organization Development Journal, 29(1), 47-67

45 Cook-Greuter, S.R. (2000). Mature ego development: A gateway to ego transcendence? Journal of Adult Development, 7(4), 227-240.

46 Heifetz, R. A., Grashow, A., & Linsky, M. (2009). The practice of adaptive leadership: Tools and tactics for changing your organization and the world. Cambridge leadership associates. (진저프로젝트 출판팀 옮김. 2017. 슬로우워크.)

47 오토샤머., 카트린 파우퍼. (2014. 엄성수 옮김). 본질에서 답을 찾아라. 티핑포인트.

48 니체. (2000. 정동호 옮김). 차라투스트라는 이렇게 말했다. 책세상. 17.

49 Knowles, M. S. (1975). Self-directed learning: A guide for learners and teachers. New York, NY: Associated Press.

50 Guenther, C. L., & Alicke, M. D. (2008). Self-enhancement and belief perseverance. Journal of Experimental Social Psychology, 44, 706-712.

51 이창준. (2021). 리더십 문을 열다. 플랜비디자인. 249-250.

52 저자는 실패하는 리더들의 일곱 가지 습관을 제시한다. 1. 자기 회사가 환경을 지배하고 있다고 생각한다. 2. 자신의 이해와 회사의 이해 사이에 경계가 없이 회사와 자신을 완전히 동일시하고 있다. 3. 자신이 모든 해답을 가지고 있다고 생각한다. 4. 자기를 따르지 않는 사람을 무자비하게 제거한다. 5. 회사의 이미지에 집착하는 대변인이다. 6. 장애요인을 과소평가한다. 7. 과거에 성공했던 것들에 대해 완고하게 의존한다. 이 모두는 리더의 자기과신에서 비롯된다. Finkelstein S. (2003), Seven Habits of Spectacularly Unsuccessful People. Business Strategy Review, 14(4), 39-50.

53 McCall, M. W. Jr., & Lombardo, M. M. (1983). Off the track: Why and how successful

executives get derailed. Greenboro, NC: Centre for Creative Leadership.

54 https://www.ted.com/talks/brene_brown_the_power_of_vulnerability

55 피터 센게. (2014. 강혜정 옮김). 학습하는 조직. 에이지 21. 190.

56 Yannarino. F., Atwater. L. L., (1997). Implications of Self-Other Rating Agreement for Human Resources Management. Organizational Dynamic, 35-44.

57 Dunning, D., Heath, C., & Suls, J. M. (2004). Flawed self-assessment. Psychological Science in the Public Interest, 5(3), 69.

58 Kruger, J., & Dunning, D. (1999). Unskilled and unaware of it: How difficulties in recognizing one's own incompetence lead to inflated self-assessments. Journal of Personality and Social Psychology, 77(6), 1121-1134.

59 Fleenor, J. W., McCauley, C. D., & Brutus, S. (1996). Self-other rating agreement and leader effectiveness. The Leadership Quarterly, 7(4), 487-506.

60 McCall, M. W., Lombardo, M. M., & Morrison, A. M. (1988) The lessons of experience: how successful executives develop on the job. Lexington, Mass: Lexington Books.

61 Argyris. C. (1986). Skilled incompetence. Havard Business Review, 74-79.

62 Kolb, D. A. (1984). Experiential learning: Experience as the source of learning and development. Englewood Cliffs, NJ: Prentice-Hall.

63 쇼펜하우어. (2005, 김욱 옮김). 쇼펜하우어 문장론. 지훈출판. 11~12.

64 Johnson, O. E. (2020). Creating Space to Think: The What, Why and How of Deliberate Reflection for Effective Leadership. The Journal of character & leadership development, Winter, 20-32.

65 Branson, C. M. (2007). Improving leadership by nurturing moral consciousness through structured self-reflection. Journal of Educational Administration, 45(4), 471-495.

66 Lanaj, K., Foulk, T. A., & Erez, A. (2019). Energizing leaders via self-reflection: A within-person field experiment. Journal of Applied Psychology, 104(1), 1-18.

67 Thomas, R. J. (2008). Crucibles of leadership: How to learn from experience to become a great leader. Boston, MA: Harvard Business Press.

68 Wray, C. (2017). A proposed new psychological model for judgment and decision-making: Integrating the tri-partite model with hemispheric difference. Leadership & Organization Development Journal, 38(4), 549-563.

69 Bono, J. E., Glomb, T. M., Shen, W., Kim, E., & Koch, A. J. (2013). Building positive resources: Effects of positive events and positive reflection on work stress and health. Academy of Management Journal, 56(6), 1601-1627.

70 Crane, M. F., Searle, B. J., Kangas, M., & Nwiran, Y. (2019). How resilience is strengthened by exposure to stressors: The systematic self-reflection model of resilience strengthening. Anxiety, Stress, & Coping, 32(1), 1-17.

71 Argyris, C. (1991) Teaching smart people how to learn. Harvard Business Review, May-June.

72 윤정구. (2015). 21세기 한국 리더십의 새로운 표준. 진성리더십. 라온북스, 165.

73 Mezirow, J. (1991) 'How Critical Reflection Triggers Learning.' In J. Mezirow (ed.) Fostering Critical Reflection in Adulthood. San Francisco, CA: Jossey-Bass.

74 Brookfield, S. D. (1990). Using critical incidents to explore learners' assumptions. 177-193. in Mezirow (Ed). Fostering Critical Reflection in Adulthood. Jossey-Bass Publishers, San Fransisco.

75 로버트 E. 퀸. (2018, 박제영, 한주한 옮김). Deep change. 조직혁신을 위한 근원적 변화. 늘봄. 163. 참조

76 미셸 푸코.(2020, 오생근 옮김). 감시와 처벌: 감옥의 탄생. 나남.

77 Warren G. Bennis, W., & Thomas, R. (2002). Crucibles of Leadership. Harvard Business Review. 80(9). 39-45.

78 Lanaj, K., Foulk, T. & Erez, A. (2019). Energizing leaders via self-reflection: A within-person field experiment. Journal of Applied Psychology, 104(1), 1-18.

79 https://www.cnbc.com/2018/04/19/bezos-adds-microsoft-powerpoint-to-victims-of-amazon-mass-extinction.html

80 나탈리 골드버그. (2018. 권직욱 옮김). 뼛속까지 내려가서 써라. 한문화.

81 https://www.oxfordmuse.com/ 옥스포드 뮤즈는 영국의 역사학자인 시어도어 젤딘 (Theodore Zeldin)이 70 번째 생일을 맞아 언론 매체에 자신이 모르는 사람에게 초대장을 보내어 대화를 나누는 행사를 개최한 것이 시초로 알려져 있다. 지금은 세계적으로 확장되어가고 있으며, 낯선 사람들과의 지적 대화가 자신은 물론 지역사회의 문제를 해결하는 데까지 가능함을 보여주는 증거라고 할 수 있다.

82 데이비드 봄. (2011. 강혜정 옮김). 데이비드 봄의 창조적 대화론. 에이지 21.

83 위 책. 피터 센게(2014). 314-315.

84 로저 마틴.(2008. 김정혜 옮김). 생각이 차이를 만든다. 보이지 않는 것을 통찰하는 통합적 사고. 지식노마드

85 소포클레스, 아이스퀼로스, 에우리피데스. (2010. 천병희 옮김). 그리스 비극 걸작선. 83~84.

86 위 책 소포클레스, 아이스퀼로스, 에우리피데스. (2010). 316행.

87 Church, A. H. (1997). Managerial Self-Awareness in High-Performing Individuals in Organizations. Journal of Applied Psychology, 82(2), 281-292.

88 Showry, M., Manasa, K. V. L. (2014). Self-Awareness-Key to Effective Leadership. The IUP Journal of Soft Skills, VIII(1), 15-26.

89 위 논문 Day, D. V., & Sin, H. (2011). 0

90 Ilies, R., Morgeson, F. P. & Nahrgang, J. D. (2005), Authentic Leadership and Eudaemonic Well-Being: Understanding Leader-Follower Outcomes. Leadership Quarterly, 16, 373-394.

91 Miscenko, D., & Day, D. V. (2016). Identity and identification at work. Organizational Psychology. Review, 6, 215-247.

92 이스라엘 와이즈만 연구소 연구진이 네이처 메드신지에 발표한 연구결과임. https://www. hani.co.kr/arti/science/science_general/980558.html.

93 Day, D. V., & Harrison, M. M. (2007). A multilevel, identity-based approach to leadership development. Human Resource Management Review, 17(4), 360-373

94 Lord, R. G., & Hall, R. J. (2005). Identity, deep structure, and the development of leadership skill. The Leadership Quarterly, 16(4), 591-615.

95 다음 논문이 그 예 중의 하나이다. Van Knippenberg, D., Van Knippenberg, B., De Cremer, D., & Hogg, M. A. (2004). Leadership, self, and identity: A review and research agenda. The Leadership Quarterly, 15(6), 825-856.

96 Sosik, J. J. (1999). Self-concept based aspects of the charismatic leader: More than meets the eye. The Leadership Quarterly, 9(4), 503-526.

97 Graen, G. B., & Uhl-Bien, M. (1995). Relationship-based approach to leadership: Development of leader-member exchange (LMX) theory of leadership over 25 years: Applying a multi-level multi-domain perspective. The Leadership Quarterly, 6(2), 219-247.

98 Markus H, Wurf E. (1987). The dynamic self-concept: A social psychological

perspective. Annual Review of Psychology. 38, 299-337.

99 Yost, J. H., & Strube, M. J. (1992). The construction of the self: An evolutionary view. Current Psychology, 11(2), 110-121.

100 Lord, R. G., & Hall, R. J. (2005). Identity, deep structure, and the development of leadership skill. The Leadership Quarterly, 16(4), 591-615. 그리고 위 논문 Day, D. V., & Harrison, M. M. (2007) 참조.

101 McAdams, D. P. (2008). Personal narratives and the life story. In O. P. John, R. W. Robins, & L. A. Pervin (Eds.), Handbook of personality: Theory and research (242-262). The Guilford Press.

102 Barra, H., & Barbulescu, R. (2010). Identity as narrative: Prevalence, effectiveness, and consequences of narrative identity work in macro work role transitions. The Academy of Management Review, 35(1), 135-154.

103 McAdams, D. P. (2008). 위책

104 하워드 가드너. (2006. 문용린, 송기동 역). 통찰과 포용. 북스넛. 103.

105 DeRue, D. S., & Ashford, S. J. (2010). Who will lead and who will follow? A social process of leadership identity construction in organizations. Academy of Management Review, 35(4), 627-647

106 2016년 갤럽조사에 의하면 한국인들의 직장에 대한 몰입 수준은 점차 내려가고 있다. 이는 함께하는 공동의 스토리가 만들어지지 않고 있음을 의미한다. https://www.gallup.com/workplace/236171/south-koreans-increasingly-doubtful-hard-work-pays-off.aspx

107 Ibarra, H., Snook, S., & Ramo, L. (2008). Identity-based leader development. Chap. 22 in Nitin Nohria, N., & Khurana, R. eds. (2010). Handbook of Leadership Theory and Practice, Harvard Business Press, 657-678.

108 윌리엄 브리지스. (2004. 이태복 옮김). 변환관리. 도서출판 물푸레. 윌리엄 브리지스는 정체성의 변환과정을 끝냄(ending), 중립지대(neutral Zone), 새로운 시작(New beginning)의 개념으로 설명하고 있다.

109 McFarland, D., & Pals, H. (2005). Motives and contexts of identity change: A case for network effects. Social Psychology Quarterly, 68(4), 289-315.

110 마키아벨리. (2015. 강정인, 김경희 옮김), 군주론, 까치.

111 https://sloanreview.mit.edu/article/leadership-mindsets-for-the-new-economy/

112 매캐덤.(2015, 양유성, 이우금 옮김). 개인적 신화의 탐색과 재구성. 이야기 심리학. 학지사, 325-326.

113 위 책. 맥아담(2015).

114 Baumeister, R. F., Bratslavsky, E., Muraven, M., & Tice, D. M. (1998). Ego depletion: Is the active self a limited resource? Journal of Personality and Social Psychology, 74, 1252-1265.

115 Higgins, E. T. (1987). Self-discrepancy: A theory relating self and affect. Psychological Review, 94, 319-340.

116 다음의 논문들을 참조할 것. Avolio, B. J., & Gardner, W. L. (2005). Authentic leadership development: Getting to the root of positive forms of leadership. Leadership Quarterly, 16(3), 315- 338. ; Gardner, W. L., Avolio, B. J., Luthans, F., May, D. R., & Walumbwa, F. (2005). Can you see the real me?: A self-based model of authentic leader and follower development. The Leadership Quarterly, 16(3), 343-372.; Ilies, R., Morgeson, F. P., & Nahrgang, J. D. (2005). Authentic leadership and eudaemonic well-being: Understanding leader-follower outcomes. The Leadership Quarterly, 16(3), 373-394.; Mazutis, D. and Slawinski, N. (2008) Leading Organizational Learning through Authentic Dialogue. Management Learning, 39, 437-456.

117 위 논문 참조. Avolio, B. J., & Gardner, W. L. (2005).

118 Manz, C. C. (1986). Self-leadership: Toward an expanded theory of self-influence processes in organizations. The Academy of Management Review, 11(3), 585-600.

119 Carver, C. S., & Scheier, M. F. (1982) Control theory: A useful conceptual framework for personality-social, clinical, and health psychology Article in Psychological Bulletin, 92(1), 111-135.

120 Bruch, H. & Ghoshal, S. (2002). Beware the Busy Manager. Harvard Business Review, 80, 62-69.

121 Luthans, F., Avolio, B. J., Avey, J. B., & Norman, S. M. (2007). Psychological capital: Measurement and relationship with performance and satisfaction. Personnel Psychology, 60, 541-572.

122 다음 논문을 참조할 것. Cate, R. A., & John, O. P. (2007). Testing models of the structure and development of future time perspective: maintaining a focus on opportunities in middle age. Psychology and Aging, 22(1), 186-201.; 박인조., 이주

일.(2015). 경력 미래시간 조망, 직무 태도, 및 경력 개발 활동의 관계. 한국심리학회지. Vol. 28, No. 3, 385-410.

123 Sarasvathy, S. D. (2001). Causation and Effectuation: Toward a Theoretical Shift from Economic Inevitability to Entrepreneurial Contingency. Academy of Management Review, 26(2), 243 - April 2001.

124 한나 아렌트 (홍원표 옮김. 2019). 정신의 삶. 푸른숲. p.132.

125 https://www.ccl.org/articles/leading-effectively-articles/developing-talent-youre-probably-missing-vertical-development.

126 Gurvis, J., McCauley, C., & Swoffo, M. (2016). Putting Experience at the Center of Talent Management. Center for Creative Leadership; https://cclinnovation.org/wp-content/uploads/2020/03/talentmanagement.e-1.pdf

127 Ruderman, M. N., & Ohlott, P. J. (2000). Learning from life: Turning life's lessons into leadership experience. Greensboro, NC: Center for Creative Leadership.

128 Kristin L. Cullen-Lester, K., Woehler, M., & Willburn, P. (2016). Network-Based Leadership Development: A Guiding Framework and Resources for Management Educators. Journal of Management Education, 1-38.

129 Burbaugh, B., & Kaufman, E. K. (2017). An Examination of the Relationships between Leadership Development Approaches, Networking Ability, and Social Capital Outcomes. Journal of Leadership Education, 16(4), 20~39.

130 Byrum-Robinson, B., & Womeldorff, J. D. (1990) Networking Skills Inventory. The 1990 Annual: Developing Human Resources, 112-123.

131 https://en.wikipedia.org/wiki/Six_degrees_of_separation

132 바라바시. (2019. 홍지수 옮김). 성공의 공식 포뮬러. 한국경제신문.

133 Burt, R. S. (1992). Structural holes: The social structure of competition. Cambridge, MA: Harvard University Press.

134 Burt. R. S. (2000). The network structure of social capital. The social capital Research in Organizational Behaviour, 22, 345-423.

135 다음 사이트에서 자신의 고유한 미덕을 진단하고 확인할 수 있음 https://www.viacharacter.org

136 위 책, 니체. (2000. 정동호 옮김). 222.